Hermann Gruber

Der Positivismus vom Tode August Comtes bis auf unsere Tage

1857-1891

Hermann Gruber

Der Positivismus vom Tode August Comtes bis auf unsere Tage 1857-1891

ISBN/EAN: 9783744604550

Hergestellt in Europa, USA, Kanada, Australien, Japan

Cover: Foto ©ninafisch / pixelio.de

Weitere Bücher finden Sie auf **www.hansebooks.com**

Der Positivismus

vom Tode August Comte's bis auf unsere Tage

(1857—1891).

Von

Hermann Gruber S. J.

(Ergänzungshefte zu den „Stimmen aus Maria-Laach". — 52.)

Freiburg im Breisgau.
Herder'sche Verlagshandlung.
1891.
Zweigniederlassungen in Straßburg, München und St. Louis, Mo.
Wien I, Wollzeile 33: B. Herder, Verlag.

Buchdruckerei der Herder'schen Verlagshandlung in Freiburg.

Einleitung.

„In jedem Zeitalter gibt es Lehren, deren Kenntniß für jeden Gebildeten, sei er Anhänger oder Gegner derselben, eine gebieterische Nothwendigkeit ist. Eine solche Lehre war im 17. Jahrhundert der Cartesianismus; eine solche ist im 19. der Positivismus. Hinsichtlich desselben ist der Kampf begreiflich, Meinungsverschiedenheit erklärlich, Unkenntniß aber nicht mehr zu rechtfertigen. Dem philosophischen Publikum muß daher jedes Buch, welches in klarer, gefälliger und präciser Form über denselben Aufschluß gibt, willkommen sein." So schreibt nicht mit Unrecht die Pariser Revue philosophique [1].

Gemäß der Bedeutung, welche der Positivismus gewonnen hat, suchten wir unseren Lesern bereits in einem frühern Ergänzungsheft [2] ein möglichst anschauliches Bild des Lebens und der Lehre August Comte's, des Begründers des Positivismus, vorzuführen. Damit ist jedoch unser Gegenstand noch keineswegs erschöpft. Comte hat zu der vielgestaltigen positivistischen Bewegung, welche sich seit einem Menschenalter auf allen Gebieten des Wissens und des öffentlichen Lebens so geräuschvoll geltend macht, nur den entscheidendsten Anstoß gegeben; er hat derselben nur die allgemeine Richtung vorgezeichnet und die Hauptideen am kraftvollsten und schärfsten ausgesprochen, welche dieselbe beherrschen. Zu ihrer concreten Ausgestaltung haben aber noch viele andere Männer und geistige Strömungen, mehr oder minder unabhängig vom directen Einfluß Comte's, bestimmend mitgewirkt.

Wir müssen daher, um unser Bild vom Positivismus zu vervollständigen, die positivistische Bewegung in den Hauptträgern und in den Hauptverzweigungen, in welchen sie vom Tode Comte's bis auf unsere Tage aufgetreten ist, weiter verfolgen. Wir haben da zunächst von der

---

[1] 1881. II. 542.
[2] August Comte, der Begründer des Positivismus. 45. Ergänzungsheft. 1889.

Fortführung bezw. Umgestaltung zu sprechen, welche Comte's Werk in den unmittelbar von ihm ausgegangenen Schulen gefunden hat, sodann in großen Zügen wenigstens einige andere geistige Richtungen zu zeichnen, welche außerdem noch mit Comte in näherem oder fernerem Zusammenhang stehen.

Wenn wir alle diese Richtungen als „positivistisch" bezeichnen, so berechtigt uns hierzu nicht nur ein von Hauptvertretern derselben (z. B. Lewes, Laas, Arbigò u. f. w.) eingeführter und im Publikum weitverbreiteter Sprachgebrauch, sondern auch der Umstand, daß dieselben durchaus den Charakter an sich tragen, für welchen zur Zeit ihres Auftretens die Bezeichnung „positivistisch" bereits recipirt war. Erklärten ja doch die Hauptbegründer des Positivismus (Comte, Littré, Lewes u. f. w.) von Anfang an, daß für die Zugehörigkeit zum Positivismus nicht so sehr die Annahme bestimmter Lehrpunkte als die Anwendung der „positiven Methode" maßgebend sei. Zu dieser „positiven Methode" aber im Sinne Comte's bekennen sich alle Vertreter der von uns zu besprechenden Richtungen ohne Ausnahme. Alle wollen ihre Systeme mit Ausscheidung der scholastischen bezw. Kant'schen, Hegel'schen oder sonstigen a priori-Speculationen nach rein „wissenschaftlichen" Methoden auf Grund der „Erfahrungsthatsachen" aufbauen. — Uebrigens läßt sich auch hinsichtlich der Lehre eine scharfe Demarcationslinie zwischen den allgemein als Positivisten bezeichneten Philosophen und den Vertretern anderer, verwandter Richtungen schlechterdings nicht ziehen. Zwischen den Anhängern der eigentlichen Schulen Comte's (Littré und Laffitte, Harrison und Congreve, Nystrom und Lemos) treten zum Theil sogar weit tiefer greifende Verschiedenheiten in der Lehre zu Tage, als zwischen einzelnen derselben und den Vertretern positivistischer Richtungen, welche diesen Schulen völlig ferne stehen.

I. Der Positivismus in den an Comte anknüpfenden Schulen.

(1857—1891.)

1. **Comte's Vorkehrungen hinsichtlich seines Nachfolgers.** — Comte beabsichtigte, nicht bloß ein philosophisches System aufzustellen, sondern auch eine Art Kirche, eine Menschheitsreligion zu stiften, welche nach seiner festen Ueberzeugung berufen war, in drei Menschenaltern schon alle übrigen Religionen und Philosophien aus dem Felde zu schlagen und die Welt für alle Zukunft zu beglücken. Schon in seinen Jugendschriften schwebte ihm die Errichtung einer neuen Gesellschaftsordnung mit einer von den Vertretern exacter Wissenschaft auszuübenden „geistlichen Gewalt" als das zu erstrebende Ideal vor. In seinem Hauptwerk Cours de philosophie positive zeichnete er dieses Ideal bereits in klaren Umrissen [1]. Eine „europäische Gelehrtencorporation" [2], ein „positives abendländisches Comité", sollte gleichsam als „permanentes Quasi-Concil der positiven Kirche" sein Werk fortführen und die Umgestaltung des ganzen menschlichen Lebens nach den Grundsätzen der positiven Philosophie anbahnen [3]. 1848 begann er die praktische Ausführung seiner Pläne durch Gründung der „Positivistischen Gesellschaft" [4]. Gegen Ende seines Lebens trat er nur mehr als Hoherpriester der von ihm gestifteten Menschheitsreligion, als oberster Träger der neuen „geistlichen Gewalt" auf [5].

Bei dieser Auffassung, welche Comte von seinem Lebenswerke hatte, konnte ihm natürlich das Schicksal desselben nach seinem Tode nicht gleichgiltig sein. Die schwerste Sorge bereitete ihm die Wahl seines Nachfolgers als Haupt der Schule. Anfangs schien E. Littré berufen, die

---

[1] Cours de phil. pos. VI. 519 ss. (2ᵉ éd. 435).
[2] Ib. VI. 550 (463). [3] Ib. VI. 640 (544).
[4] Vgl. unsere Schrift: August Comte S. 129. [5] Ebend. S. 85. 112. 125 ff.

Erbschaft des Meisters anzutreten. Ueberragte er doch die übrigen Schüler Comte's weit, nicht bloß durch sein Alter, sondern auch durch seinen wissenschaftlichen Ruf und namentlich durch seine Verdienste um die Ausbreitung des Positivismus. Comte selbst nennt Littré, mit dem er lange ein Herz und eine Seele war, in der Vorrede zum ersten Band seines Système de politique positive (1851) seinen „hauptsächlichsten Collegen". Er erkennt an, daß der Beitritt dieses „eminenten Schriftstellers" den eisernen Ring des Todtschweigens, durch welchen die Akademiker ihn und sein Werk zu erdrücken suchten, durchbrochen habe[1]. Er stellt Littré sogar in einem Briefe an Habern (vom 9. Mai 1851) das Zeugniß aus, er sei unter allen seinen Schülern der einzige, welcher „das directe positivistische Apostolat ausübe" und auch „in würdiger Weise die religiöse Seite des Positivismus hervorhebe"[2].

Später jedoch (1852) trat zwischen Comte und Littré eine Entfremdung ein, welche sich auf seiten Comte's zu einer immer bittrern Feindschaft steigerte. Uebrigens hatte Comte schon vor seinem Bruche mit Littré seinen jungen Lieblingsschüler P. Laffitte als seinen Nachfolger in Aussicht genommen. Er dachte selbst (1850) einen Augenblick daran, denselben in seinem Testamente als zweiten „Hohenpriester der Menschheit" zu ernennen[3]. 1851 gab er indessen, weil sein Schüler ihm nicht die zu einem so wichtigen Amte nöthige Festigkeit zu haben schien, auch diesen Plan definitiv wieder auf[4], und starb, da ihm keiner seiner Schüler der erhabenen Stelle würdig schien, ohne, wie es seine Gesellschaftsordnung verlangte, seinen Nachfolger selbst bezeichnet zu haben.

2. Comte wider Littré. — Jedoch hatte es Comte nicht unterlassen, Littré's etwaigen Versuchen, seine philosophische Erbschaft anzutreten, in seinem Testamente ausdrücklichst und kraftvollst vorzubeugen. Seine diesbezügliche Warnung ist für die Beurtheilung der Stellung Comte's zu Littré zu wichtig, als daß wir sie nicht wörtlich hierhersetzen sollten. Sie lautet:

---

[1] „Mais cette oppression, à la fois spontanée et concertée, se trouve irrévocablement brisée, depuis six ans, par l'adhésion décisive d'un éminent écrivain (M. Littré), dont le noble caractère est encore mieux apprécié que son admirable talent. Devenu mon principal collègue, sa vie fut autant vouée que la mienne au digne triomphe, philosophique et politique, du positivisme, où nous voyons tous deux la seule issue possible de l'anarchie moderne." Syst. de pol. pos. I. p. 14.

[2] Revue Occidentale 1884. II. 333.

[3] Testament d'Auguste Comte avec les documents qui s'y rapportent. Paris. Mons.-le-Prince 10. 1884. p. 154.   [4] Ib. p. 172.

Die Bundesgenossen meiner unwürdigen Gattin „werden durch meinen Tod sehr vermehrt und verstärkt werden gemäß der Abneigung, welche der Begründer des Positivismus den Wortführern der abendländischen Presse aus verschiedenen Gründen einflößen muß. Alle diejenigen, welche einst aus Furcht vor intellectueller Zucht mich an der Umwandlung der Wissenschaft in Philosophie hindern wollten, gruppirten sich schließlich um den hauptsächlichen Vertreter der akademischen Anarchie (Em. Arago). Ihre officielle Machtstellung und die Abhängigkeit, in welcher ich mich ihnen gegenüber befand, führten damals zu der gegen meine materielle Existenz gerichteten Verfolgung. Heute können diejenigen, welche aus Furcht vor moralischer Zucht mich an der Umwandlung der Philosophie in Religion hindern wollen, nur mehr meinen Ruf im Privatleben und im öffentlichen Auftreten angreifen. Sie werden sich hierbei von selber um den einflußreichen Schriftsteller schaaren, der, nunmehr der Kämpe meiner unwürdigen Gattin geworden, am meisten den akademischen und revolutionären Widerstand gegen die Aufrichtung der geistlichen Gewalt in sich verkörpert. Seine unfruchtbare Anhängerschaft an das Fundamentaldogma der positiven Philosophie verleiht diesem Feinde seit der nicht ernst gemeinten, scheinbaren Ausgleichung des Gegensatzes zwischen uns, die ich in meiner Gutmüthigkeit ein Jahr nach dem definitiven Bruche mit ihm (1852) zuließ, den Anschein eines Freundes. Obgleich seine provisorische Unterstützung meiner Philosophie immer mehr geräuschvoll als wirksam war und nun ganz und gar nichts mehr bedeutet, so wird doch der Glanz, welchen sie ihm verschafft hat, seine Angriffe, bei welchen er seine Kritiken gegen den Philosophen mit anscheinender Hochachtung vor dessen Philosophie verbinden wird, erleichtern. Ich fühle mich daher gezwungen, meine besten Schüler darauf aufmerksam zu machen, wie nothwendig ihre gebührende Unterordnung für den zweiten Kampf des Positivismus wird, der zwar weniger brutal, aber ernster und länger sein wird, als der erste." [1]

3. Littré's Auftreten nach dem Tode Comte's. — Wie aber Frau Comte trotz des klar ausgesprochenen gegentheiligen Willens ihres Gemahls die materielle Erbschaft desselben an sich riß, so trat „ihr Anwalt" E. Littré trotz aller Bemühungen seines Meisters, dies zu hindern, als sein geistiger Erbe auf. Und er hatte in seiner neuen Rolle als „Haupt der positivistischen Schule" nicht bloß in Frankreich, sondern auch über dessen Grenzen hinaus solchen Erfolg, daß dadurch bis zu seinem 1881 erfolgten Tode nicht nur die rechtmäßige, von Comte selbst testamentarisch mit der Fortsetzung seines Werkes beauftragte positivistische Schule völlig in den Schatten gestellt, sondern auch die religiöse und politische Seite des Positivismus, auf welche Comte selbst das größte

---

[1] Testament p. 29. 30.

Gewicht legte, völlig verhüllt wurde. Antoine, ein Anhänger der „orthodoxen Schule" Comte's, — so können wir im Gegensatz zu Littré's „dissidentischer Schule" die Comte treu gebliebene positivistische Gruppe nennen — spricht sich hierüber mit Rücksicht auf das Benehmen Littré's und Frau Comte's dem Testamente Comte's gegenüber nicht ganz unzutreffend also aus:

„Vielleicht wird der unaufhörliche Widerstand, welchen diese zwei ebenso heimtückischen als böswilligen Persönlichkeiten der Testamentsvollstreckung August Comte's in schuldbarem Einverständniß entgegensetzten, dem größten Theile des Publikums, welches dieselben, obgleich ihr Haß gegen Comte in der verschiedenartigsten Weise zu Tage trat, noch immer als seine treuesten Freunde ansieht, befremdlich und unerklärlich erscheinen. Diese Mystification hatte die Hohenpriester und Leiter der Demokratie zu Veranstaltern, welche die Lehrthätigkeit der (wahren) Positivisten in Monsieur-le-Prince nur mit Schweigen oder Verleumdung beantworteten; sie hatten eben ihre Götter und ihre Altäre anderswo! In seltsamer Verkennung der Wirklichkeit hatten sie in Littré den Fortsetzer des Werkes von August Comte und einen Schüler, der noch größer war als sein Meister, entdeckt, wobei sie ihm mit der Naivetät der Unwissenheit eine Menge von Gedanken und Zielen zuschrieben, welche Comte angehörten. Berauscht von ihren unablässigen Huldigungen, nahm Littré seine Rolle ernst. Er glaubte auch selbst Philosoph zu sein und gründete eine neue Schule, um sie gegen seinen Meister zu richten! Die Vertreter des Akademismus und Materialismus, die Herren von der Tagespresse sowohl, wie römische Cardinäle und liberale und orthodoxe Pfarrer, betrachteten von da an Littré's Lehre als den wahren Positivismus, ohne zu gewahren, daß dieser angebliche Lehrmeister gar keine Lehre hatte...[1] Thatsächlich hat Littré hinsichtlich des (wirklichen Comte'schen) Positivismus nur die Rolle des Zerstörers gespielt."[2]

1. Die dissidentische positivistische Schule mit E. Littré an der Spitze.

E. Littré war, wie der bekannte Redner der Pariser Freimaurerloge „Les amis bienfaisants", Br∴ Bourdin, im Nachruf, den er Br∴ Littré widmete, treffend sagt, „die Stimme, der Geist und die Seele des Positivismus"[3]. In der Form und Fassung, welche Littré dem Comte'schen Positivismus gab, wurde derselbe in

---

[1] Aperçu sommaire sur la vie et sur l'oeuvre de Mons. P. Laffitte, successeur d'Auguste Comte, par E. Antoine. Havre 1880, p. 51.   [2] Ib. p. 55.
[3] La Chaîne d'union, Journal de la Maçonnerie Universelle. Or∴ de Paris. 1881 (E∴ V∴), p. 200.

ben weiteften Kreifen bekannt. Comte's Schriften felbft blieben ftets auf einen engen Gelehrtenkreis befchränkt. Daher müffen wir, um ein klares Bild von der weitern Entwicklung der pofitiviftifchen Bewegung zu gewinnen, uns zunächft eingehender mit der Perfon und der Lehre Littré's befchäftigen.

A. Biographifche Notizen über Littré.　Littré's Werke nicht philofophifchen Inhalts.

4. Biographifche Notizen[1]. Maximilian Paul Emil Littré (geboren den 1. Februar 1801) ftammte aus einer jakobinifch gefinnten Familie, in welcher Conventsmitglieder und Verfchwörer verkehrten. Sein Vater, ehemaliger Unterofficier in der Marine-Artillerie, fpäter Steuerbeamter, war zwar ein entfchiedener Gegner der Religion, zeichnete fich aber im übrigen durch einen gewiffen Lebensernft und durch Geradheit des Charakters aus, weshalb ihm Voltaire's frivole Religionsfpötterei in tieffter Seele zuwider war. Seine Mutter, eine Proteftantin, eine fehr energifche, aber doch wieder für ihre Kinder zärtlich fühlende Frau, theilte in politifcher wie religiöfer Hinficht völlig die Gefinnungen ihres Gatten. So kam es, daß Emil gleich feinem ältern Bruder Barthélemy außerhalb aller Religion aufgezogen wurde. Selbft die Taufe galt in Littré's Familie als eine Förmlichkeit, deren man fehr wohl entrathen könne. In früheft er Jugend glaubte Emil troh allem noch an Gott, Seele und Unfterblichkeit, natürlich bloß im deiftifchen Sinne. Beim Austritt aus dem Kolleg (Lycée Louis-le-Grand) aber warf er, da er fich die auffteigenden Zweifel nicht zu löfen vermochte, auch diefes dürftige Glaubensbekenntniß über Bord und blieb von da an in Bezug auf die wichtigften Fragen des menfchlichen Lebens ohne jede Orientirung, bis er diefelbe 1840 in der Philofophie Comte's gefunden zu haben glaubte.

Troh feiner völligen Religionslofigkeit hielt fich indes der junge Littré, wie es fcheint, im Gegenfah zu Comte von fchwereren fittlichen Verirrungen frei. Dies hatte er wohl vor allem der ftrengen, männlichen Erziehung zu danken, die ihm im väterlichen Haufe zu theil wurde. Er war auch felbft geiftig fehr ftrebfam und befaß, wie feine fpäteren fchriftftellerifchen Arbeiten bezeugen, einen ganz außerordentlichen, bewunderungswürdigen Fleiß.

Als eigentlichen Lebensberuf erwählte Littré die medicinifche Laufbahn. Trohdem er aber zehn Jahre als Intern und Extern an verfchiedenen Spitälern zubrachte und felbft zahlreiche, zum Theil fehr gefchähte medicinifche Werke und Auffähe in Zeitfchriften veröffentlichte, machte er niemals ein medicinifches Examen und übte er auch niemals, abgefehen von einigen zufälligen Hilfeleiftungen an Bauern anläßlich feines Aufenthaltes auf dem Lande, ärztliche

---

[1] Die nachfolgenden biographifchen Notizen find meift Caro, Mons. Littré et le positivisme (Paris 1883. Vgl. auch Revue des deux mondes 1882, II. 516 ss. u. III. 5 ss.), entnommen. Caro fchöpft feine Angaben unmittelbar aus den Werken Littré's felbft.

Praxis aus. Der Hauptgrund hiervon war, daß gerade zur Zeit, da er sich auf seine Examina vorbereitete (1827), sein Vater starb. Infolge dessen mußte er nun selbst sowohl für seinen eigenen als für den Lebensunterhalt seiner Familie sorgen. Hierzu schien ihm aber die ärztliche Laufbahn eine zu unsichere Erwerbsquelle zu sein. Ueberdies scheute er bei seinem ängstlichen, unschlüssigen Charakter, der ihm, dem Stubengelehrten, in den Dingen des praktischen Lebens eigen war, die Verantwortlichkeit des ärztlichen Berufes. So entschloß er sich, durch literarische Thätigkeit sein Brod zu suchen. 1835 verheiratete er sich, nachdem er in einer schmerzensvollen Periode, von melancholischen Ideen geängstigt, zwischen Heirat, einer Reise in ferne Länder und Selbstmord geschwankt hatte. Seine Mutter wählte ihm eine intelligente, eifrig katholische Frau aus, mit der er bis zu seinem Tode in der glücklichsten Ehe lebte. Dieselbe war ihm nicht bloß eine zärtlich besorgte Lebensgefährtin, welche ihm bei den Leiden dieses Lebens treu zur Seite stand und ihm in der Todesstunde die Wegweiserin zum wahren Ziele des irdischen Daseins wurde, sondern sie leistete ihm gleich der Tochter Sophie, die sie ihm schenkte, auch die werthvollste Beihilfe bei seinen literarischen Arbeiten.

6. Literarische Arbeiten Littré's nicht philosophischen Inhalts. — Bereits 1828 schrieb Littré Beiträge für das Journal de médecine. 1831 wurde er Mitarbeiter des National. In demselben Jahre erschien seine Schrift Choléra asiatique. 1837—1842 gab er im Vereine mit Dezeimeris die medicinische Zeitschrift L'Expérience heraus. 1839 und 1840 ließ er eine Uebersetzung des Lebens Jesu von David Strauß erscheinen. 1847 veröffentlichte er La poésie homérique et l'ancienne poésie française. Von 1847 an bis zu seinem Tode war er Mitherausgeber der Histoire littéraire de France (Bd. XXI ff.). 1848 übersetzte er die Naturgeschichte von Plinius, 1851 das Handbuch der Physiologie von Müller. 1854 erschien das von ihm gemeinsam mit Charles Robin im positivistischen Sinne umgearbeitete Dictionnaire de médecine, de chirurgie etc. von P. Nysten. Dieses Werk erlebte 1886 die 16. Auflage. 1839—1861 arbeitete er an seinem berühmtesten medicinischen Werke, der zehnbändigen Uebersetzung und Erklärung des Hippokrates. 1862 gab er die Histoire de la langue française (2 vols.; 8° éd. 1882) heraus. Von 1841 an arbeitete er an seinem eigentlichen Lebenswerk, dem berühmten vierbändigen Dictionnaire de la langue française, welches er 1865 im Manuscript vollendete. Gedruckt wurde dieses Werk 1863—1872. 1878 erschien noch ein fünfter (Supplement-)Band. Daneben war Littré noch längere Zeit Redacteur des Journal des savants und Mitarbeiter an der Revue des deux mondes. Er besorgte ferner auch die Herausgabe der Werke Armand Carrels und ließ mehrere Monographien, als: La vérité sur la mort d'Alexandre le Grand (1864), Médecine et médecins (1871) u. s. w., erscheinen. 1875 gab er Littérature et Histoire, Les Barbares et le Moyen-âge, 1879 eine metrische Uebertragung von Dante's „Hölle" in die Langue d'oïl des 14. Jahrhunderts heraus. 1880 ließ er noch De l'établissement de la troisième république und Études et glanures pour faire suite à l'histoire de la langue française erscheinen. In letzterer Schrift, welche eine Sammlung von einigen seiner Aufsätze im Journal des savants ist, findet sich auch seine liebenswürdige Plauderei Comment j'ai fait mon Dictionnaire de la langue française, welche 1881 (Leipzig, Friedrich) durch eine deutsche Uebersetzung dem Publikum diesseits des Rheines zugänglich gemacht wurde.

B. Littré als Philosoph.

a. Philosophische Publikationen Littré's.

6. Seine philosophische Schriftstellerei begann Littré im National. Da die Herausgeber dieser weltverbreiteten Zeitschrift Littré's Beiträge sehr hoch schätzten, hatte er als Mitarbeiter derselben die günstigste Gelegenheit, die neue Philosophie Comte's, für welche er seit 1840 schwärmte, auf das wirkungs= vollste beim großen Publikum einzuführen. 1844 begann er seine Artikel= serien über den Positivismus in dieser Zeitschrift, um dieselben dann später in Separatausgaben erscheinen zu lassen. So entstanden seine Schriften: Analyse raisonnée du Cours de philosophie positive (1845); Application de la philosophie positive au gouvernement des sociétés (1849); Conservation, Révolution, Positivisme (1852).

Zur Zeit, als Littré diese Schriften abfaßte, stand er so vollständig unter dem Einfluß Comte's, daß er nach seinem eigenen Geständnisse „auf das Wort seines Meisters schwor" und, „um es wahr zu finden, selbst den positiven Thatsachen Gewalt anthat und gegen augenscheinliche Beweismomente für das Gegentheil sein Auge verschloß"[1]. Indessen wollen tiefer blickende Beurtheiler wahrnehmen, daß Comte's System schon in diesen ersten Schriften Littré's sehr verflacht worden sei[2]. Seit seinem Bruche mit Comte (1852)[3] entfernte sich Littré immer mehr von der Lehre seines Meisters. Jedoch vermied er es, diesem zu seinen Lebzeiten öffentlich gegenüberzutreten.

Die erste philosophische Schrift, in welcher Littré gegen Lehrmeinungen Comte's auftrat, sind seine Paroles de philosophie positive (1859). Noch entschiedener machte er gegen einige Hauptlehrpunkte des Comte'schen Systems Front in seinem philosophischen Hauptwerk Auguste Comte et la philosophie positive (1863; 3. Aufl. 1877). Am weitesten im Widerruf früher von ihm vertheidigter Anschauungen ging er in den Zusätzen zur zweiten Auflage seiner Schrift Conservation, Révolution, Positivisme (1879). Die Haupt= publikation, in welcher er als neues Haupt der Schule den Positivismus aus= breitete und weiterbildete, war die von ihm gegründete und gemeinschaftlich

---

[1] Conservation, Révolution, Positivisme. 2ᵉ éd. 1879, p. 480 ss.; bei Caro l. c. p. 61. 115.

[2] „Littré avait jadis quelque peu émondé les théories de Comte, peut-être les avait-il trop vulgarisées — dans le mauvais sens du mot", sagt z. B. Paulhan in Revue phil. 1889. II. 317.

[3] Der entferntere, erste Anlaß zum Bruch war (nach Revue Occid. 1884. II. 271) das zustimmende Verhalten Comte's dem Staatsstreich vom 2. Dec. 1851 gegenüber. Nachher, als Louis Napoleon nicht, wie die positivistische Theorie es vorschrieb (vgl. unsere Schrift: August Comte S. 115), von der „skeptisch-empirischen" zur „fortschrittlichen" Dictatur überging, sondern das Kaiserreich wieder aufrichtete, tadelte ihn Comte auf das entschiedenste. Littré aber verurtheilte später wenigstens alle Staats= streiche und gewaltsamen Umwälzungen. Der unmittelbare Anlaß zum Bruche ist in unserer Schrift: August Comte S. 90 Anm. angegeben.

mit dem Russen Wyrouboff geleitete Zeitschrift La Philosophie positive (1867 bis 1883)[1]. Außerdem besorgte er im Auftrage der Frau Comte die zweite Auflage des Cours de philosophie positive, zu welcher er eine lange Vorrede schrieb, die seinen eigenen Standpunkt darlegt. Diese Vorrede ließ er in Verbindung mit den zwei ersten Leçons des Cours in einer Separatausgabe erscheinen unter dem Titel Principes de philosophie positive (1868). Um unsere Aufzählung der philosophischen Schriften Littré's zu vervollständigen, nennen wir noch seine Fragments de philosophie positive (1876) und La science au point de vue philosophique.

b. Allgemeiner Charakter des Littré'schen Positivismus.

7. Littré's Geistesart. — Zur Charakterisirung der ganzen Geistesart Littré's auch auf philosophischem Gebiete kann man nichts Besseres sagen, als daß Littré durch und durch „Philologe" war. Zum Philosophen gebrach es ihm ebenso sehr an Tiefe und Originalität des Geistes, wie an Weite und Uebersichtlichkeit der Auffassung. Es fehlte ihm durchaus der dem wahren Philosophen eigene Blick des Genies, welcher sicher die verborgenen Beziehungen der Dinge ergründet und in dem Chaos der Erscheinungen die höhere ideelle Einheit schaut. Littré gesteht selbst gegen Ende seines Lebens, er habe tief den Fehler seines Geistes gefühlt, „nichts durch Intuition und sozusagen zum voraus zu wissen und alles durch theuer erkaufte Erfahrungen und wiederholte Versuche mühsam lernen zu müssen" — „à l'aide des tâtonnements qui se cherchaient et se rectifiaient"[2]. — Hingegen war Littré für Detailforschungen, wie sie literär-historische und linguistische Arbeiten verlangen, wie geschaffen. Dieser Art Forschungen wandte er sich auch, obgleich er von Fach Mediciner war und die Ausbreitung der positivistischen Philo-

---

[1] Diese Zeitschrift erschien zuerst im Juli-August 1867. Daher beginnen alle Jahrgänge derselben mit dem Hefte Juli-August. Je drei der sechs jährlich herausgegebenen Hefte bilden einen Band. Die ersten sieben Bände erschienen im Verlage von Baillère, die übrigen 24 Bände (8.—31. Band) im Bureau der Zeitschrift (rue de Seine 16). Vom Sept. 1870 bis Sept. 1871 erschien dieselbe des deutsch-französischen Krieges halber nicht. ☞ Wir citiren im folgenden oft anzuführende Werke einfach mit den fettgedruckten Anfangsbuchstaben ihrer Titel.

[2] Études et glanures p. 425. — In der Schrift Conservation, Révolution, Positivisme (2e éd.) p. 402 schreibt er: „Mon esprit n'était pas de ceux qui s'éclairent soudainement devant l'imprévu des circonstances; personne n'était plus désarmé que moi devant les difficultés subites, si le temps ne m'était pas donné de les étudier et de m'y préparer."

ſophie als wichtigſte Lebensaufgabe betrachtete, die jemand ſich ſtellen kann, inſtinctiv immer wieder zu. Auf dieſem Gebiete leiſtete er auch allein wirklich Bedeutendes. Selbſt der Werth ſeiner hervorragendſten Publikation auf mediciniſchem Gebiete, der Ueberſetzung und Erklärung des Hippokrates, beſteht nicht in dem mediciniſchen, ſondern in dem literar-hiſtoriſchen Theile derſelben.

Bezeichnend für die Thatſache, wie ſehr in Littré der Philologe und Lexikograph den Philoſophen überwog, iſt die Geſchichte ſeines philoſophiſchen Hauptwerkes Auguste Comte et la philosophie positive. Wie er ſelbſt erzählt, übernahm er die Herausgabe dieſes Werkes nur auf wiederholtes Drängen der Frau Comte. Der Gedanke, durch die neue Arbeit könnte die Herausgabe des franzöſiſchen Wörterbuches verzögert werden, war ihm ſo peinlich, daß es deswegen bald zum Bruch mit der ihm ſonſt ſehr befreundeten Frau des Philoſophen gekommen wäre. Auch als er ſich endlich herbeigelaſſen hatte, ihrem Wunſche zu willfahren, behandelte er ſein neues Werk im Verhältniß zum Wörterbuch nur wie eine unbedeutende Nebenarbeit. „Nachdem ich alſo ins reine gekommen war,“ ſchreibt er ſelbſt, „unterbrach ich fortan die Be-arbeitung meines Wörterbuches um 12 Uhr und ſchrieb von Mitternacht bis 3 Uhr früh an der Lebensgeſchichte Auguſt Comte's; dieſe drei Morgenſtunden, welche ich mit unwandelbarer Regelmäßigkeit meinem Hauptwerke vorwegnahm und zu welchen nachher noch andere, hie und da flüchtig erraffte freie Augen-blicke ſich geſellten, genügten für meinen Zweck.“ [1]

Die philologiſche Geiſtesart kommt in Littré's Poſitivismus zunächſt darin zum Ausdruck, daß derſelbe neben der verflachten „poſitiven Philo-ſophie“ Comte's auch die Waffen der ungläubigen Bibelkritik gegen die „Theologie“ verwendet [2]. In dieſer Hinſicht kann Littré als Bindeglied zwiſchen Comte und Renan betrachtet werden.

8. Der haarſpalteriſche Enthaltungsſtandpunkt Littré's. — Aber auch in ſeinen ſpecifiſch philoſophiſchen Speculationen vermag ſich Littré's Philologen-Natur nicht zu verläugnen. Dieſelbe tritt viel-mehr gleich bei Behandlung des poſitiviſtiſchen Hauptdogma's, daß un-ſerem Erkennen „die Fragen über erſte und End-Urſachen, über Subſtanz und Weſen unzugänglich“ ſeien [3], in draſtiſcher Weiſe hervor. Dieſes Dogma „poſitiviſtiſcher Enthaltung“ bezüglich der Be-ſchäftigung mit den wichtigſten und höchſten Lebensfragen ſteigert Littré

---

[1] „Wie ich mein Wörterbuch der franzöſiſchen Sprache zu Stande gebracht habe.“ Leipzig 1881, S. 63 ff.

[2] Dies thut Littré namentlich in ſeinem Werke La science au point de vue philosophique. Auch ſeine Ueberſetzung von Strauß' „Leben Jeſu“ und manche Artikel in der Phil. pos. bewegen ſich in derſelben Richtung.

[3] Vgl. unſere Schrift: Auguſt Comte S. 38 ff.

zu einem absoluten, völlig chimärischen, nur in schallenden Worten aus=
zusprechenden, aber nicht in Gedanken zu fassenden und noch viel weniger
im Leben durchzuführenden Gleichgewicht zwischen Bejahung und Verneinung.

„Auf daß kein Zweifel darüber übrig bleiben könne," schreibt Littré, „wie
man über erste und End=Ursachen zu denken hat, und damit der Leser im Stande
sei, leicht und selbständig in einer so wichtigen und entscheidenden Sache sich
ein Urtheil zu bilden, muß man ganz deutlich reden und jede Möglichkeit eines
Mißverständnisses ausschließen. Diejenigen, welche etwa glauben, daß die
positive Philosophie irgend etwas hierüber läugne oder be=
haupte, befinden sich im Irrthum: dieselbe läugnet nichts und
behauptet nichts. Denn sowohl Läugnen als Behaupten hieße erklären,
daß man irgend eine Kenntniß vom Ursprung und Ziel der Dinge besitze.
Augenblicklich steht nur so viel fest, daß die zwei Enden der Dinge uns un=
zugänglich sind und nur, was dazwischen liegt, — in der Schulsprache nennt
man's das ‚Relative‘ — uns angehört." [1]

„Die positive Philosophie (ich kann auf diesen Punkt nicht genug zurück=
kommen) anerkennt weder den Deismus, noch den Atheismus, noch den Pan=
theismus. Dies sind ebensoviele Erklärungen des Unerklärbaren, d. h. dessen,
was auf den Ursprung, die ersten Ursachen und das innere Wesen der Welt
Bezug hat. Sie hält sich nach dem treffenden Worte Pascals in der goldenen
Mitte. Aus der Wissenschaft hervorgegangen, besitzt sie deren weise und heil=
same Resignation, wenn man hinsichtlich dieses festen Entschlusses, die Realität
der Natur mit dem größten Fleiße zu studiren und aus derselben Lehren zu
ziehen, die den Geist veredeln und die Gesellschaft verbessern, von Resignation
reden kann." [2]

Von den vielen ähnlich lautenden Stellen, die sich in Littré's Schriften
finden [3], wollen wir nur noch eine hervorheben, welche durch die feierlichen
Umstände, in denen sie gesprochen wurde, eine besondere Bedeutung und
sogar Berühmtheit erlangte. Bei seiner mit ganz außerordentlichem Ge=
pränge vollzogenen Aufnahme in den Freimaurerbund beantwortete Littré
die übliche, den Logencandidaten vorgelegte Frage: „Welche Pflichten hat
der Mensch gegen Gott?" mit einer ausführlichen, vielfach abgedruckten
Darlegung des Positivismus, deren wichtigste Stelle also lautet:

„Keine Wissenschaft läugnet eine erste Ursache, da keine jemals auf etwas
gestoßen ist, was dieselbe in Abrede stellte; aber auch keine behauptet eine
solche, da keine auf etwas gestoßen ist, was die Existenz derselben erwiese.
Alle Wissenschaft ist auf das Relative beschränkt. Ueberall stößt man auf
nicht weiter zurückführbare Existenzen und Gesetze, deren Wesen man nicht

[1] Pa. p. 33.   [2] Ph. XIII. 157.
[3] Pr. p. 39; Revue des deux mondes 1866. IV. 863; A. p. 519;
Ph. VI. 159; IX. 167; XI. 167; XIII. 157; XVI. 322; XVII. 453; XXVI.
42 etc. etc.

kennt. Man läugnet nicht, daß eine weitere Ursache bahinter stecke; aber man ist niemals auf die andere Seite hinüber gekommen. Da die Erfahrung nicht soweit reicht, weigert sich jede Wissenschaft, welchen Werth auch ein Forscher für seine Person einer historischen Thatsache oder einem philosophischen Dogma beilegen mag, — jede Wissenschaft, sage ich, weigert sich, etwas in das System der ihr eigenen Gesetze und Theorien einzuführen, was der Vorstellung einer ersten Ursächlichkeit entnommen wäre. Dies bleibt für immer der Theologie oder der Metaphysik überlassen." [1]

9. **Littré's Behandlung der Sociologie.** — Ein anderes sprechendes Beispiel für das unzeitige Hervortreten der philologischen Geistesart Littré's bei philosophischen Speculationen ist seine Denkschrift Traité de sociologie, welche er in der von ihm am 23. März 1872 mit großem Pomp gegründeten Société sociologique [2] vorlas. Dieser Traité, welcher das Programm für die Wirksamkeit der neuen Gesellschaft hätte entfalten sollen, ist weiter nichts als eine geistlose Nomenclatur von barbarischen, aus griechischen und lateinischen Wortstämmen mit der größten Willkür zusammengesetzten Bezeichnungen. Als Probe wollen wir nur die von Littré vorgeschlagene Eintheilung der neuen Wissenschaft erwähnen. Die Sociologie zerfällt nach ihm in Sociodynamie (Dynamik) und Sociomérie (Statik); die Sociodynamie wieder in Sociergie (Erhaltung der Gesellschaft), Sociauxie (Wachsthum der Gesellschaft), Socioporie (Nationalökonomie), Sociagathie (Moral), Sociocalie (Literatur, Künste), Socialéthie (Wissenschaft), Sociarchie (Gesetzgebung, Recht) u. s. w. [3] — Mit Recht belustigt sich André Poëy, der damals noch Schüler und Mitarbeiter Littré's war, später aber sich zum orthodoxen Positivismus „bekehrte", über die philosophische Unfruchtbarkeit Littré's, da alle seine Anstrengungen, die wichtigste, die sociologische Wissenschaft zu begründen, nur zu der eben gekennzeichneten Nomenclatur geführt hätten [4].

c. Philosophischer Standpunkt Littré's im allgemeinen.

10. **Littré's Stellung zu Comte. Offenbare Widersprüche.** — Bei Darlegung des philosophischen Standpunktes Littré's

---

[1] Ph. XV. 164.

[2] Die Gesellschaft zählte 26 Gründer (darunter Littré, Robin, Wyrouboff, Chatelineau, Caubet, Bourdet, André, Clavel u. s. w.), 50 active und 100 correspondirende Mitglieder. Unter den letzteren befand sich auch J. St. Mill. Einige auf Gründung der Gesellschaft bezügliche Denkschriften (Ph. VIII. 298 ss.) scheinen neben der genannten Denkschrift Littré's die einzigen Lebenszeichen derselben gewesen zu sein.   [3] Ph. IX. 153 ss.

[4] In seiner Schrift Mons. Littré et Auguste Comte. Paris. Baillère. 1879.

und seiner Stellung zu Comte müssen wir den Leser vor allem darauf aufmerksam machen, daß sich Littré auch von offenbaren Widersprüchen nicht frei hält. So betont er beispielsweise gleich in seinem philosophischen Hauptwerke Auguste Comte et la philosophie positive einerseits die völlige Stichfestigkeit, Unanfechtbarkeit und Einheitlichkeit des Comte'schen Systems. Andererseits ist er im ganzen Buche wieder damit beschäftigt, nachzuweisen, daß die ganze zweite Periode in Comte's philosophischer Entwicklung im grellsten Widerspruch mit der ersten stehe u. s. w., und rüttelt selbst an fast allen Grundpfeilern des Systems Comte's aus seiner ersten Periode.

Da die Anklage, welche wir hier gegen den „Philosophen" Littré erheben, sehr schwerwiegender Natur ist, sei es uns gestattet, dieselbe ausführlicher zu erhärten.

Littré schreibt einerseits hinsichtlich der Philosophie Comte's:

„Heute sind es mehr als zwanzig Jahre, daß ich Anhänger dieser Philosophie bin. Und das Vertrauen, welches sie mir nach vielem Nachdenken und nach wiederholtem Studium derselben einflößte, hat nie einen Stoß erlitten. Zwei Arten von Beweis wandte ich an, um mich vor Illusionen und Vorurtheilen zu bewahren: zuerst den Gebrauch, welchen ich von der Philosophie machte, sodann die Bestätigung, welche sie durch den Lauf der Dinge gefunden hat. Mit den verschiedenartigsten Gegenständen beschäftigt, mit Geschichte, Sprachforschung, Physiologie, Medicin, Erudition, habe ich mich derselben immer gleich eines Werkzeuges bedient, welches mir die Hauptgesichtspunkte, den Ausgangs- und Endpunkt jeder Frage vor Augen stellt und mich vor der Gefahr, mir zu widersprechen, dieser Plage der heutigen Geister, bewahrt; sie reicht überall aus, führt niemals in Irrthum und gibt mir immer Licht. Der Lauf der Dinge ist ihr nicht weniger günstig, als die individuelle Prüfung; nicht allein erfährt sie durch denselben kein Dementi, sondern auch alle Fortschritte der Wissenschaft und Vorgänge in der Politik verleihen ihr eine neue intellectuelle oder sociale Bekräftigung."[1]

„Bei August Comte findet sich kein Widerspruch; bei ihm ist System; alles ist da Consequenz und consequent."[2] U. s. w.

Andererseits und theilweise im unmittelbaren Anschluß an Aeußerungen der eben geschilderten Art sagt er wieder:

„Ich läugne nicht, daß er (Comte) mir Anlaß zu einigen Irrthümern wurde, die ich mich moralisch gezwungen sehe, einzugestehen, indem ich mich zu großer Uebertürzung oder Gelehrigkeit oder zu geringen Scharfblickes anklage."[3]

Mit Rücksicht auf seinen unter Comte's directem Einfluß für die Société positiviste (1848) ausgearbeiteten Bericht schreibt er: „Das war, ich gestehe

---

[1] A. Préface p. II.   [2] A. p. 101.   [3] A. p. 529.

es ohne Umschweife, eine große intellectuelle Schlappe, und ich bezeichne sie hier als solche. Der einzige Vortheil, den ich dabei finde, — und derselbe hat seinen Werth — ist vor allem für mich eine Lection der Bescheidenheit und eine Mahnung, mir selbst zu mißtrauen; für meine Leser ist sie eine Weisung, in mir einen Führer zu sehen, an dem nur der gute Wille zuverlässig ist."[1]

Ueber Comte sagt er: „Comte änderte zu einer gewissen Zeit, obgleich er nur die positive Philosophie weiter zu entwickeln glaubte, die Methode. Es gibt aber nichts Verhängnißvolleres als einen Wechsel in der Methode."[2]

„Die zwei Methoden (die objective und die subjective) sind grundverschieden voneinander ... Comte hat die zwei Methoden in unentwirrbarer Weise vermengt und durcheinander geworfen."[3]

„So entstand ein Gebilde, welches beispiellos dasteht, eine Methode mit einem positiven Kopfe und einem subjectiven (oder, was dasselbe ist, metaphysischen) Schweife ... Ist die Methode gefälscht, so ist alles gefälscht, selbst das Gute und Wahre, was noch vorhanden ist. Eine falsche Methode ist wie eine falsche Beleuchtung, welche die schönsten Formen verunstaltet."[4]

11. Stellung Littré's zu den Hauptlehren Comte's aus dessen erster philosophischer Periode. — Littré reißt nicht nur Comte's System entzwei, indem er dessen letzte Hälfte als das volle Widerspiel der ersten darstellt, sondern er rüttelt auch an fast allen Grundlehren der ersten. Um gleich mit dem Angelpunkte der Comte'schen Philosophie, mit dem sociologischen Gesetze, das der Philosoph als seine eigentliche epochemachende Entdeckung betrachtete, zu beginnen, so läßt Littré dasselbe zwar als den rein „empirischen", abstracten Ausdruck der Thatsachen gelten, vermag es aber nicht als das „rationelle" Grundgesetz aller geistigen Entwicklung anzuerkennen. Als solches stellt er vielmehr sein eigenes Gesetz „von den vier Zeitaltern" auf. Im ersten dieser Zeitalter, im Urzeitalter, ist nach Littré das Menschengeschlecht unter der Herrschaft der Bedürfnisse; im zweiten, dem der Religionen, rufe die sich entwickelnde Moral die ersten bürgerlichen und religiösen Einrichtungen ins Leben; im dritten, dem der Künste, entwerfe der erwachende Schönheitssinn Bauten und Dichterwerke; im vierten endlich, dem der Wissenschaft, schreite die Vernunft zur Erforschung der abstracten Wahrheit[5]. Aber auch selbst mit seiner Aufstellung, daß das Gesetz Comte's von den drei Stadien als „empirisches" Gesetz unumstößlich sei, geräth Littré, ohne es zu merken, in Widerspruch. Er sagt nämlich ausdrücklich, daß Comte in seiner zweiten Periode von der positiven Methode wieder zur subjectiven meta-

[1] A. p. 601.   [2] A. p. III.   [3] A. p. 532.
[4] A. p. 534.   [5] Pa. p. 44 ss.

physischen übergegangen sei, daß er aus der antireligiösen Phase seiner
philosophischen Reife wieder in die religiöse sich verirrt habe. Eine
solche Rückentwicklung ist aber mit Voraussetzung des sociologischen Ge=
setzes ein gerade so großer Widersinn, als es physiologisch ungereimt
wäre, eine Rückbildung des ausgewachsenen Mannes in das Jünglings=
und Kindesalter anzunehmen. Denn nach Comte ist das sociologische
Entwicklungsgesetz ebenso sehr Naturgesetz, wie das biologische. Oder war
der vorgebliche Rückfall Comte's in die metaphysische Periode etwa durch
ein „Wunder" möglich?

Die Comte'sche Gehirntheorie, diesen andern Grundpfeiler seines
ganzen Systems, verwirft Littré ganz und gar [1]. Ebenso setzt sich Littré
hinsichtlich der Moral in vollen Gegensatz zu Comte. Er stützt seine Moral
auf den Geschlechtstrieb [2], welchen Comte als den „störendsten egoistischen
Instinct" [3], somit als das größte Hinderniß der Moral, die wesentlich
„altruistisch" sei, bezeichnet hatte. U. s. w. u. s. w. Schließlich kommt Littré,
indem er ein Stück des Comte'schen Systems nach dem andern preisgibt,
immer mehr dazu, den Positivismus auf die „positive Methode" zu
beschränken. Er bekennt sich nur zur Methode Comte's, behält sich aber in
Bezug auf die Anwendungen, welche Comte von derselben machte, alle Frei=
heit der Discussion vor [4]. „Wer immer diese Methode auf die
Philosophie anwendet," erklärt er später, „ist Positivist und,
möge er dies zugestehen oder nicht, Schüler Comte's; wer aber eine andere
anwendet, ist Metaphysiker. Dies ist das sichere Merkmal, an welchem
ein aufmerksamer Geist unterscheiden kann, was zur positiven Philosophie
gehört und was ihr fremd ist." [5]

12. Einige andere hervorstechende Punkte in Littré's
philosophischer Anschauung. Methode. — Von anderen eigenthüm=
lichen Anschauungen Littré's ist vor allem hervorzuheben, daß derselbe die
„positive Methode", auf welche wir ihn eben die ganze positive Philo=
sophie zurückführen hörten, noch enger auffaßt, als Comte selbst. Während
dieser a priori=Schlüsse und =Ableitungen, insofern sie sich direct oder indirect
auf Erfahrung stützen, zuläßt [6], erklärt Littré: „Es ist anerkanntes Grund=
princip der positiven Wissenschaft, daß nichts Wirkliches durch Beweis=
führung (raisonnement) festgestellt werden kann. Die Welt läßt sich nicht

---

[1] **A.** p. 538 ss. 675; Revue des deux mondes 1866. IV. 849.
[2] **Ph.** VI. 1—22.
[3] Comte, Système de politique pos. IV. 287.
[4] **A.** p. 668.   [5] Vorrede zu **Pr.** (Paris 1868), p. 60; **Ph.** V. 310 etc.
[6] Cours de phil. pos. VI. 701 ss. (598).

errathen. So oft wir über existirende Dinge einen Schluß machen, müssen die Prämissen aus der Erfahrung geschöpft sein und nicht aus unseren Begriffen. Ueberdies ist der Schluß, welchen man aus solchen Prämissen zieht, nur wahrscheinlich und nie gewiß; gewiß wird er erst, wenn er auf Grund einer directen Beobachtung als der Wirklichkeit entsprechend gefunden wird." [1] Alle a priori-Schlüsse können nach Littré das positive Wissen nicht vermehren [2]. „Alles positive Wissen ist nur eine Umformung (transformation) der Beobachtung und der Erfahrung." [3] Ueber Dinge, welche über die Erfahrung hinausliegen, über Gott, Seele, Anfangs- und End-Ursachen, behauptet die positive Philosophie nichts und läugnet sie auch nichts [4].

„Wesentliche Lehrpunkte des Positivismus." — Wiewohl Littré, wie wir eben hörten, für die Zugehörigkeit zum Positivismus nur die „positive Methode" als wesentlich bezeichnet, erklärt er doch andererseits wieder drei Punkte der Lehre Comte's als wesentliche Lehrstücke des Positivismus [5]. Diese sind: 1. Die Hierarchie der Wissenschaften, aus welcher aber Littré im Gegensatz zu Comte die Moral ausscheidet [6]; 2. die Scheidung zwischen Abstractem und Concretem; 3. die Relativität [7] aller dabei in Frage kommenden Begriffe.

Das „Incognoscible" (Unerkennbare). — Littré hebt zwar immer wieder mit dem größten Nachdruck hervor, daß Untersuchungen über erste und End-Ursachen eitel und resultatlos seien. Dies bezeuge die Erfahrung. Denn obwohl sich die tiefsinnigsten Geister jahrhundertelang mit denselben befaßt hätten, seien dieselben um keinen Schritt vorwärts gekommen. Die Abgründe bleiben stumm auf unsere Fragen [6]. — Andererseits behauptet er aber wieder die Existenz eines Unerkennbaren, welches zwar über den Bereich des positiven Wissens hinausliege, aber dennoch Realität habe. Seine diesbezügliche Aeußerung lautet:

„Was über den Bereich des positiven Wissens entweder materiell (wie der unbegrenzte Raum) oder intellectuell (der Zusammenhang der Ursachen ins Endlose) hinausliegt, ist dem menschlichen Geiste unzugänglich. ‚Unzu-

---

[1] Pr. p. 49. 50.   [2] Pa. p. 40; Pr. p. 70.
[3] Ph. I. 6.   [4] Pa. p. 33.
[5] A. p. 43. 44; Pa. p. 20; Revue des deux mondes 1866. IV. 839; Ph. XVII. 440.
[6] A. p. 677 spricht Littré von der Nothwendigkeit, Comte's System durch eine „subjective Theorie der Menschheit" zu ergänzen, welche die Moral, Aesthetik und Psychologie umfassen sollte.
[7] Ueber den „positivistischen" Begriff von „relativ" sagt Littré, derselbe unterscheide sich vom psychologischen sowohl hinsichtlich seiner Quelle als hinsichtlich seiner Tragweite. Während nämlich für die psychologische Philosophie der Begriff „relativ" zum Ausgangspunkt diene und keine gegen die ersten Ursachen gerichtete Spitze habe, sei derselbe in der positiven Philosophie deren Ergebniß. Vgl. Revue des deux mondes IV. 858.   [8] Vgl. z. B. Pr. p. 53.

gänglich' will aber nicht sagen nichtig oder nicht bestehend (nul ou non existant). Die Unermeßlichkeit, sowohl die materielle als die intellectuelle, ist mit unseren Kenntnissen enge verknüpft und wird nur durch diese Verbindung eine positive Idee derselben Ordnung. Um mich klarer auszudrücken: dadurch, daß wir dieselben vor unserem Geiste aufsteigen und vorüberziehen lassen, erscheint diese Unermeßlichkeit unter ihrem Doppelcharakter der Realität und Unzugänglichkeit. Sie ist ein Ocean, dessen Wellen an unsere Ufer schlagen. Ihn zu beschiffen, haben wir weder Fahrzeug noch Segel. Sein klarer Anblick ist aber ebenso nützlich als fürchterlich." [1]

Auf diese merkwürdige Idee seines „Incognoscible" verfiel Littré zweifelsohne durch die Einwirkung Spencers, dessen „Unknowable" (Unerkennbares) er durch sein „Incognoscible" überwinden zu können glaubte. Beide „Unerkennbaren", sowohl das Spencer'sche als das Littré'sche, sind aber höchst verschrobene, widerspruchsvolle Gebilde philosophirender Phantasterei bezw. wortklauberischer Subtilität. Im übrigen bemerkt Littré gegen Spencer, daß derselbe das „religiöse" Unerkennbare, welches Gegenstand des Glaubens sei, mit dem „wissenschaftlichen", welches bloße Grenze unseres Wissens sei, vermenge. Diese beiden „Unerkennbaren" seien ganz verschiedener Natur [2].

d. Sonstige philosophische Anschauungen Littré's.

Da bei Littré von einem eigentlichen philosophischen System nicht die Rede sein kann, sind wir nur in der Lage, einzelne philosophische Anschauungen desselben darzulegen. Wir lassen ihm im folgenden selbst das Wort.

13. Ueber Welt und Seele. — Die ganze Welt besteht aus Stoff und dem Stoffe innewohnenden Kräften [3]. Das intellectuelle und moralische Gebiet ist ein Zweig der Physiologie [4]. Der Gedanke haftet an der Nervensubstanz, wie die Schwere am Körper [5]. „Die Vernunft oder das Urtheil ist die Function, durch welche die Gehirnzellen die Eindrücke, nachdem sie die-

---

[1] A. p. 519; vgl. auch p. 525. — Da diese Stelle eine gewisse Berühmtheit erlangte, wollen wir die Hauptsätze derselben auch französisch hierhersetzen: „L'immensité tant matérielle qu'intellectuelle tient par un lien étroit à nos connaissances et ne devient que par cette alliance une idée positive et du même ordre; je veux dire que, en les touchant et en les bordant, cette immensité apparaît sous son double caractère, la réalité et l'inaccessibilité. C'est un océan qui vient battre notre rive, et pour lequel nous n'avons ni barque ni voile, mais dont la claire vision est aussi salutaire que formidable."

[2] Pr. p. 61 ss.; Revue des deux mondes 1866. IV. 863.

[3] Pr. 11.   [4] Ph. II. 153.   [5] Ph. I. 275.

selben zu Ideen verarbeitet haben, nach den Beziehungen combiniren, welche man logische nennt und welche der functionelle Ausdruck der Eigenschaften der Zellen sind." [1] (Wie roh materialistisch!) — Eigentliche Willensfreiheit gibt es nicht. Würde man alle Umstände der menschlichen Handlungen kennen, so würden dieselben als ebenso nothwendig erscheinen, wie physische Vorgänge. Das, alles in allem genommen, stärkste Motiv gibt unfehlbar den Ausschlag [2]. Die Moralität ist die von der Freiheit unabhängige „Schönheit" einer Handlung [3]. Auch Verantwortlichkeit bleibt ohne Freiheit. Dieselbe ist nichts anderes, als „die Fähigkeit" (faculté), infolge einer als Vergehen angesehenen Handlung — Strafe, oder infolge einer als verdienstlich angesehenen — Belohnung zu erhalten". Strafen und Belohnungen sind Erziehungsmittel [4].

14. Ueber Moral. — Auch die Moral sucht Littré lediglich aus der Biologie (Physiologie) zu construiren. Alle moralischen Phänomene, so lehrt er, entspringen einer doppelten Quelle, dem „Ernährungstrieb" und dem „Geschlechtstrieb". Der Ernährungs- oder Selbsterhaltungstrieb ist der Untergrund des Egoismus, der Geschlechtstrieb oder der Trieb, die Species zu erhalten, die Quelle alles Altruismus [5]. Wie die „Ideen" oder intellectuellen Phänomene das Resultat des Processes sind, durch welchen das Gehirn die äußeren Eindrücke verarbeitet, so sind die „Gefühle" das Resultat des Processes, wodurch das Gehirn die inneren Empfindungen verarbeitet. Das Gehirn ist dabei nicht schöpferisch thätig, es verarbeitet nur [6]. Je complicirter, je reicher entfaltet die lebende Substanz ist, je mehr sie in der Entwicklung fortschreitet, desto höhere, verwickeltere Formen nehmen auch die beiden Grundinstincte an. „Der Kampf zwischen beiden bildet das moralische Leben." Der Altruismus gewinnt mit der fortschreitenden Entwicklung mehr und mehr die Oberhand. Da auch gleichzeitig die Intelligenz sich höher und höher entfaltet und wegen der Verbindung der entsprechenden Organe im Gehirn eine innige Wechselbeziehung zwischen den moralischen und intellectuellen Phänomenen besteht, so wird der Altruismus mehr und mehr „bewußt"; er entfaltet sich zur Sympathie, zum Wohlwollen und zur Güte (bienfaisance). So bringt schließlich die Wissenschaft ihr Licht auch in das moralische Gebiet. Auch in der Moral, wie auf allen anderen Gebieten, ist das „Wahre" der Gipfelpunkt des menschlichen Geistes [1]. „Mehrere moralische Keime und Acte" finden sich schon beim Thiere [8]. Die beständigen Mahner für die Moralität sind das Vergnügen und der Schmerz [9]. Zu der Einwendung der „Theologen", daß eine solche Erklärung der moralischen Phänomene aus dem Ernährungs- und

---

[1] Ph. III. 247.   [2] Ib. 231 ss.   [3] Ib. 254.   [4] Ib. 259.

[5] Ib. VI. 1—22; vgl. Fouillée, Critique des systèmes de morale contemporains. Paris. Baillère. 1883, p. 39—56; de Bonniot, Les malheurs de la philosophie. 2ᵉ éd. Paris. Retaux-Bray. 1879, p. 50—75.

[6] Ib. VI. 18; La science au point de vue philosophique p. 340.

[7] La science p. 491.   [8] Ph. VI. 10.

[9] Ib. VI. 16.

Geschlechtstrieb roh sei, bemerkt Littré, dieser Einwand falle auf die Gegner selbst zurück. Denn in ihrer Voraussetzung sei ja Gott selbst der Urheber dieser „uneblen" Triebe [1].

Die Idee „gerecht" oder „ungerecht" reducirt sich biologisch auf Identität oder Verschiedenheit auf dem Gebiete des Handelns, wie die Idee „wahr" oder „unwahr" Identität oder Verschiedenheit auf dem Gebiete des Denkens bezeichnet. Die Zustimmung, welche diese Identität auferlegt, heißt auf intellectuellem Gebiete „Beweis", auf praktischem Gebiete „Pflicht" [2]. „Die Idee der Gerechtigkeit ist nichts anderes als die Ableitung (dérivation) einer rein intellectuellen, äußerst einfachen, wahrhaft intuitiven Thatsache, der Thatsache nämlich, welche die Identität zweier Gegenstände constatirt." [3] Dem Utilitarismus der englischen Philosophen tritt Littré entgegen; denn, sagt er, es gebe Dinge öffentlichen Nutzens, welche weder gerecht noch ungerecht seien. Daher decken sich die Begriffe „nützlich" und „moralisch gut" nicht [4]. Littré verwirft auch die Evolutionstheorie und ihre Versuche, die Moral zu erklären [5].

15. Ueber Religion — lehrt Littré folgendes: Das Wort „Religion" läßt auch eine Deutung zu, welche den empirischen Vorstellungen des Positivismus vollständig gerecht wird. In dieser Deutung umfaßt die Religion „einerseits die Lehre von den Naturgesetzen, welche die Welt und die Tochter der Welt, die Menschheit, beherrschen, andererseits die aus diesen Gesetzen abgeleitete Moral, welche ebenso sehr den ‚wahren' Pflichten sich unterwirft, als sie das Joch der ‚eitlen und imaginären' Pflichten abschüttelt" [6].

---

[1] La science p. 347. — Littré gewahrt bei dieser Abwehr nicht den großen entscheidenden Unterschied, welcher zwischen seinem Fall und dem der Theologen statthat. Was den Vorwurf der Roheit Littré's Theorie gegenüber völlig rechtfertigt, ist, daß in derselben den niederen Trieben des Menschen die Suprematie übertragen wird. Daß die niederen Triebe an sich etwas Schlechtes seien, behauptet kein Theologe. Die Schlechtigkeit liegt lediglich im „Willen", wenn er sich von denselben beherrschen läßt, anstatt sie selbst zu zügeln.

[2] Ib. p. 491; **Ph. VI. 161—173.**

[3] Ib. VI. 172; vgl. ib. XX. 1 ss.   [4] Fouillé l. c. p. 43.

[5] **Ph. XX. 162;** vgl. **XXII. 22.** — Da die Moral das entscheidendste Gebiet im Kampfe mit den heutigen ungläubigen Systemen ist, wollen wir wenigstens eine diesbezügliche Stelle Littré's wörtlich citiren. Littré schreibt **Ph. VI. 21:** „Il y a deux principes de morale, l'égoisme et l'altruisme. Le premier, représentant les besoins, est un principe de conservation individuelle; le second, représentant la sexualité, est un principe d'expansion hors de l'individu. Tous deux pour point de départ l'action de la substance vivante sur le cerveau par l'intermédiaire des nerfs. Ainsi considérés, égoisme et altruisme ne sont que des germes; l'expérience, le raisonnement et le temps les développent. C'est ainsi que se forment les morales toujours relatives des différentes époques et des différentes nations, mais aussi toujours progressives à mesure que la notion de l'humanité, se dégageant, resserre l'égoisme et dilate l'altruisme." Littré nennt seine Moral auch „morale laïque". Ib. V. 306.

[6] Ib. III. 381; vgl. **A.** p. 524.

Das durch die „positive Auffassung der Welt gegebene religiöse Symbol der Menschheit", durch welches Comte die alten Religionen ersetzen wollte, nimmt Littré an; aber er verwirft „die der katholischen Kirche nachgebildete Verfassung, weil dieselbe den Boden des Thatsächlichen verlasse" [1]. Von den „theologischen" Religionen (Brahminismus, Buddhismus, Christenthum, Islam) ist vom philosophischen Standpunkt aus die eine so eitel als die andere. „Es ist immer dieselbe Art, sich dasjenige vorzustellen, was nicht erkannt werden kann, was über die Erfahrung hinausliegt; man glaubt und ist mit diesem in die Nacht des Unerkennbaren geworfenen Blicke zufrieden." Vom historischen Standpunkt aus steht der Katholicismus obenan [2]. Atheist und Pantheist will Littré auch nicht sein. Denn auch das sind keine emancipirten Geister, sondern, weil sie ihre fixe und fertige Erklärung vom Wesen der Dinge haben, in ihrer Art „Theologen" [3].

16. Die Beweise für das Dasein Gottes — sind nach Littré alle hinfällig. Der ontologische Beweis ist „ein spitzfindiges Argument, das in keiner Weise verificirt werden kann" [4]. Kant und die Nominalisten haben schon damit aufgeräumt [5]. Das kosmologische Argument hat sich gegen die Deisten selbst gekehrt. „Die Wissenschaft erklärt zwar nicht, daß es keinen Gott gibt; aber sie erklärt, daß alles in der Welt sich so vollzieht, als gäbe es keinen. Die positive Philosophie nimmt diese Erklärung entgegen und weigert sich, über etwas zu discutiren, was weder Gegenstand einer Beobachtung noch Gegenstand eines Beweises sein kann." [6]   Das metaphysische Argument ist eitel. Denn „da die metaphysischen Entitäten rein imaginär sind, da der Mensch sie in keiner Weise zu constatiren vermag, so kann die daraus abgeleitete Existenz Gottes nicht mehr Realität haben, als sie" [7]. Das teleologische, aus der Ordnung der Welt geführte Argument ist nicht überzeugend. Während nämlich die einen unter dem Eindruck der Ordnung, welche sie in der Welt sehen, an Gott glauben, fällt den anderen mehr die Unordnung in der Welt auf, weshalb sie Gott läugnen. „Die positive Philosophie ergreift weder für die einen noch für die anderen Partei; sie setzt die Frage als offenbar unlösbar beiseite. Sie bemerkt jedoch hierbei, daß diejenigen, welche einen obersten Schöpfer und Ordner annehmen, darauf verzichten müssen, in der Regierung der Welt Ordnung, Gerechtigkeit und Güte nach unseren Begriffen zu sehen; die ‚kosmische' Moral, wenn es eine solche gibt, ist anderer Natur, als die ‚menschliche' Moral." [8]

Ueber Wunder. — Auch die angeblichen übernatürlichen Thatsachen vermögen die theologische Religion nicht mehr zu stützen, da dieselben einerseits durch die historische Kritik, andererseits durch die positive Wissenschaft auf ihr Nichts zurückgeführt worden sind. Die Kritik beweist, daß die Zeugnisse, worauf sich solche Thatsachen stützen, nicht zuverlässig sind.

---

[1] Ph. XII. 313.   [2] Ib. X. 166.   [3] Pa. p. 31.
[4] Ph. p. I. 16.   [5] Ib. 238.   [6] Ib. VI. 159.
[7] Ib. X. 14.   [8] Ib. XX. 6: X. 14.

Die Wissenschaft erklärt, daß sie noch niemals, seitdem sie die Welt erforscht, auf einen Fall von Wunder gestoßen ist[1]. „Die katholische Partei kommt mit Wundern," sagt Littré; „ich will ihr daraus keinen Vorwurf machen; das ist ihre Sache. Nur soll sie das wohl beachten: Bei Leuten, die in den auf Erfahrung begründeten Ideen von Naturordnung und Weltgesetzen auferzogen worden sind, ist ihr Beginnen verlorene Liebesmühe. Von nun an gibt es nur noch für diejenigen Wunder, die von vornherein an dieselben glauben."[2] Von der „Erbsünde" mit ihren Folgen sagt Littré, daß „eine solche Probe der Gottheit weit hinter der geringsten menschlichen Gerechtigkeit und Güte zurückbleibe". Die ganze Erzählung der Genesis ist ihm Mythe[3]. Immerhin muß man aber die Bibel als das ehrwürdigste Buch der Menschheit bezeichnen und mit Plinius (H. n. V. 15) sagen: „Hierosolyma longe clarissima urbium orientis, non Judaeae modo."[4] Die Entstehung und Ausbreitung des Christenthums erklärt Littré auf natürlichem Wege aus der Verkettung der Umstände[5]. Wenn die Apostel Jesus nach seinem Tode zu sehen glaubten, sagt Wyrouboff, der Mitarbeiter Littré's, so war es eben eine collective Hallucination[6]. Die Bekehrung des hl. Paulus auf dem Wege nach Damascus stellt Littré auf eine Stufe mit der Nervenkrisis, welche

---

[1] „La trame de la nature et de l'histoire est devenue trop serrée pour laisser passer le surnaturel", sagt Littré (Ph. XVIII. 117). — „La critique positive établit que les faits de révélation n'ont point d'authenticité et qu'ils appartiennent à des époques et à des témoignages absolument récusables; d'autre part la science positive déclare que, depuis qu'elle étudie le monde, elle n'y a jamais trouvé un cas de miracle; elle rejette les apparitions du temps présent et frappe d'un doute irrémédiable les apparitions du temps passé." Ib. XX. 6. — „Je ne donne guère d'attention aux guérisons miraculeuses dont la théologie est aujourd'hui si prodigue, que quand elles présentent quelque phénomène médicale qu'il me soit possible de ranger à côté d'autres analogues, aggrandissant ainsi le champ d'une pathologie où les médecins ont dissipé tant d'erreurs." Ib. XI. 165. — Das ist die ganze Beweisführung, welche Littré, der hochgefeierte Prophet der französischen Aufklärung, gegen allen Gottesglauben und jede übersinnliche Ordnung ins Feld führt. Damit glaubt er die Offenbarung für immer abgethan zu haben. — Der Respect, welchen Littré vor „Thatsachen" an obiger Stelle bekundet, wo es sich um Wunder handelt, verdient noch besonders hervorgehoben zu werden. Erklärt er doch, daß er wunderbaren Heilungen, „welche heute in so großer Menge berichtet werden", von vornherein keine Beachtung schenke, außer insofern dieselben geeignet seien, „das Gebiet einer Pathologie zu bereichern, auf welchem die Mediciner schon so viele Irrthümer zerstreut hätten". Mit anderen Worten erklärt Littré, von den als Wunder berichteten Thatsachen nur diejenigen beachten zu wollen, welche die Aufstellungen der heutigen ungläubigen Wissenschaft bestätigen. Thatsachen aber, welche mit diesen Aufstellungen im Widerspruch sind, schließt er von vornherein aus. So versteht er seine a posteriori-Methode.

[2] Ph. X. 140.   [3] Ib. V. 329 ss.
[4] Ib. XXII. 370.   [5] Ib. V. 353; XVIII. 113.
[6] Ib. XXII. 149.

Comte unter dem Einfluß Clothildens zur Menſchheitsreligion mit allen ihren Extravaganzen führte[1].

17. Ueber Sociologie. — Durch Comte, ſo verſichert Littré, ſei endlich feſtgeſtellt worden, daß die ganze menſchliche Entwicklung nothwendigen Naturgeſetzen unterworfen ſei. Dadurch ſei in das wichtigſte Gebiet, das der ſocialen Phänomene, Licht gekommen. Es ſei damit die Möglichkeit erſchloſſen, die ſocialen Ereigniſſe gerade ſo ſicher vorauszuberechnen und beſtimmend zu beeinfluſſen, wie die Naturvorgänge. Comte's ſociologiſche Geſetze ſeien ein Monument, welches er ſich für ewige Zeiten geſetzt habe. Dieſelben würden allen künftigen geſchichtlichen Forſchungen zum Leitſtern dienen[2]. Soll Littré aber die naturnothwendigen, niemals irreleitenden Geſetze nennen, welche das innerſte Geheimniß des Weltlaufs erſchließen, ſo wird er zurückhaltend. Dieſe Dinge erſcheinen, ſo bemerkt er vorſichtig, verſchiedenen Beobachtern verſchieden, je nach der Brille, durch welche ſie dieſelben anſchauen. Ein Geſetz indes, ſagt er, müſſe bereits jetzt von allen als völlig ſicher und unfehlbar anerkannt werden. Hören wir alſo den Wortlaut deſſelben:

„Das Uebernatürliche, die ſubjectiven Vorſtellungen, das göttliche Recht, der Krieg ſind in beſtändiger Abnahme begriffen; das Natürliche hingegen, die objectiven Vorſtellungen, das Recht des Volkes, die Induſtrie in beſtändiger Zunahme." „Hierin liegt", fährt Littré fort, „die Quelle tiefer, für die Gewiſſen (oder Bewußtſeine — consciences) obligatoriſcher Ueberzeugungen."[3] — Von 1848 ab erklärte Littré auf Grund dieſes Geſetzes zuverſichtlich auch in öffentlichen Schriften, daß „nunmehr die Aera der großen Kriege für das Abendland unwiderruflich für immer abgeſchloſſen ſei".

Indes ſah ſich Littré genöthigt, ſpäter (1878) ſelbſt dieſes einzige „ſichere, unfehlbare" Geſetz der neuen ſociologiſchen Wiſſenſchaft zu widerrufen. — „Dieſe unglücklichen Seiten (in der erſten Auflage der Schrift Conservation etc.) ſind in beſtändigem Widerſtreite mit den Ereigniſſen, die ſich ſeither abgewickelt haben. Sie athmen eine Zuverſicht, welche mich ſelbſt jetzt noch, nachdem ſo viele Jahre vorüber ſind, peinlich berührt. Einen peinlichen Eindruck werden ſie auch auf den Leſer machen, und derſelbe wird je nach ſeiner Geſinnung entweder eine ſolche Verblendung beklagen oder mitleidig die Achſeln zucken. Kaum hatte ich in meinem kindiſchen Enthuſiasmus verkündet, daß militäriſche Niederlagen künftighin ökonomiſchen weichen müßten, da kam die militäriſche Niederlage Rußlands, Oeſterreichs, Frankreichs"[4] u. ſ. w.

---

[1] A. p. 582. 583.   [2] A. p. 43 681; Ph. XXI. 60 ss.   [3] Pr. p. 71.
[4] Conservation etc., 2e éd., p. 480. 483. — Man ſieht an dieſem Beiſpiele, daß die Jünger der Wiſſenſchaft auch „collectiven Hallucinationen" verfallen können. Die Hallucination, welcher Littré mit den übrigen um Comte geſchaarten Jüngern verfiel, dauerte zum Unterſchiede von den angeblichen Hallucinationen der Apoſtel nicht bloß eine Stunde oder einen Abend, ſondern viele Jahre lang. — Selbſt Littré's Arbeitszimmer in Ménil-le-Roi, wo er den größten Theil ſeines Wörterbuchs verfaßte, blieb vom Beſuche feindlicher Soldaten nicht verſchont. Indes iſt

Im übrigen beschränkt sich Littré, wie auch Caro[1] hervorhebt, darauf, von den Herrlichkeiten der positivistischen Aera im allgemeinen zu reden, und stellt nur die nebelhafte Forderung, daß die Welt nach der positivistischen Anschauung gestaltet werden müsse u. s. w. — Dies ist der Gipfelpunkt der philosophischen Weisheit, für welche er von allen, die auf der Höhe ihres Zeitalters stehen und nicht als unwissenschaftlich und rückschrittlich gelten wollen, unbedingte Heerfolge beansprucht[2].

18. **Menschheitsideal.** — Auch für Littré ist die „Menschheit", „wie sie durch die Jahrhunderte hin fortschreitet, — diese zugleich ideale und wirkliche Erscheinung, welche lange verschleiert war, endlich aber in klaren Umrissen hervortrat, — die Hüterin der intellectuellen und moralischen Schätze der aufeinander folgenden Geschlechter, unter deren mütterlicher Obhut wir, von Rasse zu Rasse uns erhebend, beständig höherer Vollkommenheit zustreben", — das Ideal, welchem er mit einer gewissen religiösen Schwärmerei huldigt.

„Dieses Ideal", schreibt er, „muß man kennen lernen in der Wissenschaft und in der Erziehung, lieben in der Religion, verschönern in den schönen Künsten, bereichern in der Industrie. So muß dasselbe unser ganzes, sowohl individuelles als häusliches und sociales Leben beherrschen."[3]

19. **Der „Katechismus" der Littré'schen Schule.** — Im Anschluß an Littré's Werke und Lehre müssen wir noch den kürzlich (1889) neu aufgelegten Katechismus der Philosophie erwähnen, welche „weder etwas läugnet noch etwas behauptet". Derselbe ist zwar nicht von Littré, aber zweifelsohne unter seinem Einflusse abgefaßt und erschien zuerst in seiner Zeitschrift[4]. Der Titel desselben lautet: Doctrine du réel. Catéchisme à l'usage des gens qui ne se payent pas de mots, précédé d'une préface par E. Littré. Verfasser desselben ist Prosper Pichard. Zu seiner Charakterisirung mögen einige Sätze der gewiß unverdächtigen Revue philosophique hier Platz finden. G. Rodier schreibt darüber unter anderem: „Man könnte leicht nachweisen, daß Herr Pichard mehr als einmal mit Worten abspeist. Der Katechismus enttäuscht . . . Dieses kategorische Absprechen in so vielumstrittenen Fragen berührt peinlich . . . Die hier zu Tage tretende Mißachtung aller fremden Ansichten und völlige Abschließung gegen alle gegnerischen Einwürfe, auch die ernsthaftesten, vom einmal erwählten Parteistandpunkt aus hat nichts Philosophisches . . . Ein solches Vorgehen ist, wenn beabsichtigt wird, solche zu belehren, welche mit dem System noch nicht vertraut sind, ein bedauerlicher Mißbrauch moralischer Autorität."[5]

Littré zur Ehre der deutschen Armee genöthigt, einzugestehen, daß sie keinen weitern Schaden in demselben anrichteten, sondern sich, nachdem sie die „schöne Bibliothek" bewundert, ruhig wieder zurückzogen. Vgl. Littré, „Wie ich mein Wörterbuch schrieb", S. 82.   [1] Caro, Littré et le Positivisme, p. 132.
[2] Von Littré's Traité de sociologie war schon oben (S. 13) die Rede.
[3] Conservation etc., 2e éd., p. 395. 409.
[4] Ph. IX. u. X., Heft 2—5.   [5] Revue phil. XXVIII. 329.

e. Abschließendes Urtheil über Littré's „philosophische" Thätigkeit.

20. Littré tritt bei seiner philosophischen Thätigkeit einerseits als „Fortsetzer Comte's", andererseits als „Haupt einer Schule" auf. In der That kann er vor einer unbefangenen Kritik in keiner der beiden Eigenschaften bestehen. Nicht als „Fortsetzer Comte's". Hat er doch Comte's System bis zu dem Grade verflüchtigt, daß schließlich nur noch die äußere Schale oder eigentlich nichts mehr davon übrig blieb. Wie wir sahen, beschränkt Littré den Positivismus schließlich auf die „positive Methode". Die positive Methode aber ist nach dem Zeugniß Comte's selbst keineswegs seine Erfindung. „Alle tüchtigen Geister seit Baco", sagt Comte, „wiederholen, daß es keine wahren Kenntnisse gebe, als diejenigen, welche sich auf beobachtete Thatsachen stützen." [1]

Als „Haupt einer philosophischen Schule" kann Littré vor der Kritik einfach aus dem Grunde nicht bestehen, weil er keine Lehre hat. Vereinzelte, unzusammenhängende, dazu noch schwankende und zum Theil selbst sich widersprechende Anschauungen können keine philosophische Lehre begründen. Dies fühlte Littré wohl auch selbst. Darum sprach er, wie der schon erwähnte Antoine [2] berichtet, viel von „einem Plane, unter der Beihilfe von Abgeordneten, Journalisten, Freimaurern und selbst Senatoren einen höhern positivistischen Unterricht" zu begründen. Er verhieß auch wiederholt eine systematische Darlegung der sechs Wissenschaften der positiven Philosophie. Er war immer auf dem Punkte, ein philosophisches Meisterwerk zu schreiben, trotzdem Comte ihm davon bringend abgerathen hatte. Aber keiner dieser Pläne kam zur Ausführung. Littré selbst wälzt die Schuld davon auf sein hohes Alter. „Wie dem auch sei", fügt Antoine etwas bitter, aber nicht unzutreffend bei, „die Philosophie und die Wissenschaft haben dabei nicht viel verloren... Aber wenn die Menschheit ihm keine selbständige geistige Schöpfung verdankt, so hat er hingegen viel übersetzt und über Werke anderer geschrieben. Er hat zweifelsohne in der Redaction eines Wörterbuchs der französischen Sprache sein Ideal gefunden. Dasselbe bot ihm den Vortheil, eine Menge von Artikeln zu schreiben, deren Anordnung durch die alphabetische Reihenfolge bereits gegeben war und nicht erst nach philosophischen Gesichtspunkten gefunden werden mußte. Diese Arbeit, bei welcher es hauptsächlich auf Erudition ankam, war auch der wahre Beruf dieses emsigen Gelehrten."

---

[1] Cours I. 8 (12).
[2] Antoine. Aperçu sommaire sur la vie et l'oeuvre de P. Laffitte, p. 53.

Man könnte vielleicht dieser Charakteristik noch beifügen, daß Littré that=
sächlich bei seiner ganzen „philosophischen Thätigkeit" viel mehr den Stand=
punkt und die Interessen der Frau Philosoph Comte, als die Comte's selbst
vertrat. Wenn man Littré's enge Beziehungen zu Frau Comte, sein Auf=
treten dem Philosophen gegenüber seit dem Bruche mit demselben und die Art
und Weise in Rechnung zieht, in welcher er von ihrer philosophischen Tüchtig=
keit und von ihrer Bereitwilligkeit spricht, ihm bei Abfassung seiner Schriften
behilflich zu sein[1], so kommt man zur Ueberzeugung, daß die spöttische Be=
merkung der orthodoxen Jünger Comte's, F r a u   C o m t e[2] sei die „P ä p s t i n
d e r   L i t t r é ' s c h e n   S c h u l e" gewesen, nicht jeglicher Grundlage entbehrt.

C. Erfolg des Littré'schen Positivismus und die Ursachen desselben.

Trotz der kläglichen Figur, welche Littré als Philosoph spielte, feierte
„sein" Positivismus Triumphe, wie sie glänzender kaum einer andern
philosophischen Richtung der Neuzeit zu theil wurden. Littré's Name
hatte in Frankreich eine geraume Zeit einen Klang, wie kein anderer.
Seine geistige Bedeutung wurde in der französischen aufgeklärten Presse
zu wahrhaft riesenhaften Dimensionen aufgebauscht. Nach Ausweis der
positivistischen Zeitschrift La Philosophie positive erlangte der Littré'sche
Positivismus nicht nur in freidenkerischen Kreisen Frankreichs den maßgebend=
sten Einfluß, sondern fand selbst in Spanien und Portugal, in England,
Deutschland, Oesterreich und Italien, in Holland und Belgien, in Ruß=
land und in der Türkei, im scandinavischen Norden, in Nord=, Mittel=
und Südamerika, ja selbst in Syrien, Armenien und Japan Anerkennung
und zum Theil sogar starken Wiederhall.

Es ist recht lehrreich, den Ursachen dieses Erfolges genauer nach=
zuforschen. Darum wollen wir zur Lösung des Räthsels wenigstens
einige Andeutungen geben, welche auch auf viele andere Erscheinungen
unserer Zeit Licht zu werfen geeignet sind.

Um den Erfolg des Littré'schen Positivismus zu verstehen, muß man
unserer Ansicht nach hauptsächlich drei Factoren in Rechnung ziehen:
1. Das „sociale Mittel"[3]; 2. die Persönlichkeit Littré's; 3. einen ge=
wissen, gleich zu nennenden, hinter den Coulissen wirkenden Factor, dessen
Einfluß man nicht selten viel zu gering anschlägt.

---

[1] Vgl. z. B. A. XI; Pr. 6; Ph. XVIII. 290 ss.
[2] Frau Comte starb am 26. Januar 1877.
[3] Wir sehen nicht ein, warum wir diese zutreffende Bezeichnung für die Be=
dingungen der Zeit, des Landes und sonstige Verhältnisse, in denen jemand lebt und
thätig ist, nicht auch uns aneignen sollten.

a. Das „sociale Mittel".

Unter dieser Rubrik kommt vor allem der moderne Zeitgeist über=
haupt, aber auch das Land in Betracht, in welchem Littré wirkte.

1. [21.] Der moderne Zeitgeist,

wie er schon vor dem Auftreten des Positivismus, allerdings nicht in dem
Maße, wie heute, vorhanden war, steht zu demselben in so nahen Be=
ziehungen, daß man Comte's Schilderung des „positiven Stadiums" mensch=
licher Entwicklung einfach auf ihn anwenden kann. Unser Zeitalter ist das
der Naturforschung, der Technik, der Industrie und des Handels. Der
hervorstechendste Zug desselben ist eine einseitige Hochschätzung des Sinnen=
fälligen, Empirischen und eine entsprechende Gleichgiltigkeit gegen alles
Höhere. Dieser platte Realismus und Empirismus hat Oberflächlichkeit,
Mangel an Tiefe und Ernst[1], Neuerungssucht, Wankelmüthigkeit, Eitel=
keit und Eigendünkel neben ebenso großer geistiger Unselbständigkeit im
Gefolge. Daher die Erscheinung, daß man den wichtigsten Lebensfragen,
der Frage über Ursprung und Bestimmung des Menschen kaum Beach=
tung schenkt, während man den unbedeutendsten Detailfragen der Natur=
oder Sprachforschung eine kapitale Wichtigkeit beilegt, — daß man den
altehrwürdigen, in tausendjähriger glorreicher Geschichte erprobten christ=
lichen Glauben, ohne sich viel zu besinnen, über Bord wirft, während
man die Thorheiten der Modewissenschaft mit unterwürfigster Gesinnung
aufnimmt und daran mit einem wahren Köhlerglauben festhält. Je zu=
versichtlicher die Verbreiter solcher Thorheiten auftreten, je besser sie die
Phrase zu handhaben wissen, um so sicherer ist ihr Erfolg bei einem
oberflächlichen, eitlen Publikum, welches wissenschaftlich und aufgeklärt
erscheinen will, ohne es zu sein.

Daß dieser moderne Zeitgeist wesentlich zum Erfolge des Positivismus
beitrug, hebt Littré selbst deutlich genug hervor, wenn er sagt:

---

[1] Sogar du Bois=Reymond, selbst Darwinist, bekennt: „Einseitig betrieben,
verengt Naturwissenschaft, gleich jeder andern so geübten Thätigkeit, den Gesichtskreis."
Er klagt über das Umsichgreifen platt realistischer Gesinnung, die er „Amerikanismus"
nennt, über „banausische Verflachung" der Jugend. Vgl. Reden von du Bois=Rey=
mond, Erste Folge (1886), S. 279 ff. Das Gegenmittel, welches er gegen den
„Amerikanismus" empfiehlt, die classische Bildung, der „Hellenismus" und Huma=
nismus, dürften sich ohne Christenthum nicht als wirksam erweisen. Der vom
„Christenthum losgelöste" Humanismus hat, wie auch Comte hervorhebt, den posi=
tivistischen Zeitgeist vorbereitet.

„Comte's Schöpfung ist weit mehr als eine bloße philosophische Schule; sie ist mit den größten Interessen der Zeit verflochten. Comte war sich dessen bewußt und seine Schüler mit ihm. Die positiven Anschauungen sind schon weit über den engen Kreis unserer Schule hinaus wirksam. In tausend Bruch= stücken erfüllen sie ringsum die Atmosphäre. Man eignet sich dieselben an, ohne immer zu wissen, woher sie stammen. Sie sind das Gemeingut aller fortgeschrittenen und hervorragenden Geister geworden, und dies nicht bloß in Frankreich, sondern in den meisten Ländern, welche an der Spitze der Civilisation stehen."[1] — „Das Plasma war schon vorhanden, voll Leben und Fruchtbarkeit ... Der Verfall des theologischen und metaphy= sischen Geistes war sein mächtigster Bundesgenosse. Der positive Geist erobert, wenigstens bruchstückweise, nach und nach alles. Die positive Philo= sophie findet in allen Ländern Eingang, wo die positiven Wissenschaften blühen."[2]

Der eben gekennzeichnete moderne Zeitgeist hat im französischen Nationalcharakter, in mancher Hinsicht wenigstens, einen gewissen Rückhalt. Es war daher gewiß kein bloßer Zufall, daß, wie die deistisch=revolu= tionäre Philosophie des 18. Jahrhunderts, obwohl sie aus England stammte, doch in Frankreich ihre Haupttriumphe feierte und von Frank= reich aus erst in allen civilisirten Ländern den nachhaltigsten, entscheidend= sten Einfluß gewann, — so auch die positivistische des 19. Jahrhunderts von Frankreich aus ihren Eroberungszug durch die Welt antrat. Comte hatte nicht so ganz Unrecht, wenn er Paris als die neue Metropole der [modernen] Welt bezeichnete. Paris ist in der That die Metropole der modernen Aufklärung für die ganze Welt geworden. Deutschland mag sich rühmen, die Heimat der Denker zu sein; England mag für sich die Ehre beanspruchen, die leitenden Gedanken zur ganzen modernen Philo= sophie mit der dem Engländer eigenen Rücksichtslosigkeit zuerst ausgesprochen zu haben: ins Bewußtsein der gebildeten Welt gingen die modernen philosophischen Ideen in der französischen Prägung über; von Frankreich aus eroberten sie sich erst eine beherrschende Macht im Leben der Völker.

Daß Littré, obgleich auf dem Gebiete der Philosophie Dilettant, vor August Comte in den Vordergrund trat, hatte ebenfalls seinen tiefern Grund. Bei der Philosophie des 18. Jahrhunderts waren es gleichfalls nicht die ernsthafteren, wissenschaftlicheren Vertreter derselben gewesen, welchen die Palme zufiel, sondern der schöngeistige, oberflächliche Voltaire.

---

[1] Circular Littré's, durch welches er nach dem Tode Comte's eine Subscription für dessen Frau anregt. Vgl. Revue phil. et rel., vom 1. Dec. 1857; Robinet, Not., p. 553.
[2] Ph. XVIII. 109 ss.; Pr. p. 73.

2. Littré's Persönlichkeit.

Nicht wenig trug zweifelsohne zum Erfolge des Positivismus auch die Persönlichkeit Littré's bei. Es läßt sich nicht in Abrede stellen, daß Littré viele natürliche Tugenden und gute Eigenschaften in außerordentlichem Maße besaß.

22. Littré's Arbeitsamkeit und Anspruchslosigkeit. — Staunenswerth war sicher der Fleiß und die Emsigkeit dieses Gelehrten. Mit Abfassung seines Wörterbuchs beschäftigt, arbeitete Littré regelmäßig die ganze Nacht durch bis 3 Uhr morgens. Manchmal löschte er das Lämpchen, das ihm bei der nächtlichen Arbeit geleuchtet, aus, um bei den Strahlen der Morgensonne seine angestrengte Arbeit fortzusetzen. Um 8 Uhr erhob er sich von der kurzen Ruhe, um neuerdings die Feder zu ergreifen und dieselbe, abgesehen von der Unterbrechung durch das einfache Mittagsmahl, bis zum Abend nicht mehr aus der Hand zu legen[1].

Dabei war Littré für sich ungemein anspruchslos und gegen andere in hohem Maße theilnahmsvoll. Trotz der riesenhaften Anforderungen, welche an seine Arbeitskraft gestellt wurden, machte er selbst nur die bescheidensten Ansprüche an das Leben. Seine Wohnung in Paris war sehr eng, sein Tisch einfach. Bei seiner literarischen Thätigkeit überwog das wissenschaftliche Interesse so sehr jede andere Rücksicht, daß er darüber seine materielle Lage fast ungebührlich aus dem Auge verlor. Die Anspruchslosigkeit des Gelehrten tritt auch in der liebenswürdigen Offenheit hervor, mit der er in späteren Schriften[2] selbst seine Schwächen und Irrthümer eingesteht. — Theilnahmsvoll war Littré nicht bloß gegen die Seinen, die er zärtlichst liebte, sondern auch gegen Fernstehende. Bei seinem Ferienaufenthalte gewährte es ihm ein besonderes Vergnügen, die armen Landleute durch seinen ärztlichen Beistand oder auch durch Almosen zu erfreuen. Ja er sammelte selbst Liebesgaben für Dürftige, um wirksamer helfen zu können[3]. Auch sonst gab er gern Almosen, am liebsten, wenn ihm Ordensschwestern[4] Nothleidende empfahlen. Die Nichte Lamartine's, Frau von Pierreklos, nannte Littré wegen all dieser natürlichen Tugenden „einen Heiligen, der nicht an Gott glaubt".

---

[1] „Wie ich mein Wörterbuch schrieb" S. 48. 58.

[2] Namentlich in seinen Bemerkungen zur zweiten Auflage von Conservation etc..

[3] Deutsche Rundschau Bd. XXXIX (1884), S. 89.

[4] Figuier, L'Année scientifique et industrielle, 25° année, 1882, p. 506 ss.

23. Littré's geistige „Emancipation" und „Duldsam-keit". — Besonders hervorragend waren an Littré gerade diejenigen Eigenschaften, welche das Freidenkerthum als die Hauptzierden des modernen Weisen preist. Diese Eigenschaften sind: einerseits die völlige Emancipation des Geistes, und andererseits die Duldsamkeit gegen fremde Anschauungen.

Die völlige Emancipation des Geistes von den überlieferten Religionen, wie sie heute von Freidenkern als idealer religiöser Standpunkt oder geistiger Zustand angesehen wird, verlangt nicht bloß entschiedenes Brechen mit allen „theologischen" Vorstellungen, sondern eine solche Festigkeit und gleichsam Reife der irreligiösen „Ueberzeugung", daß man angesichts der Kämpfe, welche von „nicht zur Reife gelangten Geistern" noch für und wider geführt werden, sich nicht einmal mehr ereifert, sondern mit stoischer Ruhe den Ausgang, der ja dem modernen Weisen nicht zweifelhaft sein kann, abwartet. Littré nun verkörperte in sich jenen Standpunkt vornehmer, ihrer selbst völlig gewisser Ablehnung allen religiösen und metaphysischen Problemen gegenüber, wie kaum ein zweiter. Er trug eine solche Befriedigung mit demselben, eine solche Festigkeit irreligiöser Ueberzeugung zur Schau, daß er selbst auf seinem Krankenlager noch erklärte[1], darin nie in seinem Leben erschüttert worden zu sein.

In der Duldsamkeit oder Toleranz, welche in freidenkerischen Kreisen so ziemlich als der Inbegriff der ganzen sittlichen Vollkommenheit verkündet wird, war Littré eine wahre Berühmtheit geworden. Ein Zug namentlich aus seinem Familienleben erwarb ihm in dieser Hinsicht einen Ruf, daß dadurch seine Duldsamkeit bei Freidenkern einfach sprichwörtlich wurde. — Littré hatte von seiner streng katholischen Frau nur eine Tochter, Sophie, welche von der Mutter in ihrem Glauben erzogen wurde. Anfangs hatte nun der Vater vor, seinem Kinde, wenn es ins urtheilsfähige Alter getreten sein würde, seinen eigenen Standpunkt darzulegen, damit sich dasselbe dann frei entscheide. Doch, als der Augenblick gekommen war, nahm er wieder davon Abstand, indem er meinte, „das Experiment sei die Thränen nicht werth, die es hätte fließen machen"[2]. Auch sonst legte Littré seiner Frau und seiner Tochter, die streng katholisch waren und viel die Kirche besuchten, in religiöser Hinsicht nicht das

---

[1] Pour la dernière fois, in der Zeitschrift Phil. pos. 1880.
[2] Caro, Littré et le pos., p. 24.

geringſte Hinderniß in den Weg; er vermied auch jede Aeußerung, welche die frommen Gefühle derſelben hätte verletzen können.

Die zarte Schonung gegen fremde religiöſe Ueberzeugungen, welche Littré in der Familie übte, tritt einigermaßen auch in ſeiner Propaganda für den Poſitivismus hervor. Littré betont in ſeinen poſitiviſtiſchen Schriften oft, daß er nicht für diejenigen ſchreibe, welche im alten Glauben noch ihre Ruhe finden. Er wolle nicht die Qual des Zweifels in die Herzen, den Keim der Zwietracht in die Familien werfen, ſondern nur denjenigen einen Sammelpunkt bieten, welche, durch den Verluſt ihrer religiöſen Ueberzeugungen gleichſam „auf die Straße geſetzt, eines neuen geiſtigen Heims bedürfen" [1].

Im öffentlichen Leben übte Littré als Senator die Duldſamkeit in einem Grade, daß er dadurch ſeinen Geſinnungsgenoſſen Verlegenheit be= reitete und bei den Katholiken Staunen und Sympathie erweckte. Ob= gleich geſchworener Feind der Jeſuiten und „Clericalen", verurtheilte er doch aufs entſchiedenſte alle Ausnahmegeſetze gegen dieſelben [2]. „Die moderne Moral", ſo ſagt er, „duldet alle Welt und nimmt auch den Katholiken in Schutz, der niemanden duldet." [3] „Die poſitive Revolu= tion hat das Eigenthümliche, daß ſie ſich ohne die Gewaltthätigkeiten und ohne die Ruheſtörungen vollzieht, welche dem religiöſen Proſelytenthum eigen ſind." [4] Auch den preußiſchen Culturkampf mißbilligte Littré rück= haltlos [5]. Am bezeichnendſten für ſeinen Standpunkt hinſichtlich der Duldung iſt ſeine letzte ſchriftliche Meinungsäußerung als Senator zu der von ſeinen Geſinnungsgenoſſen geplanten Auflöſung der Jeſuiten= niederlaſſungen.

„Aber", ſo wirft er ſich ein, „ſoll man denn die Jeſuiten im Schoße der Nation eine feindliche Nation bilden laſſen, die immerdar in der einen oder der andern Weiſe auf den Sturz des Laienunterrichts aus= geht?" — Er antwortet darauf: „Dieſe feindliche Nation beſteht ſchon und wird zweifelsohne weiterbeſtehen, ob man den Jeſuiten die Lehrthätigkeit unter= ſagt oder nicht. Die religiöſen Ueberzeugungen, welche dieſelbe aufrecht er= halten, ſpotten aller Gewaltmaßregeln. Man muß ihnen gegentheilige Ueber= zeugungen gegenüberſtellen, und dieſelben fehlen uns nicht; denn ſie haben Frankreich zu dem gemacht, was es iſt. Laßt uns alſo demgemäß Stellung nehmen und mit dieſer uns bekannten Gefahr, ohne dieſelbe zu über= oder zu

---

[1] Pa. 28; Pr. 74; Ph. XI. 108, XX. 7; Conservation etc., 2ᵉ éd., p. 312 etc. etc.

[2] Caro l. c. p. 74 ss.　　[3] Ph. III. 380.　　[4] Ib. XVIII. 110.

[5] Ib. X. 437 ss.

unterschätzen, rechnen. Nichts ist übrigens heilsamer, wenn man über thörichte Einflüsterungen zu triumphiren weiß, als eine immer gegenwärtige Drohung und der Zügel, welchen uns die furchtbare Wachsamkeit eines erbitterten Feindes auferlegt." [1]

24. **Littré's wissenschaftliche Erfolge.** — Das Ansehen, welches Littré durch seine persönlichen Eigenschaften sich erwarb, wurde durch seine wissenschaftlichen Erfolge und die ihm wegen derselben verliehenen Auszeichnungen noch sehr erhöht. Schon 1844 verschaffte ihm sein Werk über Hippokrates den Eintritt in die Akademie der Wissenschaften. Das französische Wörterbuch verlieh ihm vollends einen Weltruf. 1873 zog er, obgleich offener Gottesläugner, trotz des entschiedensten Widerspruchs Bischof Dupanloups, welcher infolge der Aufnahme Littré's seinen Austritt erklärte, triumphirend in die **französische Akademie** ein. In demselben Jahre errichtete Gambetta für ihn einen eigenen Lehrstuhl der positivistischen Geschichtsphilosophie. Auch wurde er (1871) zuerst zum Mitglied der Nationalversammlung und später zum Senator auf Lebenszeit ernannt. Den Orden der Ehrenlegion, wie den ihm von Berlin aus angebotenen Orden pour le mérite lehnte er ab. So wurde Littré schließlich zu einem Idol der modernen Welt.

3. Unterstützung des Littré'schen Positivismus durch die Freimaurerei.

Nicht zu unterschätzen ist endlich die Unterstützung, welche Littré's Bestrebungen für Ausbreitung des Positivismus seitens der Freimaurerei zu theil wurde.

25. **Eintritt Littré's in die Freimaurerei.** — Es hatte gewiß seinen tiefern Grund, wenn Littré in seinem hohen Alter noch an die Pforten der Loge klopfte und am 8. Juli 1875 in die Bauhütte „La Clémente Amitié" mit einer Feierlichkeit aufgenommen wurde, wie sie seit Voltaire's in ähnlichen Umständen vollzogener Aufnahme nicht mehr gesehen worden war [2]. Gegen 3000 Freimaurer verschiedener Riten, darunter Br.∴ Gambetta und viele andere Größen des republikanischen

---

[1] **Ph.** XXIII. 239. 242. — Die hier hervortretenden irrigen Anschauungen Littré's über katholische Unduldsamkeit brauchen wir für unsere Leser nicht zu berücksichtigen. Wir bemerken nur, daß Littré bei all seiner „Duldsamkeit" sich in seinen Angriffen auf Religion nicht immer von verletzenden Ausdrücken frei hielt. So spricht er z. B. von „den Missethaten, Kindereien und Beschränktheiten" der theologischen Moral, welcher die neue Laienmoral weit überlegen sei (**Ph.** V. 306). Bossuet darf in seiner Zeitschrift den christlichen Glauben sogar als ein „bagage de fantômes et chimères" verhöhnen (Ib. VIII. 412) u. s. w.

[2] Vgl. Chaine d'union, Juillet 1875, p. 552 ss., und Monde maçonnique, Juillet 1875.

Frankreichs, drängten sich bei diesem Anlaß im Freimaurertempel (rue Cadet 16). Viele andere mußten wegen Mangels an Raum wieder umkehren. Daß Littré die übliche Frage: „Welche Pflichten hat der Mensch gegen Gott?" mit einer Darlegung des Positivismus [1] beantwortete, haben wir schon oben bemerkt. Wäre nach alledem noch ein Zweifel über die Bedeutung der Aufnahme Littré's übrig, so würde derselbe durch die Rede des bekannten Jules Ferry in der nächstfolgenden feierlichen Logensitzung am 5. August 1875 gelöst.

26. Rede Br∴ Jules Ferry's über Littré's Aufnahme in die Loge. — Jules Ferry, welcher nebst dem Linguisten Chavée mit Littré am gleichen Tage und in derselben Bauhütte „das maurerische Licht erblickte", erhielt vom Meister vom Stuhl, Cousin, den Auftrag, die Bedeutung der Aufnahme Littré's darzulegen. Das ihm gegebene Thema war: „Die Freimaurerei als Schule der positivistischen Philosophie." Die Hauptstellen dieser Rede lauten wie folgt:

„Meine Brr∴! Wir feiern heute das Gedächtniß der Aufnahme des Br∴ Littré, dieses großen maurerischen Ereignisses, dieses als groß anerkannten, zugestandenen und festlich begangenen Ereignisses, des officiellen Eintritts des Positivismus in den Schoß der Freimaurerei in einem seiner hervorragendsten Vertreter. Ist dieses Ereigniß etwa ein bloßer Zufall? ... Ich sehe mehr in demselben. Ich glaube, daß der Zufall hier nicht mitspielt. Ich glaube, wenn dieser große und weise Geist, dieser Mann von großer Wissenschaft und hoher Tugend am strahlenden Ausgang seiner herrlichen Laufbahn, am Abend seines an allen socialen Diensten und allen moralischen Vorzügen so reichen Lebens (stürmischer Beifall, wiederholte Bravos) — ja, seien Sie überzeugt, das ist keine bloße verspätete Liebhaberei, welche ihn in Ihre Mitte geführt hat, — mehr als das: Zwischen der Freimaurerei und dem Positivismus bestand eine innige, unbewußte Verwandtschaft. Wenn der Positivismus seinen Einzug in die Freimaurerei gehalten hat, so geschah es deshalb, weil die Freimaurerei schon lange positivistisch war, ohne es zu wissen." (Bravo!)

Br∴ Ferry führt dann aus, daß die Freimaurerei die Verbindung von Liebe und Toleranz sei in dem Sinne, daß die Brüderlichkeit über alle Dogmen und metaphysischen Anschauungen, über alle Religionen und Philosophien gesetzt werde; d. h., fährt er wörtlich fort, „die sociale Moral (der Menschenliebe) braucht keine anderen Garantien und Wurzeln, als das menschliche Gewissen; sie kann für sich leben, die theologischen Krücken endlich fortwerfen und frei zur Eroberung der Welt ausziehen. (Wiederholte Bravos.) Das ist Ihr Glaube, das Ihr Jahrhunderte alter

---

[1] Vollständig mitgetheilt ist diese Rede Littré's in **Ph.** XV. 161 ss.

Instinct, und das gerade ist auch das ganze innerste Wesen des Positivismus. Für den Positivismus ist die Moral eine wesentlich mensch= liche Thatsache, unabhängig von jedem Glauben über Anfang und Ende der Dinge; sie ist eine sociale Thatsache, die Ursprung und Endziel in sich selbst trägt; die sociale Moral wird so vor allem eine Frage des Bildungszustandes, wie derselbe sich nicht bloß aus dem niedern und höhern Unterricht, sondern auch aus einer zweckmäßigen Gesetzgebung und aus einer verständigen Hand= habung des Vereinswesens ergibt. Nun wohl, gerade so, wie jener Philo= soph, welcher die Bewegung dadurch bewies, daß er sich in Bewegung setzte, bestehen Sie bereits als eine Vereinigung, und es zeigt sich, daß Sie eines der kostbarsten Werkzeuge für die Pflege des socialen Sinnes, für die Ausbildung der socialen Laienmoral sind, welcher Sie sich geweiht haben." (Sehr gut! Sehr gut! Beifall.)

Ferry hebt weiter hervor, daß auch die Loge, wie der Positivismus, gegen den „Mysticismus" der Theologie kämpfe, welche nach dem schönen Wort Littré's nichts anderes entgegenzusetzen habe, als „eine rohe und stupide Entfesselung des Uebernatürlichen (stürmischer Beifall), ein allgemeines Aufgebot der menschlichen Dummheit." (Don= nernde Bravos.) Auch im Streben nach Fortschritt trifft sich die Loge mit dem Positivismus. „Die Freimaurerei lebt, seitdem sie besteht, durch den In= stinct des Fortschritts. (Sehr gut!) Nun wohl, meine Br.·., wenn die Frei= maurerei den Instinct des menschlichen Fortschritts hat, so wage ich zu be= haupten, daß die positive Philosophie denselben in ein wissenschaftliches System gebracht hat. (Sehr gut!) Hierauf waren alle jene Arbeiten gerichtet, an welchen Littré so hervorragenden Antheil nahm ... Wenn man von dieser Ueberzeugung (daß die Menschheit beständig fortschreitet, die Liebe über den Egoismus mehr und mehr triumphirt) beseelt ist, wenn die Menschheit uns nicht mehr als eine herabgekommene, mit der Erbsünde behaftete Rasse erscheint, die sich mühsam durch das Thränenthal dahinschleppt, sondern als ein großer, endloser Zug, der sich majestätisch dem Lichte zubewegt: dann fühlt man sich als integrirenden Bestandtheil des großen Wesens, das nicht unter= gehen kann, dieser unablässig an Größe zunehmenden, sich erlösenden und ver= vollkommnenden Menschheit, dann hat man die volle Freiheit errungen; denn man ist über die Furcht vor dem Tode hinaus. (Bravo! Bravo!) Das, meine Br.·., scheint mir der bei Ihren Zusammenkünften, bei Ihrem gemein= samen Werke herrschende Geist zu sein; deshalb nimmt der Positivis= mus mit Recht bei Ihnen den Platz ein, der ihm zugewiesen ist. Deshalb ist es gut, als das Ziel aller unserer Reden immer wieder die schönen, ebenso einfachen als wirkungsvollen Worte Littré's zu wiederholen, die Sie neulich aus seinem Munde vernommen: ‚Die ganze Moral liegt in dem Einen Satz: Unterrichtet euch selbst und unterrichtet andere!'" [1]

---

[1] Wir entnahmen diese Rede Adr. Leroux (P. Rosen), La Franc-Maçon= nerie sous la troisième République, Paris (Letouzey) 1886, vol. I, p. 70 ss. Rosen citirt Monde maçonnique (August 1875).

Daß Jules Ferry in diesen Worten völlig die Gesinnung seiner Zu=
hörer zum Ausdruck brachte, dafür bürgt der „donnernde Beifall", welchen
er nach dem Berichte des Monde maçonnique (August 1875) für seine
„glänzende, kraftvolle Improvisation" erntete, dafür bürgt auch der Glück=
wunsch und der Bruderkuß, welche ihm seitens des anwesenden Großmeisters
des Großorients von Frankreich sowohl als seitens des Meisters vom Stuhl
der Loge La Clémente Amitié am Ende der Rede zu theil wurden.

27. Littré's Werthschätzung als maurerischer Arbeiter
und seine Arbeiten in der Loge. — Welche Wichtigkeit im Schoße
der Freimaurerei der Aufnahme Littré's beigelegt wurde, geht auch aus
einer Aeußerung Br∴ Cousins hervor, welcher 1883—1885 Prä=
sident des französischen Ordensrathes war. Derselbe sagte bei einem feier=
lichen Bankett der Loge La Clémente Amitié anläßlich des Freimaurer=
Convents vom Jahre 1883: „Ich hatte die außerordentliche Ehre
— und dies ist die größte Erinnerung meines Lebens —, in
diesem Palaste der Freimaurerei einen der größten Freidenker des Jahr=
hunderts und jedenfalls seinen größten Arbeiter, Littré, auf=
zunehmen."[1]

Hervorheben wollen wir noch, daß Littré von der Freimaurerei
Voltaire zu seinem Patrone erhielt[2]. So wurde die Aehnlichkeit der
Mission beider Männer, auf welche wir schon oben anspielten, auch
äußerlich durch die Loge besiegelt. Bezeichnend für die Bedeutung, welche
die Freimaurer der Aufnahme Littré's beilegten, ist auch der Umstand,
daß das Gedächtnis derselben jährlich feierlich begangen wurde. Bei diesen
maurerischen Festen ließ Littré, selbst schon kränklich geworden, seine
geschriebenen Reden vorlesen, worauf dann Littré's Mitarbeiter, Br∴
Wyrouboff, Redner bei Loge La Rose du parfait silence in Paris,
Referate über Einrichtungen vortrug, durch welche der Positivismus im
öffentlichen Leben zur Geltung gebracht werden sollte. So legte er z. B.
1876 unter vielem Beifall einen „Plan einer höhern Schule der positiven
Wissenschaften" vor[3].

---

[1] Leroux l. c. vol. II, p. 198.　　[2] Ph. XXIII. 312.
[3] Ph. XVII. 260 ss.; XXII 22 ss. — Weil auch dies für jene Kreise
charakteristisch ist, wollen wir hier erwähnen, daß selbst bei Anlaß der Aufnahme
Littré's die kleinliche, engherzige Eifersucht, welche in der Loge herrscht, in häßlichster
Weise zum Vorschein kam. Aus Rücksicht auf die Verdienste des hochbetagten Ge=
lehrten einerseits und seine gebrechliche Gesundheit andererseits hatte man bei ihm
von einigen der üblichen beschwerlichen Aufnahmeprüfungen (vgl. Taxil, Dreipunkte=

28. Br.˙. Gambetta als Anwalt des Positivismus in der profanen Welt. — Die Solidarität zwischen Positivismus und Freimaurerei zeigte sich auch im öffentlichen Leben. So trat z. B. Br.˙. Gambetta, damals die einflußreichste politische Persönlichkeit Frankreichs, wiederholt und warm für den Positivismus ein. Wir erwähnen nur zwei seiner Reden. 1873 sagte er bei einem zu Ehren Littré's gegebenen Bankett:

„Durch die Verbreitung der grundlegenden Methode seiner (Littré's) Lehre kann man dahin gelangen, die abendländische Civilisation zu ihrem wahren Range emporzuheben, auf ihre wahre Grundlage zu stellen . . . Dank dieser Methode wird man künftig den Fortschritt nur mehr durch die systematische rationelle Erziehung der Völker unseres Continents anstreben . . . Wir unsererseits haben nicht den Beruf, die wissenschaftlichen Thatsachen zu erforschen, welche Sie (Littré) beobachten und untersuchen; wir sind nur die bescheidenen, oft unzulänglichen Dolmetscher Ihres Gedankens, der Lehre, deren Ausbildung Ihre Mission ist, und welcher nach freiem Entschluß mit Begeisterung zu dienen, wir uns zur Ehre anrechnen. Aber es wird sicher einst der Tag kommen, an welchem die Politik, zu ihrer wahren Aufgabe zurückgekehrt, aufhört, ein Tummelplatz für Listige und Intriganten zu sein; an welchem sie auf unredliche und treulose Kunstgriffe, auf den Geist der Corruption und auf die Anwendung von Heuchelei und Betrug verzichtet und das wird, was sie sein soll, eine moralische (!) Wissenschaft . . .; an welchem sie sich ebenso sehr den Gewissen, wie den Geistern, aufdrängen und die Rechtsnormen für die menschlichen Gesellschaften vorschreiben wird. An diesem Tage hat Ihre Philosophie — welche auch die unsrige ist — gesiegt, und wird Ihr Name unter den Menschen gepriesen werden." [1]

Bei einem andern feierlichen Anlaß (21. April 1881) erklärte Gambetta sogar vor der ganzen Sorbonne Comte als den „größten Denker des 19. Jahrhunderts". „Hier (im Positivismus) allein", so fuhr er fort, „finden die jungen Leute eine ihren Bedürfnissen entsprechende Philosophie. Das wird für sie das Mark der Löwen sein (Ce sera pour eux la moelle des lions)." [Risum teneatis!]

Die namentlich in Frankreich so stark hervortretende Entchristlichung der Gesellschaft, die Verweltlichung (Laïcisation) des Unterrichts, der Spitäler u. s. w. dürfen als specifisch positivistische Maßregeln im öffentlichen Leben bezeichnet werden, wenn dieselben auch nicht ausschließlich von Positivisten ins Werk gesetzt wurden.

---

brüder. Paderborn 1886. I. 314 ff.) Abstand genommen. Ueber diese „Verletzung des maurerischen Princips der Gleichheit" zeigten sich einige Brr.˙. so gereizt und ungehalten, daß es vieler Druckerschwärze in den maurerischen Blättern bedurfte, um sie zu besänftigen.

[1] République française, 7 Janv. 1873.

D. Littré's letzte Krankheit, Bekehrung, Tod und Begräbniß.

Ende 1872 wurde die Geſundheit Littré's zuerſt ſchwer erſchüttert. Fieberanfälle und hartnäckige Katarrhe ſtellten ſich ein. Die ärztliche Kunſt blieb dem langſam zuſammenbrechenden Körper des Gelehrten gegenüber machtlos. Auch Rheumatismus geſellte ſich noch zu den anderen Leiden, ſo daß Littré nun mehr und mehr an das Zimmer und den Krankenſtuhl gefeſſelt wurde[1].

29. Littré's Bekehrung auf dem Todesbette. — In ſeiner langen, ſchmerzlichen Krankheit beſchäftigte ſich Littré, deſſen Geiſt bis zum letzten Augenblick die volle Klarheit bewahrte, noch immer mit wiſſen=ſchaftlichen Arbeiten. Er wandte auch den höheren Fragen, wie aus ſeiner Erklärung Pour la dernière fois hervorgeht, größere Aufmerk=ſamkeit zu, als dies in geſunden Tagen der Fall geweſen war. In dieſer Erklärung geſteht er, „daß er keinen Widerwillen habe, den alten Dingen (der katholiſchen Religion) ſein Ohr zu leihen, welche ganz leiſe zu ihm ſprechen und ihm vorwerfen, ſie verlaſſen zu haben". Er bekennt, „kein abſoluter Verächter des Chriſtenthums zu ſein, ſondern deſſen Vorzüge und wohlthätigen Einfluß zuzugeſtehen"[2]. Jedoch glaubt er, bei ſeinem poſitiviſtiſchen non possumus verharren zu ſollen.

Aus einer andern Quelle wiſſen wir, daß Littré auf ſeinem Kranken=bette häufig zu ſeinem großen Troſte den Beſuch des heiligmäßigen Je=ſuiten P. Millériot und nach deſſen Tode den des Vikars Huvelin von der Auguſtinuskirche empfing. Auch las er mit beſonderm Intereſſe die von P. Clair S. J. verfaßte Lebensgeſchichte des Jeſuiten P. Olivaint, welcher bekanntlich eines der fuſilirten Opfer der Pariſer Commune war. In dieſer Lebensgeſchichte ergriff ihn beſonders, daß P. Olivaint, ob=gleich ebenſo ungläubig erzogen, wie er, dennoch ſpäter mit vollſter Ueber=zeugung dem katholiſchen Glauben ſich zuwandte und in demſelben ſeine höchſte Beſeligung fand. Dies wurde Littré Anlaß zu ernſten Vergleichen zwiſchen P. Olivaint und ſich ſelbſt. Was weiter in ihm vorging, darüber ſind wir nicht unterrichtet[3]. Die Blätter meldeten aber nach ſeinem

---

[1] „Wie ich mein Wörterbuch ſchrieb" S. 91 f.

[2] Citirt bei Caro l. c. p. 85.

[3] Ahnen läßt es die Aeußerung, welche er that, als ihm die Nachricht vom Tode ſeines Freundes, des P. Millériot, überbracht wurde. Er ſagte: „Ich lebe einige Tage zu lang, daß ich Männer ſterben ſehe, wie P. Millériot. Dies iſt ein großer Verluſt für mich. Er erzeigte mir eine engelgleiche Güte. Er liebte mich, ohne daß irgend etwas an mir dieſe Zuneigung von ſeiner Seite begründet

Hinscheiden, daß er auf dem Todesbette noch die heilige Taufe empfing. Und auf unsere Anfrage an zuverlässiger Stelle wurde uns im Gegensatz zu den hartnäckigen Abläugnungen der ehemaligen Gesinnungsgenossen Littré's bestätigt, daß Littré vor seinem Tod „bei vollem Bewußtsein und mit freier Einwilligung die heilige Taufe erhielt". Abbé Huvelin bezeugt ferner, daß er „wohl vorbereitet" gewesen sei. Der Sinnes= wechsel Littré's vor seinem Ableben ist übrigens auch durch die kirchliche Beerdigung verbürgt, welche ihm zu theil wurde. Auch bei Littré be= stätigte sich somit die alte Erfahrung, daß ernstere, vorurtheilsfreiere und von menschlichen Rücksichten unabhängigere Prüfung zur Religion zurückführt oder wenigstens derselben näher bringt [1]. Littré starb am 2. Juni 1881.

30. **Littré's Begräbniß. Taktlosigkeiten der Brr.·..** — Das Begräbniß Littré's wurde durch Auftritte gestört, die so recht zeigen, welch

---

hätte; ich verdiente dieselbe nicht, aber ich erfreute mich derselben wie einer Gnade, und ich war ihm sehr erkenntlich dafür. Die Gnade ist uns gegeben, ohne daß wir sie verdienen; Sie wissen dies besser als ich." Vgl. Le Rév. Père Millériot par le P. Clair S. J. Paris. (Palmé) 1881. 24e éd., p. 180.

[1] Die Bekehrung Littré's wurde begreiflicherweise von dessen ehemaligen Ge= sinnungsgenossen, besonders von den Schurzfellträgern, aufs heftigste bestritten (vgl. Chaîne d'union 1881, Sept., und Monde maçonnique 1881, Juillet). — Was aber diese Leute gegen die Bekehrung Littré's vorbringen, kann nicht ernstlich in Betracht kommen, da keiner derselben bei Littré's letzten Augenblicken zugegen war und ihre Behauptungen daher auch vom positivistischen Standpunkt, der Verifi= cirung durch directe Beobachtung oder Erfahrung verlangt, keine Beachtung ver= dienen. Sie berufen sich hauptsächlich auf seine Erklärung Pour la dernière fois, welche er seinem Freunde Caubet zur Veröffentlichung übergab. Indes bleibt es, da die Erklärung kein Datum trägt, ungewiß, wie lange vor seinem Tode sie abgefaßt wurde. Der Ton, in welchem die Erklärung abgefaßt ist, ist außerdem derart, daß er eher den Anfang einer Wandlung in Littré bekundet, wenngleich letz= terer schließlich in Worten erklärt, seinem freidenkerischen Standpunkt treu zu bleiben. Uebrigens weiß man, daß Littré in seinen Anschauungen, so zuversichtlich er oft auftrat, etwas schwankend war. So konnte es leicht geschehen, daß er, bevor er zu einem endgiltigen Entschlusse gekommen war, durch einen positivistischen Freund zu einer Erklärung bestimmt wurde, die nicht völlig treu seinen Seelenzustand wider= spiegelte. Zieht man ferner den häufigen und vertrauten Verkehr Littré's mit Geist= lichen in Betracht, so erscheint es keineswegs unwahrscheinlich, daß derselbe im An= gesichte des Todes, welcher die Fesseln menschlicher Rücksichten zerbricht und die Trug= bilder des Lebens zerstreut, sich aufrichtig bekehrte. Wenn Littré's Mitherausgeber der Philosophie positive (XXVII. 9) dagegen geltend macht: „eine Bekehrung sei bei Littré einfachhin unmöglich gewesen, wenn er sie auch gewollt hätte; denn die Beschaffenheit seines Gehirnes selbst hätte sich derselben wider= setzt", so bekundet er damit nur seine Verlegenheit, etwas Stichhaltiges gegen die Bekehrung Littré's vorzubringen.

zweifelhafter Gesellschaft sich der gelehrte, feingebildete Forscher durch seinen Eintritt in die Loge angeschlossen hatte. Obgleich keinerlei Einladung seitens der Familie Littré's an sie ergangen war, hatten sich die Brr.˙. doch zahlreich zum Leichenbegängnisse eingefunden. Als man sich anschickte, den Sarg zum Leichenwagen zu bringen, trat Br.˙. Galopin, erster Aufseher der Loge La Clémento Amitié, trotzdem die Familie Littré's jede freidenkerische Rede sich verbeten hatte, vor und sprach folgende taktlosen Worte: „Ich komme, im Namen der positivistischen Philosophie die Rechte der Freimaurerei zu reclamiren. Man hat uns betrogen, um dich der denkenden Menschheit zu rauben. Aber die Zukunft übernimmt es, über deine und unsere Feinde zu richten. Meister, wir werden dich rächen, indem wir unsere Kinder deine Bücher lesen lassen." — Einen zweiten Protest gegen die Bekehrung Littré's erhob Br.˙. Wyrouboff am offenen Grabe Littré's. Während der ganzen Ceremonie konnte man Rufe hören: Fort mit dem Weihwedel! Fort mit dem Priesterrock! Leichenräuber! Als auch Br.˙. Renan den Weihwedel ergriff, um den Sarg zu besprengen, ging ein unwilliges Gemurmel durch die Reihen der Brr.˙.: Auch Renan!

So versteht man in diesen Kreisen Duldsamkeit, Anstand und Bildung. Bezeichnend ist es, daß diese Roheiten auch seitens eines kosmopolitischen deutschen Schurzfellträgers, des vom bekannten Publicisten M. G. Conrad als Muster-Freimaurer vorgestellten Carlos von Gagern, warme Vertheidigung fanden[1].

Damit glaubte jedoch die Loge noch nicht genug gethan zu haben, um sich den todten Littré zurückzuerobern. Anläßlich des jährlichen Congresses des französischen Großorients berief der Meister vom Stuhl der Loge La Clémente Amitié am 15. September 1881 200 Meister vom Stuhl aus der Provinz zu einer Leichenfeier für Littré und erklärte bei derselben, Littré sei als Freidenker gestorben; alle entgegenstehenden Gerüchte seien falsch. So kam es, daß alle liberalen Blätter Frankreichs zu berichten wußten, Littré's Bekehrung sei eine Erfindung der Clericalen, seine kirchliche Beerdigung ein Leichenraub u. s. w.

E. Das Loos des Littré'schen Positivismus nach Littré's Tode.

31. Mit Littré verschwand auch die von ihm vertretene Form des Positivismus von der Bildfläche. Schon zwei Jahre nach seinem Tode mußte die von ihm begründete Zeitschrift La Philosophie positive wegen Mangels an Unterstützung seitens des Publikums ihr Erscheinen einstellen. Wyrouboff und Charles Robin sagen hierüber im Abschiedswort an ihre Leser:

„Als Organ einer besondern Weltanschauung haben wir unser Programm erschöpft und unsere Aufgabe vollendet. Da die positive Philosophie die engen Grenzen einer Schule weit überschritten hat, müssen

---

[1] Carlos von Gagern, Schwert und Kelle. Aus dem Nachlaß des Verfassers herausgegeben von M. G. Conrad. Leipzig (Friedrich) 1888, S. 87 ff.

wir entweder, um Existenzberechtigung zu haben, uns auf eine breitere Grund=
lage stellen, oder eingehen. Der gegenwärtige Zustand der Philosophie be=
friedigt, wenn nicht die Fachphilosophen, so doch die meisten derjenigen, welche
an den großen Kämpfen unserer Zeit theilnehmen (die Collegen Br.∴ Wyrou=
boffs in der Loge). Die Feinde sind besiegt, die Fundamentalpunkte fest=
gestellt . . . Wir gehen also wegen der allgemeinen Gleichgiltigkeit für philo=
sophische Fragen ein. Diejenigen, welche schreiben und lesen, schenken allem
andern eher Beachtung, als den höchsten wissenschaftlichen Synthesen." [1]

Die Revue phil. bemerkt zu dieser Aeußerung: „Zu enge an Comte's
Lehre sich anschließend [dieses ist nicht richtig, wie wir sahen], ist sie (die Zeit=
schrift Phil. pos.) eingegangen — nicht wegen Mangels an Interesse seitens
des Publikums, sondern weil sie von einer viel umfassendern philo=
sophischen Bewegung überholt wurde." [2]

P. Laffitte schreibt über denselben Gegenstand: „Durch einfache Aus=
scheidung der theologischen Meinungen und durch die bloße Aussicht auf eine
organische Lehre läßt sich das Publikum nicht zufriedenstellen. Nur zwei Jahre
sind seit dem Tode dieses im Bücherstaube vergrabenen Lexikographen ver=
flossen, und wer denkt noch an ihn? Sein für die Entwicklung des Positi=
vismus so verderblicher Einfluß ist mit seiner Person dahingeschwunden." [3]

E. Antoine fügt bei: „Frankreich und das Abendland werden eines
Tages den ganzen Umfang des Schadens ermessen können, welchen diese von
der Demokratie der beiden Welten an die Spitze der philosophischen Republik
gestellte akademische Wetterfahne angerichtet hat." [4]

Am zutreffendsten werden die Ursachen, warum Littré's Positivismus
so schnell wieder seinen Zauber verlor, von Br.∴ Bourbin in der Loge
Les amis bienfaisants gekennzeichnet:

„Der Positivismus ist ein ausgezeichnetes Kriegswerkzeug für die Schlacht.
Nach dem definitiven Siege aber wird er gleich den vorangegangenen abgestor=
benen Philosophien in die Rumpelkammer wandern. Die Schule Littré's hat
überdies ihre Erbsünde: sie ist das Erzeugniß eines Stubengelehrten,
von Haus aus pedantisch. Wenn man Wortklauber sein will, behauptet
man, der Collectivismus sei kein Communismus, der Positivismus sei vom
Materialismus himmelweit verschieden. Wir aber in unserer Bauhütte schenken
solchen Spitzfindigkeiten keine Beachtung. Wir überlassen das große Ver=
gnügen, Haare in vier Theile zu spalten, den Casuisten. In Wahr=
heit war Littré Atheist" u. s. w. [5]

Die vorstehenden Aeußerungen werden ergänzt durch die feierliche
maurerische Leichenrede, welche Br.∴ Galopin, der Schüler Littré's,

---

[1] **Ph. XXXI.** 321.   [2] **Revue phil.** 1884. I. 118.
[3] 35ᵉ Circulaire adressée à chaque coopérateur du libre subside institué.
par Auguste Comte pour le Sacerdoce de l'Humanité (1883) p. 10.
[4] Aperçu sommaire sur la vie et sur l'oeuvre de M. P. Laffitte, p. 63
[5] Chaine d'union, Juin 1881, p. 209.

am 15. September 1881 vor 200 Meistern vom Stuhl hielt. In dieser Rede sagt er unter anderem:

„Die positive Philosophie ist die Religion der Zukunft. Wenn ich ‚Religion' sage, so verstehen Sie mich, meine Brr.·, ohne daß ich nöthig hätte, mich weiter zu erklären. Denn Sie wissen ja, daß ich keine Religion habe und keine übe. Ich bekenne mich, wie Sie, zum wissenschaftlichen, bewiesenen Glauben, der fortan in allen unseren Schulen ge=lehrt werden muß, um für die Zukunft die Grundlage einer Moral ohne Religion, einer reinen und rationellen Moral zu bilden. Die Priester sagen uns: Ohne Religion keine Moral. Irrthum! Wenn es an Moral fehlt, so rührt dies daher, daß es Religionen gibt." [1]

Den maßgebenden antikirchlichen Kreisen kam es weniger auf die eigenthümliche Lehre Littré's, sondern vor allem auf die Fähigkeit der=selben an, als „Kriegswerkzeug" im Kampfe gegen die Religion zu dienen. Diese Fähigkeit wohnte ihr aber namentlich wegen des berühmten Namens dessen inne, der sie vortrug. Im übrigen war man ebenso bereit, den religiösen Positivismus der orthodoxen Schule Comte's oder den englischen und italienischen Positivismus zu unterstützen, wenn sich diese Richtungen des Positivismus nur im Kampfe gegen die Religion als zugfähig erwiesen.

2. Die orthodoxe positivistische Schule mit P. Laffitte als Haupt [2]

hatte zwar nicht den Tageserfolg der Littré'schen, wirkte aber im Stillen wohl nachhaltiger als jene. Jedenfalls darf sie schon deshalb unser besonderes Interesse beanspruchen, weil sie die von Comte mit Fortsetzung seines Werkes betraute Schule und daher auch die einzig wahre Vertreterin des eigent=lichen, historischen Positivismus ist. Durch den engern Anschluß an Comte

---

[1] Chaîne d'union, Sept. 1881, p. 369.

[2] Als Hauptquelle für die nachfolgende Darstellung dienten uns die jährlichen Circulare des Nachfolgers Comte's, P. Laffitte (1857—1890), von welchen die sieben ersten bei Robinet (Notice, 2° éd. 1864, p. 557—658) abgedruckt sind und die übrigen uns auf unser Ansuchen von der Direction des Positivismus in Paris nebst einigen anderen wichtigeren Publicationen der Schule freundlichst zur Verfügung ge=stellt wurden. Außerdem benützten wir noch die schon häufig citirte Revue Occiden-tale (1879—1891), ferner die separat erschienenen Programme für Laffitte's öffent=liche Curse und mehrere andere Schriften und Werke der Schule, endlich einige der wichtigeren Publicationen der positivistischen Gruppe strictester Observanz, welche sich 1877 von P. Laffitte lossagte. Letztere Publicationen wurden uns von einem un=bekannten Absender aus Rio de Janeiro, vermuthlich von Miguel Lemos, dem Haupte der dortigen positivistischen Gruppe, in zuvorkommendster Weise zugestellt. Sowohl P. Laffitte, als dem ungenannten Absender aus Rio de Janeiro sei hiermit für die

hat sie sich auch zu einem nicht geringen Theile das originelle Gepräge bewahrt, welches uns an Comte selbst in so reichlichem Maße entgegentrat.

32. **Orientirende Vorbemerkungen.** — Die orthodoxe positivistische Schule zerfällt zunächst nach den verschiedenen Ländern, in denen sie vertreten ist, in mehrere nationale Gruppen. Unter denselben steht naturgemäß die **französische** im Vordergrund. Hütet sie ja doch in der ehemaligen Wohnung ihres Meisters (rue Monsieur-le-Prince 10) das Mekka des religiösen Positivismus, die Stätte, an welcher Comte unter Einwirkung Clothildens die neue Menschheitsreligion stiftete und lange Jahre als Hoherpriester amtete. An die französische Gruppe schließt sich zunächst sowohl hinsichtlich ihrer Bedeutung als hinsichtlich der Tonart ihres Positivismus die **englische** an. Hierauf folgt die **schwedische** und endlich die **brasilianisch-chilenische** Gruppe.

1877 vollzog sich noch eine neue Spaltung in der Schule, indem sich einige Positivisten **strictester Observanz** von Laffitte lossagten. Dieselben hatten schon von Anfang an gegen dessen Amtsführung Bedenken gehabt, da Comte ihn ja schließlich ausdrücklich von seiner Nachfolge ausgeschlossen hatte. Indes beugten sie sich für den Augenblick. Als sich aber Laffitte, sichtlich unter der Einwirkung der freisinnigern englischen Gruppe, welche seine beste pecuniäre Stütze bildet, in der Darlegung des Positivismus und in der Befolgung der Vorschriften Comte's immer größere Freiheit gestattete, kam es zum offenen Bruch. Dr. med. Aubiffrent, Dr. med. Sémérie in Frankreich und der ehemalige Prediger Congreve in England erklärten mit ihren Anhängern, sich in allem streng an Comte halten zu wollen. Am meisten Bedeutung erlangte diese orthodoxe Richtung des Positivismus strictester Observanz in **Brasilien** und **Chile**, wo sich ihr später Miguel Lemos, das Haupt der brasilianischen, und Dr. Jorge Lagarrigue, das Haupt der chilenischen Gruppe, anschlossen. Lemos sprach das Glaubensbekenntniß der Positivisten strictester Observanz mit den Worten aus: „Wir unsererseits erklären, daß für uns der **vierte Band der Politique positive** (von Comte) der **Leviticus** ist, ein wissenschaftlicher Leviticus von solcher Gewißheit, wie die Geometrie.“ [1]

Nach diesen orientirenden Vorbemerkungen besprechen wir nun zuerst die französische Gruppe der Schule, sodann die Gruppen derselben in den verschiedenen anderen Ländern.

Förderung, welche sie unserer Arbeit angedeihen ließen, der verbindlichste Dank ausgesprochen. Der schöne Grundsatz „vivre au grand jour“, welchen die Positivisten befolgen, erleichtert nicht wenig die Aufgabe, von ihrer Thätigkeit ein objectives Bild zu entwerfen.

[1] Le Positivisme et le sophiste Pierre Laffitte par Miguel Lemos, directeur de l'Apostolat positiviste du Brésil. Rio de Janeiro 1889, p. 4: „Nous affirmons que pour nous le 4ᵉ volume de la ‚Politique positive‘ est notre Lévitique, Lévitique scientifique, aussi certain pour nous que la géométrie.“

A. Die französische Gruppe der orthodoxen positivistischen Schule.

a. Die Hauptpersönlichkeiten derselben.

2. Pierre Laffitte.

Die hervorragendste Persönlichkeit der französischen Gruppe ist ohne Zweifel Pierre Laffitte, welcher seit Comte's Tode (1857) das Haupt der ganzen Schule (Directeur du positivisme) ist.

33. Biographisches. — Pierre Laffitte[1] (geboren am 21. Februar 1823 zu Béguey in der Gironde) kam 1839 nach Paris, um zunächst einen philosophischen Curs durchzumachen und sich sodann der Mathematik zu widmen. Die Lesung des Cours de phil. pos. 1842 traf ihn nach seinem eigenen Geständniß wie „ein erleuchtender Blitzstrahl und bestimmte seine ganze spätere philosophische und sociale Laufbahn"[2]. Er entsagte von da an aller philosophischen Lectüre, Comte's Werke ausgenommen. 1844 trat er Comte näher, welcher ihm mehrere Privatlectionen in der Woche ertheilte. Um sich auf die Ausübung des positivistischen Lehramts und Priesterthums vorzubereiten, hörte er auf Comte's Rath noch mehrere Jahre Biologie bei de Blainville, Medicin bei den positivistischen Pro-fessoren Segond, Ch. Robin und Cl. Bernard und besuchte drei Jahre lang die specielle und allgemeine Klinik Dr. Gendrins am Spital de la Pitié. In die Sociologie führte ihn Comte selbst ein.

Als Grund seines innigen Verhältnisses zu Comte gibt Laffitte an: „Ich bin von Natur aus wesentlich zur Verehrung und Bewunderung geneigt."[3] Die „Geistes- und Herzenseigenschaften" Laffitte's fanden bei Comte solche Anerkennung, daß er sogar, wie wir sahen, einen Augen-blick mit dem Gedanken umging, diesen „hervorragendsten seiner jungen Schüler" selbst zu seinem Nachfolger als Hoherpriester der neuen Mensch-heitsreligion einzusetzen. Später schien ihm derselbe aber der hierzu er-forderlichen Festigkeit und Ausdauer zu ermangeln[4]. Auf seinem Todes-bett soll Comte sogar über seinen Liebling, auf den er anfangs so große Hoffnungen setzte, geäußert haben: „Ohne Verehrung und Initiative wird er immer bloß ein Dilettant bleiben, der eben genug Energie besitzt, sein tägliches Brod zu gewinnen."[5]

---

[1] Die nachfolgenden biographischen Notizen sind der Schrift Em. Antoine's Aperçu sommaire sur la vie et sur l'oeuvre de M. Pierre Laffitte, successeur d'Auguste Comte, (Havre, Leclerc, 1880) entnommen.

[2] Cours de phil. première par P. Laffitte. Paris, Bouillon, 1889, p. II.

[3] Revue Occid. 1886. II. 190.   [4] Testament etc. 1884, p. 154. 172.

[5] Audiffrent, Après la légende l'histoire. Paris 1878.

34. Wahl Laffitte's zum Nachfolger Comte's. — Da Comte aber auch keinen andern Nachfolger bezeichnete, wurde nach dem Tode des Meisters troß allem P. Laffitte von den Schülern Comte's „für einstweilen" zum „Director des Positivismus" gewählt.

Um von der Auffassung einen Begriff zu geben, welche unter den Positivisten einerseits über die Bedeutung der Würde, andererseits über die Wahl Laffitte's zum Träger derselben herrschte, wollen wir einige diesbezüg= liche Aeußerungen der orthodoxen Positivisten hier registriren.

Aubiffrent berichtet über den Hergang der Wahl, er habe Dr. Ro= binet als provisorischen Leiter des Positivismus vorgeschlagen, und dieser habe die Würde bereits angenommen gehabt. Da sei plößlich Laffitte eingetreten, woraufhin alle, ohne die so bestimmten Weisungen Comte's zu beherzigen, ihm ihre Stimmen zugewendet hätten.

Antoine theilt mit, Laffitte habe nur „mit dem größten Widerstreben einer so erhabenen Mission sich unterzogen". „Denn", fährt er fort, „seine äußerste Bescheidenheit, die Eifersucht der von Comte beiseite gesetzten Neben= buhler, die Schwierigkeit, sich bei den Zeitgenossen Geltung zu verschaffen, die Größe der Aufgabe, die ungeheure Verantwortung vor der Nachwelt: alles das war wohl dazu angethan, dem erst 34jährigen Schüler Comte's Bedenken einzuflößen. Auf die Bitten seiner Collegen jedoch gab er nach und übernahm das Amt, welches er der leßte war, sich selbst beizulegen, mit dem festen Entschlusse, sich desselben würdig zu machen, indem er demselben rück= haltlos den ganzen Rest seines Lebens widmete." [1]

Robinet spricht sich über Laffitte's Wahl also aus: „Da der erste Hohepriester der allgemeinen Religion keinen unmittelbaren Nachfolger ge= wählt, somit auch keinen bezeichnet hatte, war es, obwohl es unmöglich war, in der geistlichen Direction der entstehenden Kirche eine Lücke eintreten zu lassen, doch nicht ohne Gefahr, eine Neubestellung derselben vorzunehmen. Die Noth= wendigkeit ließ den besten Ausweg finden. Die im Testamente Comte's als Präparanden für das priesterliche Amt bezeichneten Positivisten traten zu einer Berathung zusammen und beschlossen, daß der Präsident dieser Ver= sammlung provisorisch die Leitung des Positivismus übernehmen sollte. Uebrigens sollte sich das Provisorium nur auf die Person des Würdenträgers, keineswegs aber auf den Werth der von ihm vollzogenen Amts= handlungen beziehen." [2]

35. Laffitte als Director des Positivismus. — Nach Ausweis der Circulare erfaßte Laffitte die ihm übertragene Aufgabe mit bemerkenswerther Uneigennüßigkeit, Hingebung und Ausdauer. Obgleich ohne Vermögen, wollte er doch vom positivistischen Hilfsfonds keinen Ge= brauch machen, bis er durch entsprechende Leistungen sich einen Anspruch

---

[1] Antoine l. c. p. 20.   [2] Robinet, Notice etc. 1864, p. 389.

auf denselben erworben haben würde. Durch Ertheilung von Mathematik-
Lectionen suchte er ein bescheidenes Auskommen. Alle Zeit, die ihm übrig
blieb, verwendete er theils auf Erweiterung seiner Kenntnisse, theils auf
die Leitung der „positivistischen Kirche" und auf die positivistische Propaganda. Infolge seiner angestrengten Arbeit büßte er sogar sein rechtes
Auge ein und wurde am linken so geschwächt, daß er sich jetzt bei seiner
schriftstellerischen Thätigkeit eines Secretärs bedienen muß. Wie den Beschwerden und Mühen der Arbeit, so trotzte Laffitte auch dem Mißerfolg
und Spott, welcher ihm anfangs reichlich zu theil wurde, bis es ihm
endlich nach zwanzig Jahre langem, mühsamem Wirken gelang, einigermaßen vor der Oeffentlichkeit zur Geltung zu kommen.

Antoine, ein begeisterter Bewunderer Laffitte's, charakterisirt sein
Wirken wie folgt:

„Diejenigen, welche zum Director des Positivismus nicht durch den hohen abstracten Werth seiner philosophischen und socialen Darlegungen hingezogen wurden,
wurden es durch seine tiefe Kenntniß der delicaten Dinge, seinen ausgesprochenen Geschmack für die schönen Künste und namentlich für die Musik, welche die effectvollste von
allen ist, durch die Unterredungen mit ihm, welchen eine liebenswürdige Heiterkeit und
eine glückliche Einfachheit so viel Leben und Reiz verleihen und welche bei der religiösen
und politischen Action des Positivismus eine beträchtliche Rolle spielten. Ehrenmann in
der edelsten Bedeutung des Wortes, hat ihm seine Leutseligkeit ebensosehr die Herzen gewonnen, wie seine Lehrthätigkeit die Geister. Obgleich er alle Vorbedingungen in sich
vereinigt, um ein competentes Urtheil abzugeben, hat Laffitte mit seiner gewohnten Güte
die Angriffe incompetenter Literaten in Vergessenheit gehüllt. Indem er immer mehr
das Gute als das Schlechte an anderen hervorkehrte, hat er in seiner Sprache und
seinem Auftreten jene Nachsicht ohne Bitterkeit und Verachtung geübt, welche den noch
in den alten Dogmen zurückgehaltenen ... Geistern gegenüber am Platze ist. Jeder ge-
zwungenen Zurückhaltung feind, glaubte Laffitte sein ihm zukommendes Ansehen nicht
durch zu große Herablassung und Güte in Frage zu stellen. Er gab einer angeborenen
Neigung nach, welche seine Belehrungen dem Verständniß des Frauenvolkes und des
Proletariats zugänglicher machte, und das Vertrauen, das er ihnen einflößt, rechtfertigt diese Haltung." [1]

Der Schlüssel zum Verständniß vorstehender, etwas mysteriöser Worte
dürfte wohl in der Wichtigkeit liegen, welche Comte in seinem System dem
„Weiblichen" und überhaupt der affectiven Seite des Menschen beilegt [2]. Der
Pflicht, welche Comte dem „positivistischen Priester" auferlegt, verheiratet zu
sein [3], ist Laffitte nie nachgekommen, was von den streng orthodoxen Positi-

---

[1] Vgl. Antoine l. c. p. 72.

[2] Vgl. unsere Schrift: August Comte S. 105. 107.

[3] Ebend. S. 111; Syst. de Polit. pos. III. 72. 255. — „Quoique le mariage", sagt Comte im Catéchisme posit. (2e éd. p. 271), „reste facultatif pour
les citoyens ordinaires, il devient donc obligatoire pour les prêtres, dont l'office
ne peut être dignement rempli sans l'influence continue, d'ailleurs objective
et subjective, de la femme sur l'homme. Afin de les mieux éprouver à cet

visten scharf getadelt wird[1]. Eine ausgedehnte Erudition und die Gabe verständlicher, klarer Darstellung wird Laffitte allgemein, auch von seinen Gegnern im Schoße der Schule, nachgerühmt[2]. Indes setzen letztere an ihm aus, daß ihm der „religiöse Enthusiasmus" gänzlich abgehe. Er habe eine „unpriesterliche, antireligiöse Natur"[3]. Er sei ein einfacher Gelehrter geblieben. Man merke ihm weder in seinen Worten, noch in seinen Handlungen den Priester, den geistlichen Seelenführer an[4]. Er sei zwar einmal vorübergehend als „zweiter Hoherpriester der Menschheit" aufgetreten[5], jedoch „bringe ihn nach dem geistreichen Ausdruck Séméric's sein Priestergewand in sichtliche Verlegenheit, so daß man zum Glauben komme, daß er es gerne abstreifen würde"[6]. Auch bewahre er bei seinen Vorträgen nicht die Würde, welche sein Amt fordere[7].

Daß Laffitte eine bedeutende Erudition besitze, machen schon sein Bildungsgang und die Emsigkeit, mit welcher er bestrebt war, seine Kenntnisse zu erweitern, glaubhaft. Hingegen hat Laffitte, was wohl auch aus der Pietät hervorgeht, mit der er an Comte's Ideen festhält, wenig neue Gedanken. Fast alle seine Vorträge und Publikationen beschränken sich darauf, die Gedanken Comte's in populärerer Form darzulegen und dem Zeitgeist mehr anzubequemen.

β. Andere typische Persönlichkeiten der französischen Gruppe.

Außer dem Nachfolger Comte's im hohenpriesterlichen Amte kommen in der französischen positivistischen Gruppe als typische Gestalten namentlich

égard, la religion positive impose déjà cette condition aux simples vicaires." — Lemos folgert hieraus: „Die Verpflichtung ist klar und bestimmt, und von solcher Bedeutung, daß deren Uebertretung allein schon hätte hinreichen sollen, Herrn Laffitte von der Direction des Positivismus auszuschließen und uns abzuhalten, ihn auch nur als einfachen Priester, geschweige denn als Nachfolger des Meisters anzuerkennen." Le positivisme et le sophiste P. Laffitte p. 31.

[1] Lemos ib. p. 31; Audiffrent, Lettre à M. Congreve. 1878.

[2] Der XIX⁰ siècle vom 7. Sept. 1887 sagt darüber: „Mons. P. Laffitte, qui possède une immense érudition encyclopédique et une éloquence dont la clarté d'exposition et le charme pénétrant et suggestif tiennent du miracle, serait certainement un des hommes les plus considérables de l'époque, si par un aveuglement incompréhensible chez un penseur de cette envergure, il n'était embourbé dans l'ornière, où sombra dans ses derniers jours celui dont il s'intitule l'héritier spirituel." Vgl. Revue Occid. 1888. I. 29. Eine andere in den höchsten Ausdrücken der Bewunderung gehaltene Besprechung der Lehrthätigkeit Laffitte's in der Constitution (1er Mars 1889) ist Revue Occid. 1889. I. 435 mitgetheilt. Von gegnerischen Urtheilen vgl. Audiffrent, Circ. p 28; Lemos, Le pos. p. 24.

[3] Audiffrent, Circulaire exceptionnelle adressée aux vrais disciples d'Auguste Comte. Paris 1886, p. 8. 27.

[4] Dr. Jorge Lagarrigue, Le positivisme et la Vierge-mère. Santiago (Chile) 1885, p. 15.

[5] Audiffrent, Circ. p. 18; Lemos, Le pos., p. VII.

[6] Lemos l. c. p. 30.   [7] Lemos l c. p. V. ss.

noch in Betracht: Schreiner **Magnin**, Ingenieur und Oekonom **Habery**, Comte's Magd **Sophie Thomas**, die Aerzte Dr. **Robinet** und Dr. **Au-biffrent**, der Wechselmäkler **Joseph Lonchampt**, Graf van **Limburg-Stirum** und Baron von **Constant-Rebecque**. Als positivistische Agitatoren in Wort und Schrift treten außerdem noch hervor: die Aerzte Bazalgette, Sauria, Eugène Sémérie, Dubuisson, Delbet; ferner die Ad-vokaten und Literaten J. B. Foucart, P. Foucart, Em. Antoine, Camille Monier, P. Boell, Corra, Jeannolle, Jabely, Massol[1], Mahy, P. Janet und Poëy, endlich die Vertreter des Proletariats Ii. Finance und Keufer.

36. Schreiner **Fabien Magnin**[2] (1810—1884) — war einer der ersten Arbeiter, welche sich Comte infolge der Anhörung seines Astronomie-Curses anschlossen. Seit 1843 hörte er diesen Curs an. Ende 1845 wagte er es, mit einigen anderen Arbeitern beim Philosophen vorzusprechen, um ihm seinen Dank abzustatten, und lebte seit jener Zeit, von Comte als Jünger gewonnen, ganz für die Sache des Positivismus. Er galt dem Philosophen als Typus eines positivistischen Proletariers, durch dessen Bei-tritt „die Allianz zwischen der neuen geistlichen Gewalt und dem Proletariat besiegelt" worden sei. Er scheint auch viel Hausmannsverstand besessen zu haben. Das Referat, welches er am 24. März 1848 im Schoße der „Posi-tivistischen Gesellschaft" über die Arbeiterfrage hielt, fand Comte's Beifall in hohem Maße[3]. Ihn haben die Positivisten am meisten im Auge, wenn sie ganz im Sinne ihres Meisters der „liberalen Pedantokratie" (Professoren-zunft) gegenüber geltend machen, daß „gewöhnliche Leute aus dem Volk nicht bloß einen höhern innern (sittlichen) Werth, sondern auch bei weitem mehr reelle Kenntnisse haben können, als manche berühmte, mit gelehrten Worten und Entitäten vollgespickte Professoren"[4].

In seinem Testamente bezeichnete Comte Magnin als Präsidenten der „Positivistischen Gesellschaft"[5]. Ferner wies er ihm im „Systematischen Triumvirat" für die Uebergangsperiode zum positivistischen Gesellschaftszustand die Stelle eines „Gouverneurs der Finanzen" an. Als „praktischem Haupt" des Positivismus vermachte er ihm auch von seinen drei gewöhnlichen Amts-siegeln „das praktische mit der Aufschrift Vivre au grand jour vom 17. Moses 67"[6]. Comte pflegte Schreiner Magnin das „beste Muster eines wahren Staatsmanns" zu nennen[7]. Besonders nachgerühmt wird Magnin von den Positivisten, daß er in kritischen Zeiten, wo Spaltung drohte, sehr werthvolle Dienste leistete, um die Schule vor Auflösung zu be-wahren. Er war auch schriftstellerisch thätig. Die Hauptidee, welche er in Vorträgen und Flugschriften vertrat, war, daß es nie an Arbeit mangeln könne; woran es fehle, das sei die ökonomische Voraussicht.

---

[1] Circ. 1878, p. 8; 1885, p. 7.   [2] Revue Occid. 1884. I. 380 ss.
[3] Robinet, Notice, p. 241.   [4] Ib. p. 569.   [5] Test. p. 20.
[6] Ib. p. 21. 18.   [7] Syst. de polit. pos. I. 20.

37. Oekonom August Habery (1803—1884) — bildet als „Typus
des industriellen Patriciats" in der positivistischen Gesellschafts=
ordnung das Gegenstück zu Magnin, dem typischen Proletarier. Aus reli=
giöser Familie, bei den Jesuiten erzogen, wurde Habery, seines Berufes
Ingenieur, später St.=Simonist und Fourierist, um sich endlich Comte an=
zuschließen. 1848 verkaufte er, da er an den Anbruch der neuen Gesellschafts=
ordnung glaubte, mit großem Verlust (von etwa 100 000 Fr.) alle seine
Werthpapiere, um nach den Rathschlägen Comte's, der ihm besonders wohl=
wollende Behandlung der Hausthiere anempfahl, in St. Lothain im Jura
die erste nach positivistischen Grundsätzen verwaltete Farm einzurichten. Habery
führte ein sehr strenges Leben, genoß nur so viel, als ihm unentbehrlich
nothwendig war, schränkte sich zudem noch immer mehr in seinen Bedürf=
nissen ein und legte, obgleich kränklich, selbst bei Pflug und Karst Hand an.
Trotzdem hatte er wegen ungenügenden Kapitals mit den größten Schwierig=
keiten zu kämpfen, bis ihm ein junger positivistischer Aristokrat englischer
Abkunft, Winstanley, mit einem Geschenk von 250 000 Fr. unter die Arme
griff, damit er eine positivistische Musterfarm auf größerem Fuße einrichten
könne[1].

Habery stärkte sich auf seine neue Aufgabe durch das positivistische
Sacrament der „Destination", welches er am 25. Gutenberg 71 (6. Sept.
1859) vor den „am Sitze ihres Glaubens versammelten abendländischen
Positivisten" aus den Händen Laffitte's empfing[2]. Trotz allem hatte Habery

---

[1] Revue Occid. 1884. II. 275; Robinet, Notice, p. 301 ss. 591 ss. —
Comte selbst schreibt über ihn im vierten Band seines Système de politique positive:
„Der Positivismus hat die Ehre, einen eminenten Praktiker zu besitzen, der nach
einer tüchtigen theoretischen Vorschule mit ebenso viel Hingebung als Weisheit gegen
die aus seinen ungenügenden Kapitalien entstehenden Schwierigkeiten auf die ent=
scheidende Verbesserung seines Landgutes hinarbeitet. Dergleichen Fälle haben sich
schon in hinlänglicher Zahl wiederholt, um zu zeigen, wie sehr systematische Ver=
suche die spontane Wiedergeburt der industriellen Existenz fördern können, indem bei
hervorragenden Praktikern die sociokratischen Sitten zur Geltung gebracht werden."

[2] Robinet beschreibt den feierlichen Act also: „Die bedeutsame Investitur wurde
durch eine lange Darlegung der Principien der neuen politischen Oekonomie oder der
reellen Organisation der modernen Industrie eingeleitet. Nachdem der Vertreter des
positiven Priesterthums hierbei die gegenseitigen Pflichten der Arbeitgeber und der
Arbeiter, der industriellen Häupter, der Reichen oder neuen Patricier und der Prole=
tarier oder neuen Bürger, unter sich und gegen die Gesellschaft und ihre gemeinsamen
Pflichten gegen die Menschheit in Erinnerung gerufen hatte, legte er dem neuen
industriellen Chef folgende Fragen vor: Erkennen Sie an, daß der Reichthum,
social in seiner Quelle und Bestimmung, dennoch persönliches Eigenthum werden
muß, damit ihm seine ganze reproductive Fähigkeit und dem mit seiner Ver=
wendung zum Dienste der Menschheit beauftragten Functionär eine geziemende Un=
abhängigkeit gesichert sei? — Versprechen Sie, in einer weisen Sparsamkeit nur
das zu Ihrem persönlichen Unterhalte Nothwendige für sich zu nehmen, so daß
Sie insbesondere die Interessen des Kapitals zur Aufbesserung der die Arbeit Ver=
richtenden und zur Vervollkommnung der Arbeitswerkzeuge verwenden? — Ver=

kein Glück. Nach einem erfolgreichen Beginn erlitt er durch zwei kurz auf=
einander folgende Feuersbrünste herbe Verluste und starb schließlich, da er
sich nicht genug Nahrung gönnte, an allgemeinem Kräfteverfall. Er hinter=
ließ bei seinem Tode zahlreiche Manuscripte über Ackerbau und Politik und
vermachte den Rest seines Vermögens der positivistischen Kasse. 1879 hatte
Habern das Buch Expériences et vues nouvelles sur les engrais par un
praticien (Poligny) erscheinen lassen. Der „positivistische Trappist" wurde
nach seinem Ableben als „logischer Typus" bezeichnet, dem man nicht in allem
folgen dürfe. Man beschloß aber dessenungeachtet, da er ein würdiger Diener
der Menschheit gewesen sei, seine „endliche Incorporation".

38. Sophie Thomas (1803—1861) — ist schon als einer der „drei Schutz=
engel" Comte's erwähnt worden[1]. Sie nahm zuerst die Religion der Menschheit an.
Im Herzenserguß an die verstorbene Clothilde vom 7. St.=Paul 62 (27. Mai 1850)
charakterisirt Comte die Stellung seiner „unvergleichlichen Haushälterin" zum Posi=
tivismus wie folgt: „Ihre große Hingebung brachte mich auf den Gedanken einer
legalen Adoption. Obgleich der gegenwärtige Zustand der Gesellschaft der Regulirung
dieses Herzenswunsches nicht günstig ist, so hoffe ich wenigstens nach meinem Tode die
sociale Stellung unserer Sophie zu sichern, besonders den wahren Positivisten gegen=
über, welche schon sammt und sonders diesen bewunderungswürdigen weib=
lichen Typus zu würdigen wissen. Wenn es mir gelingt, hinlänglich eine von
der bürgerlichen unabhängige religiöse Adoption zur Geltung zu bringen, so
verdient diese eminente Proletarierin das erste Beispiel derselben zu liefern, ein Bei=
spiel, wie es charakteristischer nicht sein könnte."[2]

In seinem Testamente setzte Comte Sophie zur Hüterin der positivistischen
Heiligthümer ein, welche sie dem zweiten Hohenpriester der Menschheit, seinem Nach=
folger, zu übergeben habe. Zugleich bestimmte er ihr 1500 Fr. Jahresgehalt[3]. Wie
in allem übrigen, so führten die Jünger Comte's den Willen ihres Meisters auch
in diesem Punkte getreulich aus. Sie übernahmen selbst auf eigene Kosten die
Erziehung des Sohnes Sophiens, welcher Lonchampt anvertraut wurde. Bei ihrer
Beerdigung am 5. Bichat 73 (7. Dec. 1861) hob Robinet folgendermaßen ihre
Bedeutung für den Positivismus hervor: „Dieser Tod, Sie fühlen es alle, ist nicht ein
alltäglicher Verlust. Madame Sophie Thomas stand dem Stifter der Menschheits=
religion zu nahe, als daß ihr Hingang nicht ebenso sehr die öffentlichen Inter=
essen berührte, wie er im engern Freundeskreise Betrübniß hervorruft. Man kann
ihren Namen nicht aussprechen, ohne den unseres Meisters in Erinnerung zu rufen,
ohne daran zu denken, daß die erhabensten philosophischen und socialen Speculationen,
zum Heile der Menschheit unerläßlich nothwendige theoretische Constructionen unter
ihrer wohlthätigen Protection ausgearbeitet und vollendet wurden ... Aber wie groß
unsere Schwester auch in dieser Hinsicht dasteht, so dürfen wir darüber doch nie ihre

_____

sprechen Sie, soweit als möglich, die würdige sociokratische Vererbung des Kapitals,
dessen Verwaltung Sie nun im Namen der Menschheit antreten? — Nachdem August
Habern feierlich geschworen hatte, diesen drei Fundamentalpunkten einer jeden in=
dustriellen Function zuzustimmen und ihnen treu nachzukommen, wurde er als Grund=
eigenthums=Functionär, als Ackerbau=Chef in der vierten Klasse des positivistischen
Patriciats geweiht." Vgl. Robinet l. c. p. 392. 393.

[1] Vgl. unsere Schrift: August Comte S. 125. 134.

[2] Test. p. 163; vgl. auch p. 130. 139. 170. 198.   [3] Test. p. 17.

Herzenseigenschaften vergessen, welche dieser Größe zur Grundlage dienten und die ihrer Person so viel Verdienst und Reiz verliehen. Wir alle erinnern uns ohne Zweifel der so süßen in ihrem vertrauten Umgange verbrachten Stunden; aber die Weh=klagen, die Schmerzensäußerung, die sich kundgebende Verzweiflung, deren Zeugen wir sind, drücken es allein aus, wie sehr sie verdiente, geliebt zu werden."[1]

39. Dr. med. Robinet — haben wir bereits als intimsten Freund und Leibarzt Comte's kennen gelernt[2]. Die aus seinem Buch über Comte's Leben und Werk bereits von uns angeführten Stellen charakterisiren hinläng=lich seine Geistesrichtung, welche ihm die besondere Zuneigung seines Meisters sicherte. Comte verkehrte gern in Robinets Familie. Auch Frau Robinet (gest. 1881) war enthusiastische Positivistin. Robinets Sohn, Gabriel, der nachher als Municipalrath der Stadt Paris den Positivisten bedeutende Dienste leistete, empfing mit 14 Jahren das Sacrament der „Initiation". Comte bestimmte, daß er alle Tage drei positivistische Gebete verrichte. Er sollte dieselben, nachdem er das heilige Zeichen des Positivismus gemacht, mit den Worten schließen: La soumission est la base du perfectionnement[3].

Wegen seiner „sympathischen und synthetischen Natur" schien Dr. Robinet dem Stifter der neuen Religion sich hinlänglich zum Priesterthum der Mensch=heit zu eignen, „obwohl seine encyklopädische Vorbildung zu wünschen übrig" lasse. Comte war daher geneigt, zu seinen Gunsten eine Dispense von der mathematischen These und selbst von der Prüfung in den drei folgenden Wissenschaften eintreten zu lassen[4]. Als Zeichen des ganz besondern Ver=trauens gegen seinen Leibarzt kann es gelten, daß Comte im Testamente ihm sein wichtigstes, das „hohepriesterliche" Siegel zur Verwahrung übergab[5]. Dr. Robinet schrieb eine Menge Bücher und Schriften im Dienste des Positivis=mus. Als der am meisten charakteristische Schritt, den er im Sinne Comte's that, darf die Adresse gelten, welche er am 1. Januar 1885 an den Fürsten Bismarck, als Präsidenten der damaligen Afrikanischen Conferenz, richtete und in welcher er zu Gunsten der Neger gegen den Sklavenhandel eintrat[6].

40. Dr. med. G. Audiffrent — wurde bereits anläßlich der Comte'=schen Krankheitstheorie erwähnt[7]. An ihn richtete Comte seine Briefe über seine Krankheitstheorie[8]. Er war einer der wenigen, welche sich streng nach Comte's Rathschlägen auf das positivistische Priesterthum, zu dessen wichtigsten Attri=buten bekanntlich ärztliche Hilfeleistungen gehören, vorbereitete. In seiner Doctorthese bereits versuchte er den Nachweis, daß die positivistische Auffassung der Krankheitserscheinungen und des ärztlichen Berufes die einzig richtige sei[9]. Er betrieb zuerst die ärztliche Praxis als „Elementarfunction der geistlichen Gewalt" im positivistischen Sinne unentgeltlich. Laffitte macht dazu die Bemerkung: „Das positivistische Priesterthum wird sich so in seiner

---

[1] Robinet, Notice, p. 646 s., Conf. p. 248. 638.
[2] Unsere Schrift: August Comte S. 130 ff.   [3] Revue Occid. 1887. II. 245.
[4] Test. p. 22.   [5] Test. p. 18.   [6] Revue Occid. 1885. I. 263—268.
[7] Unsere Schrift: August Comte S. 130
[8] Robinet, l. c. p. 527.   [9] Ib. p. 588.

wahren Natur zeigen, indem es die Eigenschaften eines Priesters, Professors und Arztes vereinigt und dadurch allen verständigen Leuten eine ebenso ernsthafte Garantie für die Ordnung, wie für den Fortschritt bietet... Die philo= sophische Corporation wird bald die hervorragendsten, aus den polytechnischen und medicinischen Kreisen hervorgehenden Naturen um sich und um die Sache der Menschheit schaaren, indem sie dieselben dem großen Werke der moralischen und socialen Wiedergeburt dienstbar macht."[1] „Die Klasse der Aerzte bildet bis jetzt den besten spontanen Ansatz zum endgiltigen Priesterthum."[2] Um den Aerzten ihren Beruf als „Vorläufer des sociokratischen Priesterthums" zum Bewußtsein zu bringen, veröffentlichte Aubiffrent (1862) seinen Appel aux médecins[3]. 1877 sagte sich Aubiffrent von der Direction Laffitte's los.

41. Mäkler Joseph Lonchampt (gest. 1890) — kann als der Typus der „positivistischen Frömmigkeit" und Einfalt in der französischen Gruppe bezeichnet werden. Er war der einzige unter allen 13 Testaments= executoren, der auf die Anfrage Comte's eine ihn völlig befriedigende An= sicht über die Würde eines Testamentsvollstreckers des Philosophen äußerte. Er sprach nämlich die Ueberzeugung aus, daß die Testamentsvollstrecker durch den ihnen von Comte zu theil gewordenen Auftrag Unsterblichkeit im Andenken der Nachwelt erlangen würden[4]. Lonchampt war auch auf Wunsch des Meisters bei dessen letzten Augenblicken zugegen[5]. Später zeigte er für die Einführung des positivistischen Festes der Todten[6] und für die Hebung der positivistischen Frömmigkeit überhaupt großen Eifer. Er ver= öffentlichte eine eigene Schrift über das Gebet, welche in mehreren Auflagen erschienen ist[7]. Daneben nahm er den lange von Comte abgehaltenen öffent= lichen astronomischen Curs wieder auf und erklärte dem Volke außerdem noch den positivistischen Katechismus[8]. Auch besorgte er, wie wir sahen, die Er= ziehung des Sohnes der Magd Comte's.

42. Positivistische Aristokraten. — Die französische Gruppe zählte seltsamerweise auch Aristokraten in ihrem Schoße. Unter denselben er= wähnen wir die beiden Testamentsvollstrecker Graf van Limburg=Stirum, Generallieutenant a. D. und Adjutant Sr. Majestät des Königs von Holland

---

[1] Ib. p. 594.   [2] Ib. p. 630.

[3] Ib. p. 652. Weitere medicinische Schriften Aubiffrents sind: Théorie de la vision und Théorie positive des épidémies (1866); Étude sur la di= gestion (1867); Du cerveau et de l'innervation d'après Auguste Comte (1874). Um nicht nochmals auf die medicinischen Schriften der Schule zurückkommen zu müssen, nennen wir noch Dr. Robinet, Lettres sur l'hippophagie (1864); Dr. Sémérie, Des symptômes intellectuels de la folie (1867); Des symptômes moraux de la folie (1868); Dr. Dubuisson, Les quatre sens du toucher et en particulier de la musculation (1874). — Andere medicinische Schriftsteller der Schule sind die Doctoren Rouspy, L. A. Segond 2c.

[4] Test. p. 26.   [5] Robinet, Notice, p. 323.   [6] Ib. p. 636.

[7] Essai sur la prière, par M. Lonchampt. 3e éd. augmentée d'une intro= duction et d'une lettre sur la mission religieuse de la femme. 1878.

[8] Robinet l. c. p. 627. 656.

(geb. 1807), und Baron **Wilhelm de Constant-Rebecque**, höherer holländischer Marineofficier (1806—1862), ferner den Engländer **Winstanley**, (gest. 1862).

Wir können die ebengenannten Anhänger Comte's, obgleich sie anderen Nationalitäten angehörten, dennoch der französischen Gruppe beizählen, weil sie thatsächlich immer im Anschluß an dieselbe verblieben. Durch Eifer für die positivistische Propaganda zeichnete sich unter ihnen besonders de Constant aus. Nach Laffitte's Zeugniß suchte derselbe namentlich in Deutschland und Italien den Positivismus auszubreiten. Der Tod ereilte ihn in Florenz, wohin er sich zu dem Zweck begeben hatte, um eine italienische Ausgabe des positivistischen Katechismus zu veranstalten. Eine holländische war früher schon durch Graf Limburg-Stirum veranlaßt worden. De Constant veröffentlichte 1856 Réflexions synthétiques sur la philosophie, la morale et la religion mit dem bezeichnenden Motto: Diis extinctis Deoque successit humanitas[1]. 1860 gab er eine Abhandlung über die Imitatio heraus: Appréciation positive de l'Imitation de Jésus-Christ, worin er aus den „theologisch-metaphysischen Ausdrücken derselben den positiven Kern herausschälte", welchen sie angeblich enthalten[2]. De Constant-Rebecque unterstützte auch die positivistische Hilfskasse mit sehr reichen Spenden.

b. Die Thätigkeit der französischen Gruppe

umfaßt ganz im Sinne August Comte's hauptsächlich drei Gebiete: 1. Den Unterricht; 2. den Cult; 3. die Politik.

43. **Laffitte über den Zweck der positivistischen Thätigkeit und über das positivistische Priesterthum.** — „Der Zweck aller unserer Bemühungen", so spricht sich P. Laffitte in seinem 20. Circular vom 21. Homer 80 (18. Febr. 1868) selbst aus, „ist ein dreifacher:

„1. Einrichtung eines allgemeinen, allen Klassen der Gesellschaft gemeinsamen Erziehungssystems für beide Geschlechter gemäß der positiven Synthese oder der Religion der Menschheit im Abendland, eines Erziehungssystems, welches allen die fundamentalen, wesentlichen, abstracten Begriffe von den elementarsten mathematischen Vorstellungen bis hinauf zu den höchsten sociologischen und moralischen Theorien vermittelt. Dieses große Lehrsystem soll immer in der Moral, welche seine Krönung ist, seinen Abschluß finden. Dieses zugleich theoretische und praktische, auf eine gründliche positive Kenntniß der menschlichen Natur und der Gesellschaft sich stützende End-Studium formulirt die Regeln, welche mit Ausschluß alles Willkürlichen die verschiedenen

---

[1] Robinet l. c. p. 521. 638 ss.

[2] Robinet l. c. p. 628. — Die holländischen Positivisten besorgten auch die Herausgabe folgender Schriften: Allgemeene Grondslagen der stellige Wijsbegeerte, door August Comte. 's Gravenhage 1866, und Synthetische Overdenkingen, in den Geest van het Positivisme, betreffende Wijsbegeerte, Zedeleer en Religie, door W. Baron de Constant-Rebecque. Ib. 1857.

Pflichten des persönlichen, häuslichen und socialen Lebens in einer Weise bestimmen, daß wir frei zur großen collectiven Existenz unserer Species mitwirken.

„2. Gleichzeitig mit diesem umfassenden allgemeinen Unterrichtssystem wollen wir im Abendlande einen Cult, bestehend aus Versammlungen und Ceremonien, einrichten, welche dazu dienen sollen, uns zu bestimmten Zeiten wieder zum allgemeinen (sociologischen) Gesichtspunkt zurückzuführen, den unser actuelles, in hohem Grade dispersives Leben uns zum Nachtheile ebenso wohl der socialen Ordnung als unserer eigenen persönlichen Wohlfahrt nur allzu leicht aus den Augen verlieren und verkennen läßt.

„3. Endlich wollen wir eine politische Directive aufstellen. Wir sind ja mit einer ebenso systematischen als reellen Lehre ausgerüstet, welche einzig im Stande ist, bei der actuellen Praxis des politischen und socialen Lebens als Leitstern zu dienen. Wir wollen daher von Zeit zu Zeit durch passende Publikationen der öffentlichen Meinung rationell motivirte Fingerzeige geben, welche inmitten des wachsenden Ideenwirrwarrs im Abendland Licht verbreiten."[1]

Die Lösung dieser dreifachen Aufgabe ist in erster Linie Sache des „positivistischen Priesterthums". Daher legen die orthodoxen Positivisten auf die Heranbildung eines solchen das größte Gewicht. „Die Heranbildung des positivistischen Priesterthums wird zur ersten Vorbedingung einer Regeneration, welche nicht weniger für die Ordnung als für den Fortschritt unentbehrlich ist" — diese Worte Comte's setzt Laffitte sogar als Motto an die Spitze aller seiner Circulare.

I. Lehrthätigkeit der französischen Gruppe.

Die Lehrthätigkeit ist nach den Worten Laffitte's „die specielle und berufsmäßige Function der geistlichen Gewalt", „der philosophischen Corporation", die „fundamentale Aufgabe des Priesterthums", die „Grundlage aller übrigen Thätigkeit"[2] u. s. w. Gemäß der hervorragenden Wichtigkeit, welche die französische Gruppe der positivistischen Lehrthätigkeit beilegt, nennt sie sich jetzt auch einfachhin: Société positiviste d'enseignement populaire supérieur (Positivistischer Verein für höhern Volksunterricht).

Als normales Mittel des Unterrichts betrachten die Positivisten die mündliche Belehrung[3]. Um letzterer jedoch mehr Erfolg zu sichern, nehmen sie auch in ausgiebiger Weise das Mittel der Presse zu Hilfe.

44. **Positivistische Fonds.** — Zur Bestreitung der hierdurch verursachten Kosten dient ihnen ein doppelter, aus freiwilligen Beiträgen gespeister Fonds: die priesterliche Hilfskasse (Subside positiviste oder sacerdo-

---

[1] 20ᵉ Circulaire p. 1.
[2] 30ᵉ Circulaire (1878) p. 5. 13; 31ᵉ Circulaire (1879) p. 3 etc.
[3] 29ᵉ Circulaire (1877) p. 5.

tal) und der typographische Fonds. Beide Fonds waren schon von Comte selbst gegründet worden. „Das positivistische Subsid und der typographische Fonds", so schreibt Comte in seinem siebenten Circular vom 15. Moses 68 (15. Januar 1856), „sind die zwei aufs engste miteinander verflochtenen Grundlagen meiner privaten und öffentlichen normalen Existenz. Ihrer Natur gemäß muß diese Einrichtung auf das ganze Collegium meiner würdigen ständigen Mitarbeiter ausgedehnt werden."[1] Als normalen jährlichen Beitrag für die positivistische Hilfskasse bestimmte Comte 3 Fr. 65 Cts. oder einen Centime per Tag[2]. Comte betrachtete es, wie wir gesehen haben, für einen jeden, welcher hinreichendes Verständniß für die neue Heilslehre besitzt, um von ihrer Unentbehrlichkeit für das Wohl der Menschheit überzeugt zu sein, als strenge sociale Pflicht, zu den beiden Fonds beizusteuern[3].

Daß hinsichtlich der Beiträge zu diesen Fonds die von Comte aufgestellten Normen bei seinen Schülern noch völlig in Geltung sind, bezeugt das neueste uns zugehende Circular der Schule (vom November 1890). Da heißt es in einer Note: „Da die Kosten dieses (positivistischen) Unterrichts („der ganz unentgeltlich und bestimmt ist, die allgemeinen Resultate der intellectuellen und moralischen Entwicklung der Menschheit unter dem menschheitlichen oder subjectiven Gesichtspunkt allen Klassen der Gesellschaft zugänglich zu machen') ausschließlich durch freiwillige Beiträge bestritten werden, ist es Pflicht eines jeden, der die allgemeinen Principien des Positivismus annimmt und den socialen Nutzen seiner Ausbreitung anerkennt, an der von Comte zu diesem Zwecke eingerichteten Hilfskasse sich zu betheiligen und den von Comte selbst festgesetzten Mindestbeitrag von 3 Fr. 65 Cts. oder einem Centime täglich zu leisten."[4]

Im Jahre 1888 steuerten zur priesterlichen Hilfskasse bei: 125 Franzosen und 85 „abendländische Unterzeichner" (Nicht-Franzosen). Ihre Beiträge erreichten die Summe von 9207 Fr. 25 Cts. Seit Gründung (1848) dieser Hilfskasse gingen bis 1888 ein: 308 475 Fr.[5]

1. „Systematische Curse" Laffitte's.

Bei seiner „systematischen" Darlegung theilt Laffitte, indem er an die Auffassung Comte's aus der letzten Zeit seines Lebens anknüpft und dieselbe weiter ausbildet, die ganze Philosophie in „erste", „zweite" und „dritte".

45. Erste, zweite und dritte Philosophie. — Die „erste" und „zweite" Philosophie enthalten das „wissenschaftliche System" (coordination)

---

[1] Robinet, Notice sur l'oeuvre et sur la vie d'Auguste Comte, p. 506.
[2] Ib. p. 631; vgl. 33e Circulaire (1881) p. 2.
[3] Vgl. unsere Schrift: August Comte S. 88 f.
[4] Programm des Curses Laffitte's für 1890/91.
[5] 41e Circulaire (1889) p. 1. 11.

der abstracten, die „dritte" Philosophie das der concreten Vernunft. Abstracte und concrete Vernunft zusammen, die Laffitte gemeinsam theoretische Vernunft nennt, müssen der praktischen Vernunft sowohl in ihrem Ausgangspunkt als in ihrem Ziel untergeordnet sein. Gegenstand der „ersten" Philosophie sind die allgemeinsten Gesetze des Verstandes und der Welt oder die „von der besondern Natur der Phänomene unabhängigen abstracten"[1], allen Ordnungen von Phänomenen gemeinsamen Gesetze; — Gegenstand der „zweiten" die den verschiedenen Ordnungen der Phänomene (Mathematik, Astronomie, Chemie, Biologie, Sociologie, Moral) eigenthümlichen Gesetze; — Gegenstand der „dritten" ist die „allgemeine Theorie der (concreten) Wesen"[2]. Dieselbe zerfällt in die Theorie der Erde, die Theorie der Menschheit und in die Theorie der Industrie.

α. Laffitte über „erste Philosophie".

Die „erste Philosophie" trug Laffitte zuerst (1858) in einem Privatcurs Winstanley vor. Oeffentlich wiederholte er denselben Curs in weiterer Ausführung 1869, 1874 und 1878 in Paris und 1872 in gedrängter Darstellung in London. Von 1878 (September) an erschien der Curs im Druck, zunächst in der Revue Occid. — Gegenwärtig ist Laffitte mit Herausgabe eines zweibändigen Werkes, Cours de philosophie première (Paris, Bouillon) beschäftigt, in welchem er den nämlichen Gegenstand erörtert. Der erste Band ist bereits (1889) erschienen. Derselbe behandelt unter dem Specialtitel Théorie générale de l'entendement die neun ersten Gesetze der „ersten Philosophie"; der zweite wird unter dem Titel Des lois universelles du monde die sechs übrigen Gesetze derselben darlegen.

46. Die 15 Gesetze der „ersten Philosophie", — welche Laffitte in seinem Cours de philosophie première erklärt, lauten nach Comte wie folgt:

Erste, zugleich objective und subjective Gruppe der Gesetze der „ersten Philosophie".

1. [1.] Bilde die einfachste und sympathischste Hypothese, welche die zu berücksichtigenden Elemente der Erfahrung zulassen.

2. [2.] Fasse alle Gesetze, welche die Wesen gemäß den Vorgängen regieren, als unveränderlich auf.

3. [3.] Alle Modificationen der allgemeinen Ordnung beschränken sich auf die Intensität der Phänomene, deren Anordnung selbst unveränderlich bleibt.

---

[1] So definirt Laffitte (Cours de philosophie première. Paris 1889, p. V) die „erste" Philosophie. Weitere Aufschlüsse über dieselbe findet man im Catéchisme positiviste, 2e éd., p. 388, und bei Robinet, Notice, p. 256 ss. — Comte's Anschauungen darüber, welche sich nicht immer völlig gleich blieben, sind angedeutet im Cours de phil. pos. VI. 793 s. (682); im Traité élémentaire de géométrie analytique (1843), chap. 2, p. 58, und besonders im Système de politique pos. IV. p. 173—186. 267.

[2] Cours de phil. prem. I. p. XXXVI.

Zweite, wesentlich subjective, vor allem auf den Verstand bezügliche Gruppe der Gesetze der „ersten Philosophie".

Erste, auf den statischen Zustand des Verstandes bezügliche Untergruppe.

1. [4.] Ordne die subjectiven Constructionen den objectiven Materialien unter.

2. [5.] Die inneren Bilder sind immer weniger lebhaft und scharf als die äußeren Eindrücke.

3. [6.] Jedes normale Bild muß denjenigen gegenüber, welche die Gehirn-Erregung zugleich aufsteigen macht, vorwiegen.

Zweite, auf die dynamische Entwicklung des Verstandes bezügliche Untergruppe.

1. [7.] Jeder Verstand zeigt die Aufeinanderfolge der drei Stadien: des fictiven, abstracten und positiven, hinsichtlich aller Vorstellungen mit einer der Allgemeinheit der bezüglichen Phänomene entsprechenden Schnelligkeit.

2. [8.] Die (menschliche) Thätigkeit ist zuerst kriegerisch, dann defensiv und schließlich industriell.

3. [9.] Die Geselligkeit ist zuerst häuslich, dann bürgerlich und endlich universell, gemäß der besondern Natur eines jeden der drei sympathischen Instincte.

Dritte, wesentlich objective Gruppe der Gesetze der „ersten Philosophie".

Erste Untergruppe.

1. [10.] Jeder statische oder dynamische Zustand hat das Bestreben, von selbst ohne Aenderung fortzudauern, indem er äußeren Störungen Widerstand leistet (Kepler).

2. [11.] Jedes System erhält seine active oder passive Constitution aufrecht, wenn seine Elemente gleichzeitigen Veränderungen ausgesetzt werden, vorausgesetzt, daß letztere streng gemeinsam sind (Galilei).

3. [12.] Es besteht immer Aequivalenz zwischen Reaction und Action, wenn deren Intensität gemäß der Natur eines jeden Conflicts gemessen wird (Huygens, Newton)

Zweite Untergruppe.

1. [13.] Ordne immer die Theorie der Bewegung derjenigen der Existenz (die Dynamik der Statik) unter, indem du jeden Fortschritt als Entfaltung der entsprechenden Ordnung betrachtest, deren Bestandtheile alle zusammen die Veränderungen bedingen, welche die Entfaltung bilden.

2. [14.] Jede positive Eintheilung muß der steigenden oder abnehmenden, sowohl subjectiven als objectiven Allgemeinheit folgen.

3. [15.] Jegliche Mittelstufe muß den beiden Endpunkten in normaler Weise untergeordnet werden, deren Verbindung sie vermittelt."[1]

47. **Einige eigenthümliche Anschauungen, welche Laffitte in seinem Cours de philosophie première vertritt:**

Ueber Materialismus. — Laffitte identificirt die objective Methode im Gegensatz zu der von Comte vertretenen subjectiven einfachhin mit dem Materialismus. Materialismus nennt er die Lehre, welche „unter den äußeren, unserer Beobachtung

---

[1] Wie Comte allmählich auf diese Gesetze kam, darüber gibt Laffitte in Cours de phil. prem. I. 44 ss. Aufschluß.

unterliegenden Phänomenen eines finden wolle, aus dem alle übrigen zu erklären oder auf das alle übrigen zurückzuführen seien"[1]. Er unterscheidet einen concreten und einen abstracten Materialismus[2]. Als Vertreter des erstern führt er an Thales, Anaximander, Anaxagoras, Leucippus und Demokritus; als Vertreter des letztern Pythagoras und besonders Descartes[3]. Der Positivismus und die subjective Synthese erretten das Menschengeschlecht durch die Betonung des sociologischen, moralischen Standpunkts von der Gefahr des Materialismus[4].

Ueber Abstraction. — Die Abstraction, sagt Laffitte, ist ein für die menschliche Entwicklung außerordentlich wichtiger Proceß, der mit der Civilisation voranschreitet[5].

Statische Theorie der Abstraction. — Die großen vorangegangenen Philosophien (Hume, Diderot, Kant) vermochten das objective und das subjective Moment in derselben nicht zu versöhnen, da sie das intellectuelle Organ und seine Functionen nicht kannten. Erst die von Comte verbesserte Gall'sche Gehirntheorie brachte Licht in die Frage[6]. Die Abstraction ist das gemeinsame complicirte Erzeugniß aller unserer intellectuellen Fähigkeiten unter der Leitung des Charakters und des Gefühls[7]. Die concrete Contemplation erhält von einem Ganglien-system die Einzelsensationen der verschiedenen Sinne und setzt dieselben zu einem Gesammtbild zusammen und bewahrt dieses auf[8]. Die abstracte Contempla-tion analysirt die synthetischen Bilder der concreten. Die inductive Methode, das dritte intellectuelle Organ, welches das „Bleibende im Wechsel" auffaßt, bringt die ähnlichen Elemente der zerlegten Wesen zusammen und erzeugt so Abstractionen. Die deductive Meditation endlich, welche „ein Phänomen als in dem andern enthalten" auffaßt[9], enthüllt neue allgemeine Relationen und Gesetze. Die Sprache fixirt die Abstractionen. Alle diese Operationen setzen die ständige Mitwirkung der Beobachtung voraus[10]. Alle geistige Thätigkeit ist nichts anderes als ein intellec-tueller Verdauungsproceß, welcher die durch die Sinne zugeführten Materia-lien verarbeitet[11].

Dynamische Theorie der Abstraction. — „Die fetischistische Menschheit achtete bei ihrer Denkarbeit nur auf die Gefühle (Logik des Gefühls), die polytheistische meditirte hauptsächlich mittelst Bilder (Logik der Bilder), die monotheistische endlich fand die hauptsächlichste Stütze für ihr Denken in den Zeichen (Logik der Zeichen)."[12]

Um die Theorie der Abstraction zu vervollständigen, muß der Sitz derselben bestimmt werden[13]. Diese Concretisirung und Synthetisirung der allgemeinen Vor-stellungen war zu allen Zeiten ein vielumstrittenes Problem. Plato behandelte das-selbe in seiner „Theorie der Ideen"[14]; der Katholicismus suchte es in seiner Lehre vom fleischgewordenen Worte zu lösen[15]. Roscellin, Wilhelm von Champeaux und Abälard verfolgten diese Versuche weiter im Nominalismus, Realismus und Concep-tualismus[16]. Aber nur August Comte war „der Lösung der Aufgabe gewachsen". Dieselbe besteht in der „Incorporation des Fetischismus im Positivis-mus"[17]. Die „positive Trinität", bestehend aus dem Großen Wesen (Mensch-heit), dem Großen Fetisch (Erde) und dem Großen Mittel (Raum), in welcher alles

---

[1] Cours de phil. prem. I. 24.   [2] C. 30.   [3] C. 34.
[4] C. 38 ss.   [5] C. 49 s.   [6] C. 61 ss.   [7] C. 59
[8] C. 65 ss.   [9] C. 18.   [10] C. 65 ss.   [11] C. 62.
[12] C. 69 ss. 78.   [13] C. 89.   [14] C. 91.   [15] C. 94.
[16] C. 102 ss.   [17] C. 106 ss.

als mit Willen belebt, als sympathisirend aufgefaßt wird, ist die Lösung. Mit Zugrundelegung dieser Trinität kann am besten der Raum oder das Große Mittel als
Sitz der Abstraction bezeichnet werden.

Die sonstigen Ausführungen Laffitte's über „erste Philosophie" decken sich so völlig
mit Comte's Ideen, welche unseren Lesern schon bekannt sind, daß wir auf eine eigene
Darlegung derselben verzichten. Auch die eben mitgetheilten Proben verstoßen sehr
gegen die gewöhnlichen Anschauungen über die in denselben besprochenen Punkte. Ein
Recensent der Revue phil.[1] nennt den Positivismus Laffitte's ein „todtes System".

β. Laffitte über „zweite Philosophie".

Aus der „zweiten Philosophie" behandelte Laffitte 1858—1869 die „allgemeine Geschichte der Menschheit"; 1862—1866 und 1877 die „positive Logik",
d. h. Arithmetik, Algebra, Geometrie und Mechanik; 1872 und 1876 die
Sociologie; 1874/75 die Haupttypen der menschlichen Entwicklung; von 1872
ab die theoretische und praktische Moral; 1883 die Biologie; 1889/90 „die
großen Typen der Menschheit", „die moderne Philosophie" (Descartes, hl. Thomas von Aquin, Baco, Leibniz, Hume u. s. w.); 1890/91 „das moderne
Drama" (Shakespeare, Calderon, Corneille, Molière, u. s. w.).

48. Gliederung der „zweiten Philosophie". — Die Auffassung, welche Laffitte von der „zweiten Philosophie" hat, wird durch folgende von ihm selbst herrührende Tabelle veranschaulicht.

Logik oder
Mathematik
1. Arithmetik.
2. Algebra.
3. Niedere Geometrie.
Allgemeine Geometrie
4. Algebraische Geometrie.
5. Differentielle Geometrie.
6. Integral-Geometrie.
7. Allgemeine Mechanik.

Physik
8. Astronomie.
9. Physik im engern Sinne.
10. Chemie.

Moral
11. Biologie.
12. Sociologie (sociale Wissenschaft).
13. Moral im engern Sinne[2].

Von den Cursen, welche Laffitte über „zweite Philosophie" hielt, sind in
den Augen der Schüler Comte's diejenigen über die „Moral im weitern
und im engern Sinn" die wichtigsten. Daher bieten wir im folgenden
einen kurzen Ueberblick über dieselben.

---

[1] Revue phil. 1890. II. 424. — „La philosophie positive", sagt Paulhan
weiter daselbst, „manque quelquefois d'esprit positif, elle paraît manquer quelquefois aussi de philosophie".

[2] Entnommen dem Anhang der Broschüre: Le positivisme au congrès ouvrier.
Paris, Ritti, 1877, p. 160.

aa. (49.) Laffitte über Moral im weitern Sinne.

1. Biologie¹ (Curs 1883/84).

A. Statische Biologie.

I. Biotomie: Theorie der Elemente, der Gewebe, der Organe, des Organismus.

II. Biotaxie: Die vitale Hierarchie oder Reihe.

B. Dynamische Biologie.

I. Theorie der Vegetabilität: Gesetze des Stoffwechsels; Entwicklungs=
gesetze; Fortpflanzungsgesetze.

II. Gesetze der Animalität: Die drei Grundeigenschaften der Animalität
(Irritabilität, Sensibilität, Reaction); die drei Grundgesetze der Animalität (Inter=
mittenz, Gewohnheit, Vervollkommnung); Gesetz der Erbschaft; abstracte Theorie der
Sensation; allgemeine Theorie der Bewegungen; allgemeine Gesetze der Synergieen
und Sympathien.

III. Gesetze der Socialität: Theorie der Gehirnfunctionen; Allgemeines
über thierische Geselligkeit; Theorie der Geselligkeit für die unabhängigen Thiere.

C. Theorie des Mittels.

I. Allgemeine Theorie der Beziehungen des Organismus zum
Mittel: Unterordnung des lebenden Wesens unter das Mittel; das Mittel als
Nahrungselement; das Mittel als Erreger; das Mittel als Regulator.

II. Allgemeine Theorie der vitalen Modificabilität: Modificirende
Thätigkeit im Pflanzenreich; Modificabilität im Thierreich; Theorie der Variations=
grenzen der thierischen Modificabilität; über Biokratie.

Synthetischer Schluß: Allgemeine Theorie der Resultate der Biologie;
Endurtheil (historisches, religiöses Urtheil).

2. Sociologie².

A. Sociale Statik oder Theorie der Ordnung.

Allgemeiner theoretischer Unterbau: 1. Positive Theorie von der
Religion; 2. Theorie des Eigenthums; 3. Allgemeine Theorie des ökonomischen
Gleichgewichts.

I. Positive Theorie der Familie: 1. Allgemeine positive Auffassung
derselben; 2. Normale Beschaffenheit und Entwicklung der Familie.

II. Positive Theorie der menschlichen Sprache.

III. Positive Theorie der socialen Organisation: 1. Theorie der
Regierung; 2. Theorie der geistlichen Gewalt.

IV. Positive Theorie der socialen Existenz und der Stabilität
derselben.

V. Theorie der socialen Modificabilität: 1. Allgemeines Gesetz der=
selben (3. der „ersten Philosophie"); 2. Aus der materiellen und vitalen Ordnung;
3. Aus der sociologischen Ordnung; 4. Aus der individuellen Ordnung (einzelne
große Männer) resultirende Modificabilität.

Schluß: Wichtigkeit der socialen Statik für die Einrichtung einer systematischen
Politik, besonders angesichts der heutigen socialen Schwierigkeiten.

---

¹ Die folgende Uebersicht ist entnommen dem Programme d'un Cours de
Biologie d'après Auguste Comte par M. P. Laffitte. Paris, 10 rue Mons.-le-
Prince. Le 29 Juillet 1883.

² Nach Laffitte's Programm vom Jahre 1882 und 1883. Paris, 10 rue
Mons.-le-Prince.

B. Sociale Dynamik oder Theorie des Fortschritts.

Einleitendes: 1. Allgemeiner Begriff der socialen Dynamik; 2. Subjective Behandlung derselben.

Allgemeiner theoretischer Unterbau: 1. Fetischismus: Abstracte und concrete Theorie desselben.

2. Theokratie: Abstracte und concrete Theorie derselben.

I. Die griechisch=römische Entwicklung: 1. Der intellectuelle griechische; 2. der sociale römische Polytheismus mit ihren culturhistorischen Eigenheiten und Ergebnissen.

II. Die katholisch=feudale Entwicklung in ihren charakteristischen Zügen und Ergebnissen.

III. Allgemeine Theorie der Entwicklung der revolutionären Periode (1300—1789): 1. Erste Phase (1300—1500); 2. Protestantische Phase (1500—1688); 3. Deistische Phase (1688—1789).

IV. Theorie der großen Krisis (1789—1815): Beginn (1789); Höhepunkt (1792) derselben; die rückläufige Bewegung (1794—1815).

Schluß: Versuch der socialen Reorganisation und gegenwärtige Lage: 1. Erste Generation (1815—1848); 2. Zweite Generation (1848—1883). — Abendländische und planetare Politik; Positivistische Entwicklung: Religion der Menschheit.

bb. Laffitte über Moral im engern Sinne.

Der positivistische Ausbau der Moral wurde von den orthodoxen Jüngern Comte's immer als die wichtigste und entscheidendste Aufgabe des Positivismus angesehen. Laffitte wagte sich an diesen Gegenstand erst, nachdem er sich durch viele andere Curse darauf vorbereitet hatte. 1872 hielt er seinen ersten Curs darüber. In den folgenden Jahren behandelte er noch mehrmals die „theoretische" und die „praktische Moral" in getrennten Cursen. Niedergelegt ist seine Lehre über Moral in dem schon citirten, von Antoine herausgegebenen Buche De la morale positive par M. P. Laffitte (Havre, Leclerc, 1879, 219 pp.) und in zahlreichen Artikeln der Revue Occidentale (September 1885 bis Mai 1887). Da Laffitte in seiner Darlegung der Moral sich ganz streng an die uns schon bekannten Gedanken Comte's hält[1], können wir uns darüber kurz fassen.

50. Die theoretische Moral. — Im Curs über theoretische Moral behandelt Laffitte der Reihe nach die Theorie des affectiven[2], des contemplativen[3] und des activen[4] Lebens.

„Der Zweck des menschlichen Lebens ist," so sagt er, „uns zu vervollkommnen, indem wir den nicht zu ändernden Fatalitäten uns unterziehen, um für und durch die Familie, das Vaterland und die Menschheit zu leben." Die Persönlichkeit, d. h. das Zusammenwirken der egoistischen Functionen des Gehirns ist die Grundlage; die Sociabilität, d. h. die Gesammtheit der altruistischen Functionen des Gehirns, die Modification; die Moralität

---

[1] Unsere Schrift: August Comte S. 101 Anm.
[2] Revue Occid. 1885. II. 45 ss.   [3] Ib. 153 ss.
[4] Ib. 321 ss.

endlich die Coordinirung des menschlichen Lebens[1]. Moralität ist „die Ge=
sammtheit der Neigungen (penchants), welche aus der Verbindung namentlich
unserer altruistischen Instincte mit dem Begriffe der individuellen Functionen
(Pflichten) hinsichtlich der Collectivwesen und der anderen Menschen sich er=
geben".[2] „Die unserem affectiven Leben anhaftenden Gewohnheiten und Vor=
urtheile sind namentlich durch die weibliche Einwirkung auf jeden von uns
übertragen. Dies ist der Grund, warum August Comte das Weib die mo=
ralische Providenz unserer Species nannte."[3]

Die Thätigkeit unterscheidet Laffitte in praktische, philosophische und poe=
tische[4]. Die innere Einheit des dreifachen (affectiven, contemplativen und
praktischen) Lebens bildet den „religiösen Zustand des Individuums"[5]. Die
Sanction, deren jede Moral bedarf, ist im Positivismus die Menschheit, das
Große Wesen. Die Grundlage der positivistischen Moral ist Comte's Gehirn=
theorie[6]. Der höchste Richter in moralischen Dingen ist die öffentliche Mei=
nung. Religion und geistliche Gewalt im Sinne Comte's sind nothwendig,
um die Moral und den Cult der Menschheit zur Geltung zu bringen.

Die Moral zerfällt in die persönliche, häusliche, bürgerliche, abendlän=
dische und planetare Moral. Die persönliche besteht in der Läuterung der
egoistischen durch die altruistischen Triebe; die häusliche in der Pflege der
patriotischen und allgemein menschlichen Gefühle unter weiblicher Einwirkung;
die bürgerliche in der Regelung der politischen und socialen Gesellschafts=
ordnung nach den Grundsätzen des Positivismus; die abendländische in
der Regelung des Verhältnisses zwischen den Völkern des Abendlandes; die
planetare endlich in der Regelung der Beziehungen des Abendlandes zu
den übrigen Völkern der Erde nach positivistischen Grundsätzen auf Grund=
lage des ewigen Friedens: L'Amour pour principe, l'Ordre pour base, le
Progrès pour but[7].

51. Die „praktische Moral" oder die „Erziehungslehre"
führt Laffitte vollkommen nach der von Comte hinterlassenen Skizze durch,
indem er die Comte'schen Gedanken über die Erziehung des Menschen in
den sieben von den neun positivistischen Sacramenten[8] umgrenzten Altern
weiter entwickelt.

So handelt er von der Erziehung 1. in der ersten Kindheit (0—7. Jahr);
2. in der zweiten Kindheit (7.—14. Jahr); 3. im Jünglingsalter (14.—21. Jahr);
4. im Jugendalter (21.—28. Jahr); 5. in der Mannheit (28.—42. Jahr);
6. in der Reife (42.—63. Jahr); 7. im Alter der Zurückgezogenheit oder nach
dem Rücktritt von der socialen Function (63. Jahr bis zum Ableben)[9]. Die
positivistische Erziehung erstreckt sich also von der Wiege bis zum Grabe.

---

[1] Ib. 45.   [2] Ib. 64.   [3] Ib. 76.   [4] Ib. 321.   [5] Ib. 362.
[6] Vgl. unsere Schrift: August Comte, Tabelle zu S. 109.
[7] Vgl. De la morale positive. Havre 1880.
[8] Vgl. unsere Schrift: August Comte S. 105 f.
[9] Revue Occid. 1885 Nov., p. 373 ss.

Sie faßt den einzelnen als Product der Menschheit auf und will den ganzen Menschen nach all seinen Beziehungen erfassen. Sie geht von den biologischen und socialen Bedingungen des Menschen in den einzelnen Altersstufen aus und sucht gemäß denselben die normale positivistische Entwicklung desselben zu regeln, indem sie sein religiöses (affectives, contemplatives und actives) Leben pflegt. Sie berücksichtigt sowohl die physische als die moralische und geistige Seite des Menschen. Sie gibt Vorschriften über Hygiene, Pflichten und das Maß der zu erwerbenden Kenntnisse für die einzelnen Alter und socialen Functionen. Sie will die vollkommene allgemeine Harmonie des menschlichen Lebens in all seinen Beziehungen unter der obersten Leitung des positivistischen Priesterthums herbeiführen.

γ. Laffitte über „dritte Philosophie".

52. Seine Curse über „dritte Philosophie" hielt Laffitte 1886—1889.

Die „dritte Philosophie" ist größtentheils eigene Schöpfung Laffitte's. Bei Comte finden sich über dieselbe nur einige, noch dazu schwankende Andeutungen[1]. Die Nothwendigkeit der „dritten Philosophie" begründet Laffitte mit den Worten Comte's (Synth. subj. p. 6): „Damit die subjective Synthese in Wahrheit vollständig sei, muß die concrete und die abstracte Ordnung gleicherweise auf die Menschheit hinbezogen werden, welche beide in sich zusammenfaßt." Dies Problem, wie Comte es that, bloß durch den Cult zu lösen, genügt nicht. Es muß auch philosophisch und wissenschaftlich gelöst werden. Und dies geschieht in der „dritten Philosophie"[2].

---

[1] Laffitte sagt selbst hierüber: „Ich zögerte lange, die dritte Philosophie in Angriff zu nehmen, da Comte selbst schließlich diese Systematisation, abgesehen von der Theorie der Industrie, als unmöglich und unnütz erklärt hatte. Ich bin indes überzeugt, daß ihn der Verlauf seiner weiteren Arbeiten von dieser Anschauung wieder abgebracht hätte und daß sein Geist in dieser Hinsicht in einem schwankenden Zustand sich befand und schließlich in der Aufstellung der dritten Philosophie das Gleichgewicht gefunden hätte . . . Erlaubt mir mein Alter, diese Arbeit noch zu Ende zu führen und den Curs der ersten Philosophie vollständig der Oeffentlichkeit zu übergeben, so wird der Positivismus bei meinem Tode sich dem Publikum als die umfassendste geistige Systematisation darstellen, welche die Geschichte der Menschheit aufweist, — eine Systematisation, welche mit der überaus großen Complication unserer Species heutigen Tags völlig im Einklang ist. Was die Größe dieser Lehre (Positivismus) ausmacht, ist gerade die unvergleichliche wissenschaftliche Biederkeit Comte's, der, anstatt unmittelbar Probleme in Angriff zu nehmen, welche das Publikum leidenschaftlich beschäftigten und deren wenn auch unvollkommene Lösung ihm einen großen Tageserfolg eingetragen hätte, im Gegentheil den langsamen und schweren Weg vom Einfachen zum Zusammengesetzten einschlug. Inmitten der eitlen Strebungen seiner Zeit hat er die Grundlagen zum Gebäude gelegt, das die Menschheit während ihrer ganzen übrigen Dauer beherbergen wird. Von 1822 bis 1857 arbeitete er ohne Unterlaß an diesem ungeheuern Werk, welches jetzt endlich durch den Aufbau der dritten Philosophie seinen Abschluß findet." Vgl. 38e Circulaire (1886) p. 3.   [2] 39e Circulaire (1887) p. 2.

Die „dritte Philosophie" ist nach Laffitte „die allgemeine Theorie der verschiedenen Wesen, welche auf Grund der Gesetze, die den verschiedenen übereinander sich aufbauenden Ordnungen der Phänomene eigen sind, auf den Dienst der Menschheit hin geordnet werden muß."[1] Sie hat zwei grundlegende Theile: die Theorie der Erde, als des Sitzes der Menschheit, und die Theorie der Menschheit, d. h. der verschiedenen socialen Gruppen, welche auf der Oberfläche der Erde entstanden, mit ihrer Tendenz, die Einheit des Menschengeschlechts zu bilden. Diese beiden Theorien sind aber nur der Unterbau in dem Gebäude der „dritten Philosophie", welche zum Zwecke hat, den Uebergang vom Abstracten zum Concreten oder von der Theorie zur Praxis herzustellen. Der dritte Theil der „dritten Philosophie" besteht also in der allgemeinen Theorie der Industrie oder in der systematischen Einwirkung der Menschheit auf den Planeten[2].

Allgemeiner Plan der „dritten Philosophie" Laffitte's[3].

A. Theorie der Erde. 1886/87.

I. Theorie des Erdkörpers: Geologie, Meteorologie, Astrologie.

II. Theorie der lebenden Wesen auf der Erde: Theorie des Pflanzen- und des Thierreichs.

III. Allgemeine Theorie des Gleichgewichts der gesammten Thätigkeit der Erde.

B. Theorie der Menschheit. 1887/88.

I. Theorie der Nationen: 1. Allgemeine Theorie der abendländischen Republik; 2. Theorie der einzelnen Bestandtheile der abendländischen Republik: Theorie Frankreichs; Theorie der Gruppe erster Incorporation (Frankreich, Spanien, Italien), Theorie der Gruppe zweiter Incorporation (England und Deutschland); 3. Theorie Rußlands; 4. Allgemeine Theorie der islamitischen Entwicklung; 5. Augenblickliche Lage des Islams (Theorie der Türkei, Arabiens, Persiens, Aegyptens u. s. w.); 6. Allgemeine Theorie der polytheistischen Nationen (Theorie Indiens und der buddhistischen Nationen); 7. Allgemeine Theorie der chinesischen Civilisation; 8. Entwicklung der chinesischen Civilisation (1. Phase: 2500 v. Chr. bis 200 v. Chr.; 2. Phase: 200 v. Chr. bis auf die Gegenwart); 9. Theorie der japanesischen Civilisation; 13. Theorie der fetischistischen Nationen (in Afrika und Oceanien); 14. Ueber die Colonisation Amerika's (Nord- und Süd-Amerika).

II. Theorie der Rassen: 1. Allgemeine Theorie der Rassen; 2. Theorie der kosmologischen Rassen (insofern sie durch physische Factoren, namentlich klimatische Verhältnisse, herbeigeführte Unterscheidungsmerkmale betreffen); 8. Theorie der sociologischen Rassen (insofern die Unterschiede von socialen, ethnologischen Momenten, namentlich von den religiösen Anschauungen, herrühren). Vortheile und Nachtheile der Rassenmischungen.

---

[1] „La philosophie troisième est la théorie générale des divers êtres qui en s'appuyant sur les lois relatives aux divers ordres successifs de phénomènes doit être coordonnée pour le service de l'humanité." Revue Occid. 1880 (Juillet) p. 95.   [2] Cours de phil. première I. p. XXXVI.

[3] Nach den Programmen der Curse, welche Revue Occid. 1880. II. 116 ss. 406 ss. und 1887. II. 370 ss. abgedruckt und auch in Separatausgaben (10 rue Mons.-le-Prince) erschienen sind.

III. Theorie der Individualitäten: 1. Theorie der großen Männer und ausnahmsweise veranlagten Familien (Rolle derselben; Bedingungen ihrer Hervorbringung); 2. Theorie der tiefer stehenden Individualitäten (katholische, revolutionäre, positive Auffassung derselben).

Synthetische Schlußfolgerungen: Zusammenfassung der Resultate; Nothwendigkeit einer rationellen Politik.

C. Theorie der Industrie[1]. 1888/89.

I Grundlegendes: Geistliche und weltliche Organisation der positiven Industrie; Functionen des positivistischen Priesterthums im ökonomischen Leben, bei Strikes, bei der Organisation von collectiven Operationen u. s. w.; Organisation der „Vaterländer" und industrielle Hierarchie (positivistisches Patriciat und Proletariat) u. s. w.

II. Theorie der industriellen Thätigkeiten: Geometrische, mechanische, astronomische, physische, chemische, biologisch-pflanzliche, biologisch-thierische Thätigkeit.

III. Theorie der industriellen Künste: Landwirthschaft, Gewerbe, Handel, Bankwesen, Gleichgewicht und Schwankungen des Wirthschaftssystems.

Schluß: Allgemeine Betrachtungen über die Hierarchie der industriellen Künste, die Wechselbeziehung zwischen der Industrie einerseits und dem allgemeinen Entwicklungszustand der Menschheit andererseits.

53. Der Erfolg der Curse Laffitte's — ist nach den Berichten der Revue Occid. und den Angaben der jährlichen Circulare seit 1878 im Zunehmen begriffen. Seit 1880 wurden dieselben im Amphithéâtre Gerson[2] und nach Zerstörung desselben (1888) im größten Saale des Collège de France abgehalten, welchen der Director des Collège, Renan, und der Director des höhern Lehrwesens, Liard, bereitwilligst zu diesem Zweck zur Verfügung stellten[3]. Für die steigende Beachtung, welche Laffitte's Curse in Frankreich finden, ist ein Bericht bezeichnend, welchen Compayré, Professor der Philosophie in Toulouse und selbst Verfasser mehrerer philosophischer Werke und verbreiteter Handbücher der Laienmoral, über die Eröffnung des letzten Curses in der République française (11. November 1889) veröffentlichte. In diesem Berichte heißt es unter anderem:

„Herr Laffitte hat gestern um 3 Uhr seinen öffentlichen Philosophie-Curs wieder aufgenommen. Nach dieser ersten Sitzung zu urtheilen, wird diese Laien-Vesper des Positivismus in diesem Jahre besuchter werden als je. Die zahlreiche Zuhörerschaft, die sich einfindet, bezeigt eine sympathische, ergreifende Aufmerksamkeit oder besser gesagt eine Sammlung, welche etwas Religiöses an sich hat. Man sieht sofort, daß der Redner eine große Macht über sein Publikum ausübt . . . Wir brauchen nicht zu bemerken, daß wir uns über den wachsenden Erfolg der Lehrthätigkeit Laffitte's freuen. Die Eröffnung eines Curses von ihm ist auf dem linken Seine-Ufer, in dem

---

[1] Comte hatte selbst vor, diesen Gegenstand im dritten Band der Synthèse subjective ausführlich darzulegen (vgl. Syst. de pol. pos. IV. 512 und Synthèse subjective p. V). Er betrachtete das Système de l'Industrie positive (vol. III) welches 1861 erscheinen sollte, neben dem Système de logique positive (vol. I) und dem Système de morale positive (vol. II) sogar als dritten Haupttheil seiner Philosophie in ihrer endgiltigen Gestaltung.

[2] 33° Circulaire (1881) p. 3.   [3] 41° Circulaire (1889) p. 3.

Quartier von Paris, das in gewissem Maße, wie es im Mittelalter war, die civitas philosophorum geblieben ist, ein wahres Ereigniß geworden. Hierüber wird sich keiner wundern, der einerseits Laffitte, seine erstaunliche Gelehrsamkeit, seine durch so viele Jahre hindurch bewiesene Treue gegen die Philosophie Comte's kennt und andererseits Gelegenheit hatte, seine außerordentliche Denkkraft zu würdigen, welche, obgleich im Dienste eines leidenschaftlichen Cultes für den Schöpfer der positiven Philosophie, immer neu und originell ist. Abgesehen von aller Meinungsverschiedenheit, glauben wir nicht, daß gegenwärtig in Frankreich ein Curs abgehalten wird, welcher anziehender und bemerkenswerther wäre, als die Vorträge dieses ebenso tiefsinnigen als bescheidenen Gelehrten, der anspruchs- los, ohne oratorischen Prunk, einfach, in völliger Aufrichtigkeit auseinandersetzt, was er weiß, was er für wahr hält, und den Zuhörern das seltene Vergnügen gewährt, einen Mann zu vernehmen, der laut denkt... Die Blätter meldeten jüngst, daß der Pariser Gemeinderath auf die Idee zurückkam, Curse des höhern populären Volks- unterrichts ins Leben zu rufen, eine Art freier, städtischer Sorbonne. Was die Philosophie betrifft, so ist Herr Laffitte der Ausführung dieses Planes durch eine Initiative, die ihm zur Ehre gereicht, zuvorgekommen. Dafür werden ihm alle jene dankbar sein, welche der Ansicht sind, daß der philosophische Unterricht sich nicht bloß auf einige officielle Lehrstühle für Lehramts-Candidaten beschränken, sondern daß das Volk an demselben theilhaben müsse, um daraus die Prin- cipien des politischen Glaubens und die Normen des Privatlebens zu schöpfen."[1]

Aus dieser Besprechung ist zugleich ersichtlich, daß der orthodoxe Positivismus (seit 1878) sich auch mehr und mehr der Unterstützung einflußreicher republikanischer Parteien erfreut. Im übrigen wird der Leser an der Hand des von uns Mitgetheilten, ohne daß wir ihn darauf hinweisen, von selbst gewahren, daß das Urtheil Compayré's kein völlig unparteiisches ist.

2. Sonstige mündliche Lehrthätigkeit der französischen Gruppe.

54. Das „religiöse Apostolat". — August Comte hatte in seinen Werken und in seinem Testamente eine doppelte Organisation zur Ausbreitung des Positivismus vorgesehen: die mehr weltliche, „praktische" Société posi- tiviste mit Schreiner Magnin an der Spitze, und das mehr geistliche, „theo- retische" „Positive Comité" mit dem Hohenpriester der Menschheit als Haupt[2]. Letzteres trat indes, abgesehen von einem Versuch, welchen Laffitte 1884 in dieser Richtung machte[3], niemals so recht ins Leben. Dagegen war die fran- zösische Gruppe recht rührig, in mannigfachen anderen Veranstaltungen für die neue Heilslehre Propaganda zu machen.

---

[1] Revue Occid. 1890. I. 38 ss.
[2] Zu Mitgliedern dieses Comité's ernannte Comte selbst: Laffitte, Magnin, Habern, Deullin und Lonchampt für Frankreich; Graf van Limburg-Stirum für Holland; José Flórez für Spanien; Baron von Ribbentrop für Preußen; Congreve, Edger und John Fisher für England. Vgl. Test. p. 20; Robinet, Notice, p. 574.   [3] 37ᵉ Circulaire (1885) p. 10, und 38ᵉ Circulaire (1886) p. 1.

„Jeder wahrhaft überzeugte Positivist", so erklärt Laffitte [1], „muß sich als wirklichen Theilnehmer am religiösen Apostolate betrachten. Demgemäß muß er neben dem beständigen Bestreben, sein eigenes Leben nach seinen Ueberzeugungen einzurichten, soviel es seine Stellung erlaubt, bemüht sein, in seiner Umgebung Propaganda zu machen. Diese unablässige, beharrliche persönliche Einwirkung ist die wahrhaft normale Weise religiöser und philosophischer Propaganda; denn abgesehen von der Continuität der Einwirkung ist diese Art von Propaganda ebenso wirksam für denjenigen, der sie ausübt, als für denjenigen, an welchem sie ausgeübt wird. Jede wiedergeborene oder im Stadium der Wiedergeburt befindliche Seele, jeder wahrhafte Gläubige wird da um so mehr eine erhabene sociale und moralische Bestimmung finden, als er sicher sein kann, daß seine Bemühungen nie verloren sind. Diese Thätigkeit hat nichts Geräuschvolles, aber sie hat eine gewisse Wirksamkeit, wenn sie auch nichts anderes als ein vages Bekanntwerden des Positivismus und die Zerstreuung der Vorurtheile gegen denselben bewirkte. Jeder wird in diesem Apostolat einen Trost schöpfen aus der Gewißheit, so zur langsamen, aber sichern Einführung der Endreligion beizutragen." Die positivistischen Vereine, so drückt sich Laffitte an anderer Stelle [2] aus, sollen „die Elemente der geistlichen Gewalt in der Uebergangsperiode" sein; sie sollen für die positivistische Civilisation dasselbe werden, was die Benediktiner-Klöster für die christliche im Mittelalter waren.

In der That sind die orthodoxen Positivisten unter Führung Laffitte's, der auch in dieser Art von Thätigkeit den meisten Eifer entwickelt, unermüdlich sowohl in Paris als in ganz Frankreich durch Vorträge, Katechesen und Conferenzen für die neue Religion thätig. Laffitte nennt seine diesbezüglichen Veranstaltungen ein „System von Missionen" zur Ausbreitung der „frohen Botschaft" [3].

55. **Positivistische Arbeitervereine.** Der Société positiviste stehen noch andere Hilfsvereine zur Seite, deren hauptsächlichster der Cercle positiviste d'ouvriers ist.

Zweck dieses Vereins, zu welchem nur Arbeiter (Proletarier) zugelassen werden, ist gemäß den im Jahre 1885 endgiltig festgestellten Statuten: 1. die Mitglieder des Vereins über alle sie interessirenden Vorgänge und Bestrebungen auf dem Gebiete der Arbeiterfrage zu unterrichten; 2. die positivistische Lösung der aufgeworfenen Fragen festzustellen; 3. diese Lösung auf jede Weise durch Circulare, Broschüren, Maueranschläge, öffentliche Aufrufe, Petitionen, Conferenzen, Zuschriften an Tagesblätter, Beschickung von Arbeiter-Congressen und -Versammlungen u. s. w. zur Geltung zu bringen. — Aufnahmebedingungen dieses Vereins sind: Emancipation von der Theologie (also völliger Unglaube), Annahme der positivistischen socialen Grundlehren (der Reichthum ist social in seiner Quelle und Bestimmung; die Löhnung hat nicht den Charakter der Bezahlung der Arbeit; die sociale Reform muß in erster Linie durch Umformung der Meinungen und Sitten angebahnt werden) [4].

---

[1] 26e Circulaire (1874) p. 2.   [2] 34e Circulaire (1882) p. 17. 18.
[3] 36e Circulaire (1884) p. 5, und 39e Circulaire (1887) p. 3.
[4] Revue Occid. 1885. II. 401 ss.; vgl. 31e Circulaire (1879) p. 6.

Auch dieser positivistische Arbeiterverein ist, trotzdem er nur etwa 50 Mit=
glieder zählt, sehr thätig. Derselbe erstrebt eine friedliche Lösung der socialen
Frage nach den Recepten der „Positiven Politik" Comte's. Er will nicht Ab=
schaffung des Eigenthumsrechts gleich den Communisten, sondern Anerkennung
der socialen Bestimmung alles Reichthums. Wie jeder Mensch, so müsse sich
auch der Kapitalist als Organ der Menschheit, als öffentlichen Functionär
betrachten und seinen Reichthum gewissenhaft zum allgemeinen Besten ver=
wenden. Das liberale Manchesterthum sei „nur eine gelehrte Formulirung
des plutokratischen Egoismus, die heuchlerische und sophistische Sanction der
Unterdrückung der Schwachen durch die Starken"[1] u. s. w.

Aus dem Schoße des positivistischen Arbeitervereins heraus consti=
tuirte sich 1879 der Cercle des études sociales et professionnelles
des cuisiniers de Paris unter der Devise „Ordnung und Fort=
schritt" als eigener Zweigverein. Da „die Köche in Paris einen sehr
bedeutsamen und hervorragenden Berufsstand darstellen" — man denke
nur an den hochbesoldeten Koch Gambetta's —, mißt Laffitte der Grün=
dung dieses Vereins große Bedeutung bei[2]. Als Zweck stellten sich die
Mitglieder dieses neuen Zweigvereins: „Ihre künftige professio=
nelle und sociale Thätigkeit auf eine eingehendere Kennt=
niß der menschlichen Beziehungen zu stützen."[3]

Die bedeutsamste Wirksamkeit nach außen entfaltete der positivistische
Arbeiterverein durch Beschickung verschiedener Arbeiter=Congresse und =Versamm=
lungen. So wurden z. B. beschickt 1869 der Arbeitercongreß in Basel, 1876
der in Paris, 1878 der in Lyon, 1879 der in Marseille u. s. w. Die Rede,
welche Isidore Finance, der fähigste Vertreter des positivistischen Proletariats,
auf dem Congreß von Paris (1876) gegen Cooperationsgenossenschaften hielt,
wurde in der Pariser Presse als die hervorragendste anerkannt, welche über=
haupt auf diesem Congresse gehalten wurde[4]. Diese, wie zwei andere positi=
vistische Reden, welche für den Congreß vorbereitet waren, wurden in einer
eigenen Broschüre[5] veröffentlicht. Auch in Freidenkervereinen traten schon

---

[1] Vgl. Laffitte, Le Positivisme et l'Économie pol. Paris, Ritti. 3e éd.
1876, p. 16. 74 ss., und Revue Occid. 1885. I. 254.

[2] 32e Circulaire (1880) p. 7 s.   [3] 34e Circulaire (1882) p. 11.

[4] Eine Reihe von Preßstimmen, welche dies bestätigen, sind im 29e Circulaire
(1877) p. 12 ss. zusammengestellt.

[5] Le positivisme au congrès ouvrier. Discours des citoyens Laporte, Magnin
et Finance. Paris, Ritti, 1877, 156 pp. — Andere positivistische Publikationen
über die sociale Frage sind: Rapport sur la question du travail, par M. Fabien
Magnin, 1848; Lettres sur la grève des Ouvriers en bâtiment à Londres, par
le même, 1862; La grève des Charbonniers d'Anzin en 1866, Ritti; Rapport
sur le congrès de Bâle, par Mollin, 1870; De la stabilité de l'équilibre éco-
nomique, 1873; Simples réflexions à propos de l'impôt, par Félix, 1876; La
dernière incarnation d'Hausmann, par Sémérie, 1876; Congrès ouvrier de Mar-

Delegirte des positivistischen Arbeitervereins auf. Daß ihre Stimme nicht als ganz bedeutungslos auf denselben angesehen wird, beweist der Umstand, daß ihre Referate (z. B. 1884) in den gedruckten Bericht aufgenommen wurden.

Daß der positivistische Arbeiterverein trotz der geringen Zahl seiner Mitglieder nicht ohne Einfluß ist, zeigt am besten der Antheil, welchen der Bau-Zeichner Is. Finance, der Präsident desselben, und der Setzer August Keuffer, sein Vicepräsident, an den Arbeiten des vom Handels-minister Jules Roche einberufenen Conseil supérieur du travail nehmen. Finance wurde zum Berichterstatter der Schiedsgerichts-Commission er-wählt, und seine Anträge wurden sämmtlich angenommen. Vom provi-sorischen Berichte Keuffers in der Subcommission des Office du travail meldete die Estaffette vom 23. Februar 1891, daß derselbe nach ein-stimmigem Urtheile aller Mitglieder der Commission in jeder Beziehung bemerkenswerth war und die darin gestellten Anträge, abgesehen von einigen Einzelheiten, angenommen wurden[1].

Der positivistische Arbeiterverein unterhält auch eine positivistische Leihbibliothek, deren Zusammensetzung dem von Comte selbst auf-gestellten Bücherkataloge[2] entspricht. Der maßgebende Gesichtspunkt für die Auswahl der Bücher ist nach Comte, daß dieselben eine möglichst voll-ständige Uebersicht bieten über — die menschliche Entwicklung „von Homer bis Gall und Comte".

Aehnliche Vereine, wie sie in Paris bestehen, suchte man auch wieder-holt in anderen Städten Frankreichs (z. B. in Bordeaux, Versailles) zu begründen. Jedoch scheint außer dem Pariser Verein nur der in Havre dauernden Bestand gehabt zu haben.

II. Pflege des Cultes.

Laffitte spricht in seinen Circularen wiederholt das Bedauern aus, daß unglücklicherweise die systematische Einrichtung des Cultes noch un-

---

seille. Programme et lettres adressées aux organisateurs, par F. Magnin, 1879; Des chambres syndicales ouvrières et des associations coopératives, 1879; Du marchandage ou travail à la pièce, par E. Laporte; Du travail à la minute, par Is. Finance, 1879: Le projet Dufaure sur le droit d'association, par J. B. Fou-cart, 1880; De la fonction industrielle de la femme, par P. Foucart, 1881; La question des loyers, par Robinet, 1882; De la participation des Associations ouvrières dans les entreprises des travaux publics, par Jeannolle, 1882.

[1] Revue Occid. 1891. I. 250.

[2] Dieser Katalog (Bibliothèque positiviste du 19e siècle) ist abgedruckt bei Robinet, Notice, p. 457 ss.; vgl. auch ib. p. 643 und 21e Circulaire (1869) p. 1.

möglich sei[1]. Indeß unterläßt er nichts von dem, was in seinen Kräften steht. Der Kern des ganzen Privatcultes besteht nach Comte darin, daß durch Einwirkung „würdiger Frauen", welche ja nach dem Philosophen die besten Personificationen der Menschheit sind, die affectiven Seiten entfaltet werden[2].

56. **Positivistische „Sacramente".** — Der Empfang der positivistischen „Sacramente" scheint nach Ausweis der Circulare Laffitte's nicht sehr in Blüte zu stehen. Doch kommen vereinzelte Fälle hiervon noch immer vor. Diese Sacramentsspendungen sind mit einer gewissen Feierlichkeit verbunden. Der Empfänger muß hierbei geloben, den entsprechenden Verpflichtungen der praktischen Moral treu nachzukommen[3].

57. **Feste.** — Von Festen wird seit Comte's Tod das Fest der Menschheit und der Todestag Comte's gefeiert. 1880 führte Laffitte noch das Fest Mohammeds ein. Er begründet dies damit, daß die islamitische Religion und Civilisation und unser Verhältniß zur islamitischen Welt verkannt werde[4]. Zur Verherrlichung des positivistischen Cultes wird auch bereits die Musik und die Dichtkunst herbeigezogen. So kommt bei den positivistischen Festlichkeiten beispielsweise zur Aufführung: „Ordnung und Fortschritt", vierhändiger feierlicher Marsch, dem Andenken August Comte's gewidmet von A. M. Auzende; — „Anrufung der Menschheit", von demselben Componisten; — „Gebet zum Schicksal" (Text von Clothilde de Vaux) von Segond u. s. w.[5]

---

[1] Vgl. 26° Circulaire (1874) p. 1 etc. — Namentlich empfindet Laffitte den Abgang eines geeigneten Cultlocals, zu dessen Beschaffung die positivistischen Hilfsmittel noch nicht ausreichten. Indeß hat er gute Hoffnungen. Die „republikanische Entwicklung Frankreichs", so schreibt er, „wird zweifelsohne bald katholische Cultlocale disponibel machen. Für diesen Fall habe ich vor, gemäß der Auseinandersetzung Comte's (Syst. de pol. pos. IV. 407) von der republikanischen Regierung eines dieser Locale zu verlangen. Eine solche Forderung ist, wenn sie entsprechend begründet und zu günstiger Zeit vorgebracht wird, ganz danach angethan, Berücksichtigung zu finden." 84° Circulaire (1882) p. 4. — In der That hat ja die französische Regierung bereits einen katholischen Tempel (Panthéon) ganz im positivistischen Sinne als Begräbnißstätte großer Männer seiner kirchlichen Bestimmung entzogen. In Antoine's schon angeführter Biographie Laffitte's wird (S. 49) erzählt, Laffitte habe wirklich, um „die Feier des Cultes großer Männer", diese „unentbehrliche Vorbedingung des Endcultes, zu beschleunigen", von der Republik das Pantheon gefordert, „dessen normale Bestimmung durch die auf folgende Weise modificirte Devise gekennzeichnet sei: Aux grands hommes, L'Humanité reconnaissante".

[2] Vgl. unsere Schrift: August Comte S. 104 ff. 94 ff.; 29° Circulaire (1877) p. 1.

[3] Vgl. Présentation 22° Circulaire p. 12; 28° Circulaire p. 2; Initiation 16° Circulaire p. 4: Aspirant au Sacerdoce 17° Circulaire p. 2; Admission 34° Circulaire p. 3; Mariage 27° Circulaire p. 2; Incorporation 22° Circulaire p. 10.

[4] 33° Circulaire (1881) p. 18.

[5] Revue Occid. 1888 Juillet: 1889 Mars (Anhang); etc.

Daneben werden aber auch Stücke von Mozart, Haydn, Händel u. a. aufgeführt und Stellen aus Aeschylus, Homer, Dante u. s. w. vorgetragen[1].

58. **Wallfahrten. Positivistische Feier des Centenars der Revolution.** — Besondere Sorgfalt wenden die Positivisten ihren Wallfahrten zu. Unter diesen Wallfahrten, welche „sympathische Feiern der Vergangenheit" sein sollen, steht noch immer die Pariser Wallfahrt zu den positivistischen Heiligthümern, Wohnung und Grab Comte's, obenan. „Diese Wallfahrt", sagt Laffitte, „soll jeder wahre Gläubige wenigstens einmal in seinem Leben machen."[2]

Als Musterwallfahrt dieser Art kann diejenige gelten, welche letztes Jahr anläßlich der Pariser Weltausstellung zur Feier des Todestages Comte's (5. September) gemeinsam von den Londoner und Pariser Positivisten veranstaltet wurde. Zunächst hielten englische und französische Positivisten auf dem Friedhofe Père Lachaise an den bezüglichen Gräbern Reden auf Comte, Magnin, Madame Robinet (Frau des Leibarztes von Comte) und Clothilde de Vaux. Hierauf wurde im Sterbehause Comte's (10 Monsieur-le-Prince) eine Andacht abgehalten. Laffitte forderte auf, sich mit der Menschheit (Großes Wesen) und Erde (Großer Fetisch) in sympathische Beziehung zu setzen, und richtete dann eine Anrufung an die positivistischen Cultobjecte. Darauf folgte eine „religiöse Ansprache", deren Thema war: „Die französische Revolution und der Positivismus".

Die Revolution, so führte Laffitte aus, leitete eine neue Aera ein. Diese mußte aber nothwendigerweise wegen der Unzulänglichkeit der metaphysischen Philosophie, welche ihr zu Grunde gelegt wurde, lückenhaft bleiben. Der Positivismus muß eintreten, um die wesentlichen Resultate der epochemachenden Entwicklung, welche 1789 begann, zu consolidiren. „Er consolidirt sie, indem er die endgiltige Ausscheidung des Theologismus und der revolutionären Metaphysik begründet. Er scheidet den Theologismus aus der politischen Ordnung aus, indem er Gott auf eine rein private, persönliche Function zurückführt. Er besiegelt auch die endgiltige Ausscheidung des Königthums. Der revolutionären Anarchie gegenüber betont er die Nothwendigkeit einer starken, wenn auch namentlich durch die Einwirkung der geistigen Freiheit entsprechend überwachten Centralgewalt." Das goldene Zeitalter bricht mit der Herrschaft der allgemeinen wissenschaftlichen Religion des Positivismus an.

Darauf wurde noch eine Rede Frederic Harrisons, des ersten englischen Positivisten, vorgelesen, der verhindert war, persönlich zu erscheinen. Diese Rede gipfelte in der positivistischen Devise: Ordnung und Fortschritt[3]. — Bei der vorausgegangenen positivistischen Wallfahrt nach Marseille hatte Dr. med. P. Dubuisson die „Formel der Feinde Gottes": Trennung von

---

[1] 41° Circulaire (1889) p. 2.   [2] 27° Circulaire (1875) p. 7.
[3] Revue Occid. 1889. II. 404 ss.

Kirche und Staat, auch als positivistische Losung erklärt. Diese August Comte entlehnte Formel sage alles[1].

Gewöhnliche Wallfahrten. — Um dem Leser eine Vorstellung von sonstigen positivistischen Wallfahrten zu geben, theilen wir beispielsweise das Wallfahrtenprogramm für 1888 mit: Sonntag, 6. Mai: Besuch des ägyptischen, assyrischen und jüdischen Museums im Louvre; Sonntag, 3. Juni: Besuch des griechisch-römischen Museums; Sonntag, 1. Juli: Besuch von Notre-Dame, der Ste.-Chapelle, des Palastes St.-Louis; Sonntag, 5. August: Besuch der Ruinen der Abtei du Val in Mériel; Sonntag, 7. October: Besuch des Rittersaales im Artillerie-Museum. Bei diesen gemeinsamen Besuchen denkwürdiger Orte oder archäologischer Sammlungen wird eine erklärende Rede gehalten, deren Zweck es ist, „das sociale Gefühl der Continuität" zu entwickeln[2]. Außerdem wird den Positivisten empfohlen, daß sie einzeln denkwürdige Orte verständnißvoll besuchen, z. B. Häuser, in welchen große Männer gewohnt haben.

59. Gedächtnißfeiern. — Auch in Veranstaltung von Gedächtnißfeiern großer Männer erweisen sich die Positivisten sehr rührig. So war Laffitte Präsident des vorbereitenden Comité's und Festredner für die Feier des 100. Todestages Diderots (27. Juli 1884)[3]. Er hielt auf Einladung des Präfecten und der Municipalität von Cahors, dem Geburtsort Gambetta's, eine der Festreden bei der Enthüllung der Statue Gambetta's, während die andere vom Minister-Präsidenten Jules Ferry gehalten wurde[4]. Desgleichen betheiligten sich die Positivisten an der Spinoza-Feier im Haag (1876), an der Feier Turgots (1881), Condorcets (1888) und Dantons (1888)[5]. Mit ganz besonderem Eifer aber betreiben sie positivistische Feiern für Johanna von Arc. Comte, behaupten sie, habe zuerst (1846) einen abendländischen Cult für Johanna von Arc verlangt, noch bevor die katholische Kirche sich mit ihrer Seligsprechung befaßt hätte[6].

---

[1] Ib. 381 s. — Wir führen diese Aeußerungen auch deshalb an, weil sie geeignet sind, auf jüngste Vorgänge in Brasilien Licht zu werfen.

[2] 41e Circulaire (1889) p. 2.

[3] Seine Rede erschien im Druck unter dem Titel: Célébration du Centénaire de Diderot au Palais du Trocadéro. Paris 1884, 10 rue Mons.-le-Prince. Diderot wird in dieser Rede als Vorläufer Comte's gefeiert. Im 28e Circulaire (1876) p. 3 nennt ihn Laffitte den „intermédiaire capital entre Descartes et Auguste Comte". Diese Bedeutung Diderots führt Laffitte auch in Revue Occid. 1884. I. 103 ss. aus.

[4] Revue Occid. 1884 (Juillet) 108 ss. — Die Positivisten traten immer warm für Gambetta ein, weil derselbe öffentlich sich zu Comte bekannt und dessen Formel, daß der wahre Fortschritt „nur die Entfaltung der Ordnung sei", angenommen hatte. Nächst Gambetta brachten sie Jules Ferry die meisten Sympathien entgegen, weil dieser ihnen noch am meisten einen geordneten positivistischen Fortschritt zu vertreten schien. Vgl. Revue Occid. 1889. I. 100. 136.

[5] Bei letzterer Feier hielt Robinet, der über Danton zwei Bücher schrieb (Le Procès des Dantonnistes und Danton, mémoire sur sa vie privée), eine Rede.

[6] Revue Occid. 1889. I. 389.

„Beim historischen Cult großer Männer", so bemerkt Laffitte, „tritt der Einfluß des Positivismus im öffentlichen Leben ganz besonders hervor. Der große Gedanke Comte's bei Aufstellung seines historischen Kalenders bricht sich also doch allmählich Bahn. Dessenungeachtet bedürfen wir einer unerschütterlichen Ausdauer; denn der Positivismus wird nicht gewaltsam wie ein Donnerschlag in die Welt eindringen, sondern vielmehr durch langsame, ununterbrochene Einzeleinwirkung, deren Tragweite sich nicht genau bestimmen läßt." [1]

III. Politische Kundgebungen der französischen Gruppe.

Von politischen Kundgebungen der französischen Positivisten machen wir folgende namhaft.

60. Aeußere Politik. — Der Krieg von 1866 bot Robinet [2] und Laffitte [3] Anlaß, sich gegen die preußische Politik zu äußern. Die allen Nationen des Abendlandes gemeinsamen civilisatorischen Fragen müßten den kleinlichen nationalen und territorialen Streitigkeiten gegenüber in den Vordergrund treten. Die Aufrechterhaltung des status quo sei daher anzustreben. In der algerischen Frage verlangen die Positivisten Aufgebung Algiers seitens Frankreichs [4]. Im französisch-deutschen Kriege verurtheilte Robinet aufs schärfste die „leidenschaftlich-erbitterte Haltung der Deutschen in der Beschießung der Stadt Paris, des Hauptsitzes des republikanischen Glaubens im Abendland" [5]. Andere Kundgebungen ähnlicher Art gingen von Dr. Sémérie und der „Positivistischen Gesellschaft" aus [6]. Am 26. August 1877 benutzten die Pariser Positivisten die Anwesenheit Midhat-Pascha's in der Seinestadt, um demselben eine sympathische Adresse zu überreichen. Sie sprachen sich in derselben für die Erhaltung des status quo und gegen die russischen Eroberungsgelüste aus [7]. Auch gegenüber der Einmischung Frankreichs in Tunis tritt Laffitte, wie Comte's Politik es verlangt, für den status quo ein [8]. Als zwei neue störende Elemente in der planetaren Politik bezeichnet er das geeinigte Deutschland und das geeinigte Italien [9].

61. Innere Politik. — In Fragen der innern Politik erließ die Société positiviste viele Aufrufe, Petitionen und Proteste. Wir wollen hier

---

[1] Revue Occid. 1889. II. 251.

[2] La France et la guerre. 1866.

[3] 18° Circulaire (1866) p. 4 ss.

[4] 21° Circulaire (1869) p. 4.

[5] Proclamations affichées les 16 Sept. et 3 Oct. 1870.

[6] Lettre de la Société pos. au général Trochu, gouverneur de Paris. 10 Moïse 83 (1871).

[7] Die Adresse und die Antwort Midhat-Pascha's erschienen in einer eigenen Broschüre: Question d'Orient. Adresse des positivistes à Midhat Pacha. Paris, Ritti, 1877.

[8] 34° Circulaire (1882) p. 13.

[9] Revue Occid. 1885. I. 78.

nur ihre energischen Proteste gegen Verlegung der Kirchhöfe[1] aus der Nähe von Paris, gegen den Sturz Gambetta's[2] und gegen die letzte Pariser Welt-ausstellung[3], sowie gegen den Boulangismus und die Verfassungsrevision[4] hervorheben.

62. Die Publikationen der französischen Gruppe des orthodoxen Positivismus — haben wir zum größten Theil schon im Laufe unserer Darstellung erwähnt. Hier bleibt uns nur noch weniges über die von uns oft citirte Revue Occidentale und einige andere Schriften nachzutragen.

Die Revue Occidentale, — von welcher seit 1. Mai 1878 alle zwei Monate ein starkes Heft von etwa 140 Seiten erscheint, wird von Laf-fitte, dem Gründer, Leiter und Hauptmitarbeiter dieser Zeitschrift, als das „officielle Organ des positivistischen Priesterthums" bezeichnet[5]. Plan und Titel dieser Zeitschrift stammen von Comte selbst, welcher seit 1848 öfter davon sprach[6].

Von Laffitte's Werken sind noch zu nennen: Cours philosophique sur l'histoire générale de l'Humanité (1859); Les grands types de l'Huma-nité. Appréciation systématique des principaux agents de l'évolution humaine d'après le Calendrier positiviste (1874/75). — Calcul arithmé-tique (Rio de Janeiro, 1880) und Considérations générales sur l'ensemble

---

[1] Robinet, Paris sans cimetières, 1869; Considérations générales à propos des cimetières de Paris, par P. Laffitte, 1874; Les cimetières sont-ils des foyers d'infection? par J. F. E. Chardoillet, 1881. — Robinet stellt als socio-logisches Princip auf: „Pas de cimetière, pas de cité."

[2] Revue Occid. 1882. I. 276 ss.

[3] Ib. 1885. I. 76 und 1886. I. 236 ss.

[4] Ib. 1889. I. 208. — Von anderen politischen Publikationen der franzö-sischen Positivisten machen wir noch namhaft: Robinet, La nouvelle politique de la France, 1874; Protestation des Electeurs municipaux de Paris contre le nouvel emprunt de 120 millions, 1876; Adresse à MM. les membres du Conseil municipal de Paris, 1878; Lettre aux braves contribuables de Paris, 1879; Adresse à MM. les membres du Conseil municipal de Paris contre le nouveau projet d'ouverture du cimetière de Méry-sur-Oise, 1881; Elections municipales du 9 Janv. 1881; Elections législatives du 21 Août 1881 etc. etc.

[5] 29° Circulaire (1877) p. 6; 30° Circulaire p. 8; 31° Circulaire p. 3.

[6] Vgl. Robinet, Notice, p. 467. 471; Test. p. 188 etc. — Der volle Titel der Zeitschrift lautet: La Revue Occidentale philosophique, sociale et politique. Organe du positivisme. Ordre et progrès. — Schon früher (16. April 1872) war von anderen Positivisten der Versuch gemacht worden, eine periodische Publikation zu gründen. Die Zeitschrift, welche den Titel La Politique positive, Revue occidentale, führte und zweimal monatlich erschien, ging jedoch schon am 26. Juli 1873 wieder ein. Die streng orthodoxen Positivisten (Lemos, Audiffrent und Congreve) mißbilligen heute noch das Erscheinen der Revue, da Comte am Ende seines Lebens jede „periodische" Publikation perhorrescirt habe.

de la civilisation chinoise et sur les relations de l'Occident avec la Chine (1861). — Die erstgenannten Werke zeigen, daß es die Schule mit dem Kalender Comte's noch immer ernst nimmt. Die letztgenannten sind wegen ihres spätern verschiedenen Schicksals bemerkenswerth, welches ihnen an entgegengesetzten Enden der Welt vorbehalten war. Der Calcul wurde nämlich schließlich vom Haupte des brasilianischen Positivismus als „schlechtes Buch" zur „systematischen Zerstörung" verurtheilt[1]. Die Considérations hingegen wurden von John Carey Hall (M. A., Assistant Japanese Secretary to H. M.'s Legation) in Tokio 1887 ins Englische übertragen und sind nun sowohl in London, als in Yokohama, Shanghai, Tokio und Hongkong käuflich.

Populäre Darlegungen des Positivismus erschienen folgende: Dr. Robinet, La philosophie positive (Auguste Comte et M. P. Laffitte, 1881): Cam. Monier, Exposé populaire du positivisme (1888); André Poëy, Le positivisme (1876); Sémérie, Simple réponse à Mgr. Dupanloup (1868); Positivistes et Catholiques (1870); La loi des trois états, réponse à M. Renouvier (1875).

Um von dem exaltirten, utopischen Tone eine Vorstellung zu geben, in welchem manche dieser Publikationen sich bewegen, wollen wir aus der Schrift Positivistes et Catholiques ein paar Proben mittheilen. Den Katholiken ruft da z. B. Sémérie zu:

„Wir haben einen Glauben, der große Dinge eingibt; wir haben auch Muth, der dazu treibt, dieselben zu vollbringen. Eurem Weihrauchduft und den Klängen eurer Hymnen werden wir die glänzenden Feste der Menschheit in der heiligen Stadt der Revolution, dem Cult Gottes den des Weibes und der großen Männer..., dem engherzigen Mysticismus der Katholiken die hochherzige Thätigkeit des Bürgers und die patriotische Begeisterung der Republikaner von 92 entgegensetzen. Wir werden die Männer überzeugen und die Frauen überreden. Und der Tag ist nicht mehr ferne, an welchem wir von euern leerstehenden Tempeln Besitz ergreifen und mit unseren fliegenden Bannern der triumphirenden Menschheit in dieselben einziehen werden."[2]

Die Reichen, welche sich der positivistischen Ordnung nicht fügen wollen, apostrophirt er folgendermaßen:

„Wenn der böse Reiche, mehrmals durch öffentliche Mißbilligung und Verachtung und ordnungsgemäßen Verweis gewarnt, fortfahren wird, die Gesellschaft, welcher er alles schuldet, zu mißbrauchen und zu verhöhnen, so werden wir ihm zwar kein Haar krümmen; aber wir werden ihn öffentlich als unwürdig verurtheilen, und wir werden der Gesellschaft den Rath ertheilen, alle Dienste ihm gegenüber einzustellen. . . (So) werden wir sie hinter den Mauern ihrer Paläste erblassen und erzittern machen. Sie werden von Thür

---

[1] L'Apostolat pos. au Brésil. 1889, p. 8.   [2] p. 135.

zu Thür wandern und um den Preis ihres Goldes um ein Stück Brod betteln, daß man ihnen aber verweigern wird. So werden wir diese Elenden zwingen, sich zu bemüthigen und selbst Handarbeit zu thun, wenn sie nicht im Kothe ihrer Millionen umkommen wollen."[1]

B. Gruppen der orthodoxen positivistischen Schule in anderen Ländern.

1. Die englische Gruppe mit Fr. Harrison an der Spitze

steht an geistiger und politischer Bedeutung der französischen nicht nur nicht nach, sondern übertrifft dieselbe sogar in mancher Hinsicht. Fassen wir bei dieser Gruppe, wie bei der französischen, zunächst die Haupt=persönlichkeiten, sodann die Thätigkeit derselben ins Auge.

a. Die Hauptpersönlichkeiten der englischen Gruppe.

63. **Richard Congreve** (geb. 1818) —, ehemaliger anglikanischer Prediger, wurde der erste hervorragende Vertreter des orthodoxen Positivismus in England. Derselbe war schon zu Lebzeiten Comte's zur Menschheitsreligion übergetreten und fungirte seither als Priester derselben für den positivistischen Club in Chapel Street, London. Congreve ist einer derjenigen Positivisten, welche den positivistischen Cult, den öffentlichen mit eingeschlossen, in den Vorder=grund stellen, und entzweite sich infolge dessen mit seinen nüchternern Collegen in London und in der Folge selbst mit Laffitte, der ihm anfangs in seinen Circularen die größten Lobsprüche gespendet hatte. 1878 kam es zum vollen Bruch. Einen Augenblick dachten gleichgesinnte französische Positivisten (Au=diffrent u. s. w.) sogar daran, die Abdankung Laffitte's zu veranlassen und Congreve an dessen Stelle nach Paris zu berufen[2]. Indes wurde der Plan wegen der Schwierigkeiten seiner Ausführung aufgegeben. Später suchte Congreve wieder mehr und mehr mit seinen Londoner Collegen und Laffitte Fühlung zu gewinnen[3].

64. **Frederic Harrison** (geb. 18. October 1831) — unstreitig der bedeutendste Vertreter der Schule in England, hatte schon als Student Comte persönlich kennen gelernt. Harrison gesteht offen ein, daß er Comte nicht in allem folge und nicht auf seine positivistische Orthodoxie gerichtet werden wolle, wie er sich auch über keinen andern in dieser Hinsicht zum Richter aufwerfe. Er hält zwar die Religion (die wissen=schaftliche, philosophische und sociale) für einen wesentlichen Punkt des positivistischen Systems[4], läßt dieselbe aber schließlich nur in Moralität

---

[1] p. 80. 81.

[2] Audiffrent, Circulaire p. 14. — Das Signal zur Spaltung gab ein vom 17. Juni 1878 datirtes, in englischer und französischer Sprache abgefaßtes Cir-cular Congreve's. Vgl. auch 31° Circulaire Laffitte's (1879) p. 8 s.

[3] Vgl. Revue Occid. 1889. I. 433; Lemos, L'Apostolat positiviste au Brésil. Rio de Janeiro 1889, p. 33.   [4] Revue Occid. 1886. II. 275.

bestehen, welche von socialer Hingebung und gesunder Philosophie getragen werde. Er vertheidige, so erklärt er, „nichts anderes, als jenen
Cult der Menschheit, der von allen edlen Menschen thatsächlich schon
geübt werde"[1]. Vieles, was Comte über die zukünftige Gestaltung der
Gesellschaft gesagt habe, erklärt er ausdrücklich als „reine Utopie"[2].

Harrisons Einfluß ist es wohl zuzuschreiben, daß der orthodoxe
Positivismus auch in Frankreich in freiere Bahnen einlenkte. Laffitte
selbst, für welchen seine Anhänger einst den Ruhm der vollständigsten
Orthodoxie beanspruchten, registrirte später die freisinnigeren Anschauungen
Harrisons beifällig in seiner Revue ein. Neuerdings wendete er sich sogar
wiederholt mit Schärfe gegen diejenigen Positivisten, welche, wie Robinet,
Lemos und Aubiffrent, Comte eine Art absolute Unfehlbarkeit zuschreiben
wollen. Bei solch freier Auffassung der Menschheitsreligion, wie sie
Harrison vertritt, hört natürlich jeder nennenswerthe Unterschied von anderen
positivistischen Systemen auf.

Harrison trat mit vielem Erfolg als Mitarbeiter verschiedener größerer
englischer Zeitschriften (Westminster Review, Fortnightly Review, Nineteenth Century u. s. w.) auf. Herbert Spencer selbst rühmt ihm, einem
seiner Hauptgegner, nach, daß er einen „brillanten Stil" habe[3]. Auch im
öffentlichen Leben ist Harrison nicht ohne Bedeutung. 1867/69 war er Mitglied der königl. Commission für die Trades-Unions; 1869/70 Schriftführer
bei der Codification der englischen Gesetze; 1873 Prüfungscommissär über
Völkerrecht und verwandte Fächer. Eine ihm angebotene Candidatur für das
Unterhaus lehnte er aus positivistischen Gewissensbedenken ab, da nach Comte's
Gesellschaftssystem die Verbindung der theoretischen und praktischen Gewalt
in einer Person unzulässig ist. 1881 übertrug Laffitte Harrison die Leitung
des neugegründeten positivistischen Clubs in der Newton-Hall, dem alten Gebäude der Royal Society, welches für den positivistischen Cult einzuweihen er
persönlich nach London gekommen war[4], und ernannte ihn gleichzeitig zum
Präsidenten des positivistischen Comité's und zum geistlichen Haupt des Positivismus in England[5]. Diese beiden Stellen bekleidet Harrison bis auf den
heutigen Tag.

---

[1] Nineteenth Century 1884 (Sept.) p. 369.

[2] Ib. p. 365. — Außerdem machen wir noch auf folgende Artikel Harrisons
aufmerksam: The ghost of religion, Nineteenth Century 1884 (March); ferner:
Review of the year und Apologia pro fide nostra, Fortnightly Review 1885
(Febr.) und 1888 (Nov.); The Positiviste Problem, Fortnightly Review 1869
(Nov.) u. The Religion of Humanity, Contemporary Review 1875 (Nov. u. Dec.).

[3] Nineteenth Century 1884 (July) p. 3.

[4] Revue Occid. 1882. I. 305 s.; 34e Circulaire (1882) p. 19.

[5] 33e Circulaire (1881) p. 12.

65. George Eliot[1] — oder vielmehr Miß Evans (denn G. Eliot ist nur das Pseudonym, hinter welchem die berühmte englische Romanschriftstellerin sich verbarg, bis ihr Ruf begründet war) ist ähnlich wie August Comte eine in hohem Grade typische Erscheinung unserer Zeit überhaupt und des religiösen Positivismus im besondern. Mit glänzenden Gaben des Geistes und des Gemüths ausgestattet, aber ohne sichere Orientirung in den höchsten Lebensfragen — Miß Evans kannte das Christenthum nur in seiner widerspruchsvollen anglikanischen Fassung —, litt sie trotz ihres bis dahin ungewöhnlich frommen Sinnes gleich beim ersten Zusammenstoß mit dem Freidenkerthum an ihrem Glauben völlig Schiffbruch. Dem Schiffbruch am Glauben folgte, wie dies das Gewöhnliche ist, bald der an der Sittlichkeit. Von da an trieb die begabte Schriftstellerin gleich einem Wrack ohne Steuer und Segel auf dem stürmischen Meere des Lebens umher.

Nach einigem Umhertasten redete sie sich zwar ein, in Comte's Menschheitsreligion und altruistischer Sittenlehre einen religiös-sittlichen Standpunkt gefunden zu haben, welcher dem christlichen weit überlegen sei. Sie wandte auch die ganze ihr eigene Kunst sprachlicher Darstellung auf, um ihren Lesern dieselbe Meinung beizubringen. Doch ihre Empfindung war zu tief und zu wahr, um nicht gegen die Sophismen ihres Verstandes, mochte sie auch noch so sehr sich abmühen, dieselben mit allen Reizen der Sprache zu umgeben, beständigen Widerspruch einzulegen. Obgleich sie nämlich gemäß ihrem positivistischen Optimismus oder Meliorismus das Leben nur in der heitern Verklärung darstellen will, welche

---

[1] Die Werke George Eliots erschienen in zwanzig Bänden bei Blackwood and Sons. London 1880. — Ebendaselbst erschien 1885 eine dreibändige, von ihrem Gatten herausgegebene Biographie Eliots: George Ellot's Life as related in her letters and journals. Arranged and edited by her husband J. W. Cross. — Auch viele Zeitschriften brachten zum Theil von sehr bedeutenden Schriftstellern Würdigungen des Lebens und der Werke George Eliots. Wir erwähnen nur folgende: W. Barry, The Genius of G. Eliot und The Religion of George Eliot, Dublin Review 1881. I. 371 und II. 439; George Eliot, her Life and Writings, Westminster Review 1881, p. 154; Émile Montégut, George Eliot: L'âme et le talent und Les oeuvres et la doctrine morale, Revue des deux mondes 1883. II. 77. 305; Lord Acton, George Eliot's Life, Ninet. Cent. 1885 (March); Richard Hutton, George Eliot, Contemporary Review 1885 (March); John Morley, The Life of George Eliot, Macmillan's Magazine 1885 (Febr.); Fred. Harrison, George Eliot, Fortnightly Review 1885 (March); Lady Blennerhasset, George Eliot, Deutsche Rundschau 1885 (Sept.) S. 362 ff.; Conférences sur le Positivisme contenu dans quelques-uns des romans de George Eliot, — Résumé in der Revue Occid. 1891. I. 76 ss.

ihm angeblich im positivistischen System eigen sein soll, geht ein Zug
tiefer Niedergeschlagenheit durch alle ihre Schriften. Wenn man Miß Evans
hierauf aufmerksam machte, schmerzte es sie tief, gewahren zu müssen, wie
schlecht es ihr gelinge, ihre innere Zerrissenheit zu verhüllen. Bedurfte
sie aber selbst in ihrem Kummer des Trostes, so suchte sie denselben nicht
in Comte's Schriften, sondern in der Nachfolge Christi von Thomas
von Kempis oder in der Nähe des sacramentalen Gottes in katholischen
Kirchen, in welchen sie gerne weihevolle Stunden verbrachte.

Mary=Ann Evans wurde am 22. November 1819 in Warwickshire
geboren. Sie entstammte einer in bescheidenen Verhältnissen lebenden Familie,
welche treu der anglikanischen Staatskirche anhing. Auch sie selbst dachte in
ihrer Jugend sehr religiös, war jedoch allen Eindrücken von außen leicht zu=
gänglich. Anlaß zu ihrem völligen Unglauben wurde ihr Verkehr mit der
freigeistigen Familie des Bandfabrikanten Bray in Coventry. Im 21. Jahre
(1840) betrat sie das Haus Bray's in der Absicht, diesen Freigeist zum
Glauben zurückzuführen. Indes änderte sie in einigen Tagen selbst völlig ihre
Anschauungen. Unmittelbar herbeigeführt wurde dieser schroffe Umschwung
durch Lesung von Mr. Hennels nach Strauß'scher Vorlage gearbeitetem Buch
Inquiry concerning the Origine of Christianity (1838).

Von nun an galten in den Augen Miß Evans Religion und Poesie für
eine und dieselbe Sache. Einer Freundin zulieb übersetzte sie selbst Strauß'
„Leben Jesu". Indes sagte ihr dessen Geistesrichtung nicht zu. Ihr Ideal
fand sie, nachdem sie sich vorübergehend Feuerbach zugewendet hatte, dessen
„Wesen des Christenthums" sie ins Englische übertrug, in August Comte's
Menschheitsreligion. Von 1850 an schwärmte sie, wie Harrison bezeugt,
obwohl sie vieles in Comte's System entschieden ablehnte, für den „religiösen"
Positivismus [1].

Ihre publicistische Laufbahn begann sie 1851 in der Westminster Review.
Die Mitarbeiterschaft an dieser freidenkerischen Zeitschrift verschaffte ihr die
persönliche Bekanntschaft vieler bedeutenden Schriftsteller Londons, wo sie nun
ihren Wohnsitz aufschlug. Unter diesen knüpfte sie namentlich freundschaftliche
Beziehungen mit Herbert Spencer und G. H. Lewes an. Lewes trat sie
(um 1853) noch näher, indem sie, obgleich dessen erste, rechtmäßige Frau
noch lebte — dieselbe war einer unheilbaren Krankheit verfallen —, allen
herrschenden Sittlichkeitsbegriffen trotzend, sich ihm offen als Lebensgefährtin
zugesellte. — Auf häufigen Reisen, welche Miß Evans in Begleitung Lewes'
nach Deutschland machte, lebte sie sich in deutsches Wesen und deutsche
Sprache so sehr ein, daß man ihr in England vorwarf, sie denke mehr deutsch
als englisch.

1857 begannen G. Eliots große Erfolge als Romanschriftstellerin. Als
ihr Buch Adam Bede erschien, erklärten die „Times": „ein Stern erster Größe"

---

[1] Fortnightly Review 1885. I. 309 ss.

sei am Himmel der englischen Literatur aufgegangen[1]. Ihre berühmtesten anderen Romane sind: Scenes of Clerical Life und Mill on the Floss. Besonders nachgerühmt wird G. Eliot ihre außerordentlich feine psycho= logische Beobachtungsgabe[2]. Nach dem Tode Lewes' (November 1878) war Miß Evans anfangs untröstlich, raffte sich aber nach einiger Zeit wieder von ihrem Schmerze auf. Am 6. Mai 1880 erfuhr die erstaunte Welt, daß sie an jenem Tage mit dem viel jüngern Mr. Croß, dem Chef eines Bank= hauses, sich vermählt habe. Nun reiste sie mit ihrem Gatten noch einmal nach Italien, las Dante und Aeschylus, Thomas von Kempis[3] und die Bibel. In demselben Jahre (1880) noch erlag sie in London am 19. December einer schweren Krankheit.

Laffitte bezeugt anläßlich des Ablebens der geistreichen Schriftstellerin, daß sie nach dem Urtheil der competentesten Gewährsmänner die poetischen und subjectiven Seiten des Positivismus am getreuesten geschildert habe. Im übrigen beweise ihre Theilnahme an der positivistischen Hilfskasse klar den Grad ihrer positivistischen Ueberzeugungen[4].

Anschauungen Eliots. — Gegen das Christenthum hatte G. Eliot keine andere Einwendung, als daß ihr die Beweisgründe mangelten. In ihren schriftstellerischen Arbeiten entwickelte sie mit Vorliebe den Gedanken, daß die Tröstungen der Philosophie denen der Religion überlegen seien. Sie äußerte auch einst (1847): „Ich sage es jetzt und ein für allemal, daß ich in meinem gegenwärtigen Verhalten durch ungleich höhere Motive und eine viel edlere Auffassung der Pflicht bestimmt werde, als dies jemals zur Zeit der Fall war, wo ich dem evangelischen Bekenntniß angehörte."[5] Die Moral und Religion Eliots geht ganz und gar in Comte's Altruismus auf. Wie bei Madame de Staël, schreibt Montégut, die weibliche Natur in Enthusiasmus

---

[1] Vgl. John Morley l. c. p. 256.

[2] Em. Montégut l. c. p. 90. 308. 345.

[3] In Adam Bede ertheilt Eliot der Imitatio Christi die größten Lobsprüche. Sie schreibt: „Dieses kleine, alterthümlich gestaltete Büchlein, welches man in den Buchhandlungen für ein paar Pennys haben kann, vollbringt auf den heutigen Tag Wunder, indem es Bitterkeit in Süßigkeit verwandelt, während kostspielige neu erschienene Predigten und Abhandlungen alles so lassen, wie es zuvor war. Es ist von einer Hand verfaßt, welche nichts niederschrieb, als was das Herz fühlte; es ist das Tagebuch eines einsamen, verborgenen Kummers, Kampfes, Vertrauens und Triumphes — nicht auf Sammetkissen geschrieben, um jenen Gebuld zu predigen, welche sich an Steinen die Füße blutig gehen. Und so bleibt es für alle Zeit eine nie alternde Chronik menschlicher Nöthen und Tröstungen: die Stimme eines Bruders, welcher vor Jahrhunderten — vielleicht im Kloster im Mönchsgewand, mit geschorenem Haupte, unter viel Gesang und langem Fasten, in einer von der unsrigen verschiedenen Sprach= weise —, aber unter demselben Himmelszelt, mit denselben Leidenschaften, Kämpfen, denselben Fehlern und Beschwerden fühlte, litt und entsagte." Vgl. Dublin Review 1881. II. 455.   [4] 33° Circulaire (1881) p. 13.

[5] Deutsche Rundschau a. a. O. S. 368.

und bei George Sand in Leidenschaftlichkeit sich äußerte, so bei G. Eliot in Sympathie[1]. Das sittliche Ideal ist nach ihr, daß jedes einzelne Herz mit dem Herzen der Menschheit schlage, an allem Menschlichen in lebendigem Fühlen Antheil nehme und von allem Egoismus frei sei. In ihren Augen sind alle Sünden nur verzeihliche Schwächen, ausgenommen der Mangel an Liebe[2]. G. Eliot gibt zu, daß Optimismus vielleicht ein Wahn sei; sie bekennt sich aber zum Meliorismus und nimmt an, daß die Menschheit auch in sittlicher Beziehung im Fortschritt begriffen sei. Auch Anklänge an die vergleichende Religionswissenschaft finden sich bei Eliot. Sie wollte hierbei das eingeborene Göttliche im Menschengeiste herausschälen und so eine Art Naturgeschichte der Menschenseele schaffen[3], damit man sich gegenseitig besser verstehen lerne. Weder, sagt sie, wird je ein neuer Himmel noch eine neue Erde sein noch irgend ein anderes Wunder des tausendjährigen Reichs. Aber der Mensch hat selbst die Macht, alle Verhältnisse zu erneuern und das Antlitz der Erde zu verjüngen. Der Geist der Sympathie, Liebe und Gerechtigkeit soll alles wieder lebendig machen[4].

Nach dem Zeugniß Montéguts hat G. Eliot auf die philosophischen und sittlichen Anschauungen ihrer Zeitgenossen sehr großen Einfluß ausgeübt, und er selbst erblickt in ähnlichen sittlichen Grundsätzen, wie sie Eliot ausspricht, das Heil der Welt[5].

66. James Cotter Morison. — Ein anderer hervorragender englischer Positivist ist James Cotter Morison (1831—1888). Derselbe machte in seiner Jugend einige Wochen hindurch alle Uebungen des Mönchslebens in einem Cistercienser-Kloster mit, nur um sich völlige praktische Bekanntschaft mit der christlichen Ascese zu erwerben. Er schätzte auch die Mönchsorden vom allgemeinen menschlichen und historischen Standpunkte aus hoch und schrieb selbst ein Leben des hl. Bernhard. Später verfaßte er auch ein Leben Gibbons und Macaulay's. Specifisch positivistisch ist sein Buch The service of man (London, Paul Regan), in welchem er, ähnlich wie Eliot, dem Altruismus das Wort redet und den Dienst des Menschen an Stelle des Dienstes Gottes setzt[6].

Morison war auch Mitglied des englischen positivistischen Comité's. Für seine Anhänglichkeit an die Sache des Positivismus zeugt auch der Umstand, daß er bei seinem Ableben (2. Februar 1888) dem Club in Newton-Hall 500 Pfd. Sterl. vermachte[7].

---

[1] Revue des deux mondes l. c. p. 79.
[2] Vgl. Dublin Review 1881. II. 434. 436.   [3] Ib. p. 437.
[4] Revue des deux mondes l. c. p. 346.   [5] Ib. p. 345.
[6] Das Buch erregte Aufsehen und erfuhr mehrere Widerlegungen, so u. a. von Rich. H. Hutton in Contemporary Review. 1887. I. 480 ss. und von einem Ungenannten in Edinburgh Review 1887. I. 512 ss.
[7] Vgl. Revue Occid. 1888. II. 165; 41e Circulaire (1889) p. 7.

b. Organisation und Thätigkeit der englischen orthodoxen Gruppe.

Die englische Gruppe ist in ihrer Verfassung und in der Art ihrer Thätigkeit der französischen völlig ähnlich. Nur war hier bis 1878, dem Jahre der Spaltung, Congreve sowohl geistliches als praktisches Haupt. 1878 trat Professor Beesly, ein in Wort und Schrift sehr rühriger Positivist, an die Spitze der 1867 gegründeten englischen „Positivistischen Gesellschaft", deren ausgesprochener Zweck die Discussion der auftauchenden öffentlichen Fragen ist. Die Gruppe zählt auch mehrere Untergruppen und hat bereits mehrere Cultlokale. Der erste auf längere Zeit gemiethete Saal (Positivist school, 19 Chapel street, Bedford Row. W. C. London) wurde 1870 von Congreve feierlich inaugurirt. Der zweite in Newton-Hall wurde 1881 von Laffitte selbst Harrison unterstellt. 1883 schloß sich eine andere positivistische Gruppe im Norden Londons (North London, Positivist Society, 61 Fonthill road, Finsburg Park, N.) unter Dr. Kaines als Präsident an. 1884 bildete sich eine weitere Gruppe unter E. H. Herford in Manchester[1].

I. Lehrthätigkeit der englischen Gruppe.

67. Curse. Conferenzen. Damengesellschaft u. s. w. — Congreve eröffnete von 1857 an öffentliche, unentgeltliche Curse (über Positivismus im allgemeinen und Moral und Sociologie im besondern), welche namentlich auf die Proletarier berechnet waren. Die Curse traten jedoch später gegen die Conferenzen in den Hintergrund.

Als hauptsächlichste positivistische Conferenzredner treten oder traten in England außer Congreve, Harrison und Professor Beesly auf: Dr. Bridges, Barton, Vernon Lushington, Kaines, Morison, Harding, Higginson, Swinny, Bockett, Ellis, Hember, H. D. Hutton, T. Fitzpatrick, Hargrave, Overton, R. Newman, Percy Percival, P. Russel, Nicholson, Herford, Descours, H. Crompton u. s. w. Zu den alle Sonntage nachmittags in den positivistischen Cultlokalen abgehaltenen Conferenzen haben auch Gleichgesinnte Zutritt, welche nicht Mitglieder der Gruppe sind. Gelegentlich treten die Conferenzredner aber, wie in Frankreich, in anderen Versammlungen auf. Auch die Klassen (Curse) werden bis auf den heutigen Tag Sonntags regelmäßig abgehalten[2]. Donnerstag abends finden positivistische Gesangsübungen statt.

---

[1] Revue Occid. 1885. I. 395; 36e Circulaire (1884) p. 13. — Die Adresse an den Hauptsitz der englischen Gruppe ist: Secretär des „Positivistischen englischen Comité's" in Newton-Hall, Fleur-de-lis-court, Fetter Lane, E. C. London. — Prof. Beesly's (Schatzmeisters der positivistischen Fonds) Adresse ist: 53, Warrington Crescent, W. London.

[2] Es werden höhere und Elementarcurse abgehalten. In ersteren behandeln die englischen Positivisten mit Vorliebe geschichtliche Stoffe, wichtige Begebenheiten und

Neben der „Positivistischen Gesellschaft", welche nur Herren zählt, arbeitet in London auch eine „Damen-Gesellschaft". Dieselbe hält ihre Sitzungen bei Herrn E. H. Draper ab und behandelt hauptsächlich Gegenstände, welche auf Hygieine und Haushaltung Bezug haben oder zur allgemeinen Bildung gehören[1].

Aehnlich, wie die Pariser Gruppe, besitzt auch die Londoner eine positivistische Leihbibliothek. In den letzten Jahren hat sich überdies eine Gruppe positivistischer englischer Arbeiter an das englische Comité der Schule angeschlossen[2]. Laffitte legt dieser wachsenden activen Betheiligung des Arbeiter-Elements im englischen Zweige der Schule große Bedeutung bei.

68. Positivistischer Salon. — Eine Specialität der englischen Gruppe ist die Einrichtung eines „positivistischen Salons" unter dem Vorsitz der Frau Harrison.

Der „positivistische Salon" war immer ein Hauptziel der Wünsche Comte's gewesen, da er sich davon die „würdige Ausbildung der affectiven Seite seiner Jünger unter weiblicher Einwirkung" versprach[3]. Darum begrüßt auch Laffitte diese neue Einrichtung als einen „überaus wichtigen und wahrhaft entscheidenden Fortschritt"[4], der in der Geschichte einzig dastehe. In diesem Salon „treffen sich", so rühmt Laffitte, „die Vertreter aller Klassen, von den Proletariern angefangen bis hinauf zu den leitenden Kreisen Englands, darunter auch, was noch wichtiger ist, viele Damen. So beginnt sich bereits der Charakter der normalen Ordnung im harmonischen Zusammenwirken der Personen bei der Verschiedenheit gesellschaftlicher Stellung zu zeigen."[5]

II. Positivistischer Cult.

Der positivistische Cult erhielt durch den ehemaligen Prediger Congreve in England die höchste Ausbildung. Wir lassen hier, um eine Probe zu geben, das von Congreve selbst verfaßte Formular der positivistischen Liturgie für den Sonntags-Morgendienst folgen (Positivist school 19 Chapel street, Lamb's conduit street, W. C.).

69. (Positivistischer) Sonntagsmorgendienst, 11¹⁵ vormittags.
Anrufung.

Heilige Formel: L'amour pour principe et l'ordre pour base; le progrès pour but. — Vivre pour autrui, vivre au grand jour.

hervorragende geschichtliche Persönlichkeiten. Natürlich geschieht dies im Anschluß an die bekannten Comte'schen Anschauungen. Alle positivistischen Versammlungen, auch die der „Positivistischen Gesellschaft", sind jedem unentgeltlich zugänglich. Vgl. 27e Circulaire (1874) p. 2. 3.

[1] 41e Circulaire (1889) p. 8. 9.   [2] 39e Circulaire (1887) p. 6.
[3] Test. p. 20. 190.   [4] 81e Circulaire (1879) p. 12.
[5] 39e Circulaire (1887) p. 6; 33e Circulaire (1881) p. 13.

Es folgt eine Lesung aus der „Nachfolge Christi" von Thomas von Kempis[1]. Hierauf kommt das

Gebet.

O du große Macht, welche wir hier als die höchste anerkennen, o Menschheit, deren Kinder und Diener wir sind, welcher wir alles verdanken und alles wieder zurückgeben müssen, o daß wir dich doch immer besser zu erkennen trachteten, um dich mehr zu lieben und dir vollkommener zu dienen! Möchten zu diesem Zwecke unsere Gesinnungen immer reiner, tiefer und wahrer werden, unsere Gedanken allumfassender und stärker und unsere Handlungen fester und energischer, damit wir so in unserer Generation nach Maßgabe unserer Kräfte die Zeit beschleunigen, wo du, sichtbar für alle, von deiner großen Macht Besitz ergreifen und in dein Reich eingehen wirst, wo alle Rassen und Nationen, alle Glieder der gegenwärtig durch Zwietracht so zerrissenen menschlichen Familie, beherrscht von der Einheit deiner Vergangenheit, sich unter deine Leitung — die Lebenden unter die Leitung der Todten — stellen werden, und wo jeder, mit allen anderen durch die Gemeinschaft des Glaubens und der Liebe verbunden, am Werke des menschlichen Fortschritts den ihm gebührenden Antheil nehmen und zu deinem Ruhme und **zum gemeinsamen Wohle der unzähligen Generationen der Menschen und der vom Menschen abhängigen Wesen** (Thiere, Pflanzen u. s. w.), die nacheinander den schönen Planeten, diese Erde, deinen Wohnsitz, inne haben, in friedlicher Verbrüderung durch die künftigen Zeitalter hin einem mehr und mehr vollkommenen Zustande entgegenstreben wird.

Möchten wir in Gemeinschaft mit dir, in Gemeinschaft mit deiner Vergangenheit und Zukunft dieses große Ziel stets vor Augen haben, um unser ganzes Leben und Wirken zu kräftigen und zu adeln. Amen.

(Es folgt ein kurzer religiöser Vortrag.)

Schlußgebet.

Wir verherrlichen dich, o heilige Menschheit, wie es unsere Pflicht ist, für alle Wohlthaten, welche deine Vergangenheit für uns angehäuft;

---

[1] Hierzu bemerkt Congreve: „Wir lesen die vom Stifter unserer Religion als das allgemein anerkannte Manna der Andacht und eines heiligen Lebens so einbringlich empfohlene Imitatio Christi. Um indessen jedes Mißverständniß hinsichtlich des Gebrauches, welchen wir von diesem Buche machen, auszuschließen, mag es angezeigt sein, hier zu erwähnen, daß wir bei Lesung des Buches Gott durch die Menschheit, den persönlichen Typus (Christus) durch den socialen, die äußere Belohnung durch die innerliche Verbesserung, die Gnade durch die angeborenen wohlwollenden (altruistischen) Instincte, die Natur durch die persönlichen (egoistischen) Instincte ersetzen. So betrachtet, eignen sich seine Belehrungen über Andacht und Demuth, über innerlichste Vereinigung mit dem von uns angebeteten Typus, über fortwährende sittliche Selbstpflege, Abtödtung und Besiegung unserer selbst zu Gunsten anderer deshalb nicht weniger zu unserem Gebrauche, weil sie in die Sprache eines veralteten Glaubens gekleidet und durch die Erfahrung vieler Generationen gewissenhafter und religiöser Seelen geheiligt sind."

für die großen Schätze der Wissenschaft, Kunst und Weisheit, welche die=
selbe auf uns vererbt hat; für die lange Reihe großer Gestalten, unsere
Wolke von Zeugen, die uns in unseren Nöthen tröstet, aufrichtet und leitet;
endlich, wozu wir uns hier besonders verpflichtet fühlen, für die volle
Freiheit in Wort und Handlung, deren wir uns erfreuen. Zugleich beten
wir, daß wir uns solcher Gaben nicht unwürdig erweisen, sondern in aller
Demuth und Reinheit der Absicht, ohne Zaghaftigkeit, aber doch wieder mit
Zärtlichkeit gegen die Nebenmenschen, täglich dich preisen und für uns selbst
und unsere Nebenmenschen die unermeßlichen Vortheile erlangen, welche allein
die Gemeinschaft mit dir verleihen kann: Einigung, Einheit und Conti=
nuität. Amen.

Positivistischer Segen.

Der Glaube an die Menschheit, die Hoffnung auf die Menschheit, die
Liebe zur Menschheit sei euere Stütze, erfülle euch mit Sympathie, verleihe
euch den innern Frieden und den Frieden mit den Nebenmenschen jetzt und
zu allen Zeiten. Amen. [1]

Uebrigens müssen wir bemerken, daß nicht alle englischen Positivisten
an solchen Anrufungen der Menschheit Geschmack finden. Fr. Harrison
z. B. verwahrt sich in seiner Polemik gegen Herbert Spencer aufs ent=
schiedenste dagegen, daß er Gebete [2] zur Menschheit verrichte. Hingegen
cultivirt Harrison eifrig eine andere Specialität positivistischer Frömmig=
keit in seiner „Hauskapelle".

70. Harrisons Privatcult. — Harrison hat für seinen Cult
in seiner Wohnung eine eigene „Hauskapelle" eingerichtet.

Laffitte sagt hierüber: „Ich muß noch die von Herrn Harrison in
seiner Wohnung errichtete Hauskapelle erwähnen, welche beweist, wie sehr den
Positivisten das religiöse Leben am Herzen liegt. . . In der That hat die
Familie Harrison den Gebrauch eingeführt, sich täglich in ihrer Kapelle zu
versammeln. Dabei führt der Vater nach einer kurzen Erweckung der dem
positivistischen Glauben eigenen Gesinnungen (Gefühle) seinen Kindern ein

---

[1] Vgl. 30ᵉ Circulaire (1878) p. 9, wo Laffitte dieses Formular als Muster
für die in der ganzen „positivistischen Kirche" einzurichtende Liturgie mittheilt. For=
meln für die Ertheilung positivistischer Sacramente, allerdings sehr nüchterne, hatte
er selbst schon früher aufgestellt. — Um einige Publikationen zu erwähnen, welche
sich an den positivistischen Cult anschließen, nennen wir: Human Catholicism. Two
sermons delivered at Positivist school on the Festival of Humanity (1875
and 1876) by R. Congreve. London, King, 1876. Mehrere andere „religiöse"
Vorträge Congreve's sind in dessen Sammelwerk (von Schriften seit 1856): Essays
political, social and religious (London, Longmans, 1874) enthalten.

[2] Es ist indes auch möglich, daß Harrison hier nur Bittgebete zur Menschheit,
nicht Anrufungen, ausschließt. Immerhin steht anderweitig fest, daß seine Tonart
positivistischer Frömmigkeit sich mit der des ehemaligen Predigers Congreve nicht
völlig deckt.

gedrängtes Bild des Typus unseres Kalenders vom Tage vor[1]. Dies ist zugleich ein historischer Unterricht und eine Vorbereitung auf den positivistischen Cult. In den Monaten, in welchen die Curse ruhen, versammelt Harrison außerdem wöchentlich Sonntags eine gewisse Anzahl unserer Collegen zur systematischen Feier der historischen Typen der laufenden Woche gemäß dem positivistischen Kalender. Die Sitzung beginnt mit einer Erweckung hoch=herziger Gesinnungen der Verehrung gegen die durch ihre besten Organe, bis und mit August Comte, vertretene Menschheit. Hierauf folgt die Würdigung des Wochen=Typus, wobei sein philosophisches, wissenschaftliches, ästhetisches und sociales Wirken und die Größe seiner Verdienste besprochen wird. Die ganze Feier schließt mit einer Anrufung oder ehrenvollen Erwähnung (Com-mémoraison) der 13 großen positivistischen Monats=Typen."[2]

71. **Die Spendung positivistischer Sacramente** — nimmt Harrison mit demselben Eifer vor, wie Congreve. So berichtet die Revue Occid. z. B. von einer sehr feierlichen Trauung, welche von Harrison in Newton=Hall 1887 vollzogen wurde[3]. Ebenso wurden von ihm schon wiederholt die Sacramente der Einweihung, Bestimmung und Incorporation in London gespendet.

An Festen — feiern die englischen Positivisten mit besonderer Vor=liebe das Fest aller Todten am letzten Tage des Jahres. Sie haben für dieses Fest bereits zwei eigene positivistische Musikstücke, den „Unsicht=baren Chor" von Eliot, Musik von Holmes, und — das „Fest der Todten" von Georg For. Gelegentlich feierten sie auch schon ein Fest Friedrichs II. und ein anderes zu Ehren der großen Componisten[4] u. s. w.

72. **Wallfahrten.** — Besonders entwickelt ist unter den eng=lischen Positivisten der Gebrauch, gemeinsame Wallfahrten an Orte zu unternehmen, an welche sich große Erinnerungen knüpfen. Bei diesen Wallfahrten wird ein erklärender Vortrag gehalten. Von den wieder=

---

[1] Als Frucht dieser „positivistischen Hausandacht" wird demnächst das auf etwa 600 Seiten berechnete, schon lange angekündigte Werk Harrisons: „New Calendar of great men", eine kurze Würdigung der 598 von Comte in seinem Kalender auf=gestellten Typen, erscheinen. Dieses Werk soll eine Art positivistische Heiligenlegende darstellen.

[2] 33e Circulaire (1881) p. 13. 14. — Laffitte legt dieser Initiative Harrisons namentlich für die Uebergangsperiode zum positivistischen Endzustand großes Gewicht bei. Denn dadurch allein sei die allmähliche Einführung des öffentlichen „concreten Cults" möglich. Wie könne man Gefühle religiöser Bewunderung für Richelieu, Gregor VII. oder Shakespeare haben, wenn man ihre sociale Rolle nicht einmal kenne? Bei Harrisons Verfahren schließen sich die mehr öffentlichen wöchentlichen Aeußerungen des positivistischen Cults natürlich an die mehr privaten täglichen an.

[3] Revue Occid. 1887. II. 199.

[4] 30e Circulaire (1887) p. 5. 6: 38e Circulaire (1886) p. 13 etc.

holten Wallfahrten englischer Positivisten zum Mekka des Positivis=
mus, zur Wohnung Comte's, 10 rue Mons.-le-Prince, haben wir
schon gesprochen.

73. Der positivistische Cult vor der öffentlichen Meinung.
— Seitens des englischen Publikums wird der neue Cult ernster ge=
nommen, als dies seitens des französischen der Fall ist. Die „Times"
glauben der neuen Kirche eine große Zukunft vorhersagen zu dürfen. Sie
schreiben (2. Januar 1884) anläßlich der Todtenfeier (31. December) und
des Festes der Menschheit (1. Januar) in Newton=Hall:

> Diese Zeichen der Zeit „mögen vielen bedauerlich vorkommen; aber es
> sind Thatsachen, mit denen man rechnen muß. Vor kurzem noch wären sie
> unmöglich gewesen. Aber die Zeiten haben sich geändert. Die Lehren, welche
> Harrison vorträgt, liegen in der Atmosphäre unserer Zeit. Sie bilden ein
> Element derselben, welches die Massen einathmen. Diese positivistischen Ver=
> sammlungen nehmen eine Wichtigkeit an, welche am allerwenigsten von den
> einsichtigen Gliedern unseres Clerus verkannt werden sollte. Man muß zu=
> gestehen, daß der Boden für die Adepten der neuen Religion wirklich gut vor=
> bereitet ist. Inmitten von Secten, welche sich über elende Spitzfindigkeiten
> hin und her zanken, — inmitten einer Gesellschaft, die einer Toilette, eines
> schönen Aeußern, eines Gestus wegen in Aufregung geräth, — inmitten von
> Kirchen, die voll Intoleranz sind, steht ein Häuslein von Männern auf, welche
> sich frei von Vorurtheilen erklären, welche sich die edelsten Gestalten der Ge=
> schichte zu Vorbildern wählen, welche die Befriedigung der besten Instincte
> und der süßesten Hoffnungen der Menschheit in Aussicht stellen. . . Mögen
> diese Männer in Newton=Hall oder anderswo aufstehen: was sie sagen, ist
> für Tausende annehmbar. Wie viele ihnen jetzt schon anhängen, wollen wir
> nicht untersuchen. Eines aber ist sicher: sie werden nicht lange in der
> Wüste predigen."

Auch die Organe der anglikanischen Kirche fangen an, die neue
Menschheitsreligion mit Besorgniß zu betrachten. Der bekannte anglika=
nische Bischof Carlisle trat bereits gegen dieselbe in die Schranken[1]. 1888
beschäftigte sich ein von Laien und Geistlichen gebildeter Congreß der
anglikanischen Kirche in Manchester in einer ganzen Sitzung mit dem
religiösen Positivismus. Es wurde auf demselben zugegeben, daß letz=
terer populär sei, und darauf hingewiesen, daß man — „von Comte
lernen könne". Besonders wurde am Positivismus die Herbeiziehung

---

[1] Ninet. Century. 1886 (Oct.) und 1887 (June). — Andere Mitglieder des
anglikanischen Clerus, die sich gegen Comte wenden, sind: Dr. J. Martineau in
Types of ethical theory. London, Clarendon press, 1888 — und R. Flint in
Antitheistic theories. London, Blackwood, 1880. 2ᵈ ed.

der Künste zur Hebung des Cults und der Kalender Comte's bemerkens=
werth gefunden[1].

III. Politische Thätigkeit der englischen Gruppe.

74. Die politische Thätigkeit der englischen Positivisten ist eine sehr
rege. Seit 1857 haben sie kaum einen wichtigern politischen Anlaß vorüber=
gehen lassen, ohne in Erklärungen, Protesten, Petitionen, Abhandlungen
und Broschüren ihre Meinungen, mitunter recht geräuschvoll, geltend
zu machen.

Die „Positivistische Gesellschaft", welche seit 1867 alle Wochen
einmal tagt, setzt sich die Discussion der laufenden politischen Fragen, welche
sich für eine Geltendmachung der positivistischen Grundsätze eignen, zur Auf=
gabe. Es seien nur einige Kundgebungen der englischen Gruppe erwähnt.
1856 schrieb Congreve eine Broschüre, in welcher er die Aufgebung Gibraltars
seitens Englands fordert[2]; 1857 protestirte er gegen die harte Behandlung
der Eingeborenen in Indien[3]. 1859 erließ er einen Protest gegen das zur
Danksagung für die Unterwerfung Indiens von der Regierung angeordnete
Te Deum[4]. In demselben Jahre intervenirte er im Strike der Bauarbeiter
in London[5]. 1860 schrieb er eine Broschüre, um darzuthun, wie verfehlt die
Uebertragung des englischen Parlamentarismus und Protestantismus auf
Italien sei[6]. 1866 erschien das Sammelwerk: International policy.
Essay on the foreign relations of England (London, Chapman and Hall),
welchem auch in nicht=positivistischen Kreisen einige Bedeutung beigemessen
wird[7]. Zweck dieses Werkes, wie aller öffentlichen Kundgebungen der Schule,
ist, die positivistische, rein menschliche Moral zur Norm bei Regelung aller
öffentlichen Fragen zu erheben. 1867 intervenirten zwölf Positivisten in einer
Petition[8] an das Unterhaus für eine humane Behandlung der gefänglich ein=
gezogenen Fenier. In demselben Jahre protestirte Professor Beesly in einer
Versammlung in Exeter=Hall energisch gegen die versuchte Niederschlagung des
Processes gegen Eyre, Gouverneur von Jamaika, welcher sich in seiner Ver=
waltung Ungerechtigkeiten hatte zu Schulden kommen lassen. Dieser Protest
rief die heftigsten Anfeindungen gegen Beesly in der ganzen englischen Presse

---

[1] Revue Occid. 1889. I. 428 s.

[2] Gibraltar or the foreign policy of England.

[3] India, by Rich. Congreve, Chapman. London 1857.

[4] Robinet, Notice, p. 600.   [5] Ib. p. 601 ss.

[6] Italy and the Western powers. London, Manwaring, 1860.

[7] 1884 erlebte das Werk eine zweite Auflage. In dieser enthält es folgende
sechs Schriften: 1. Richard Congreve, Das Abendland; 2. Fr. Harrison, Eng=
land und Frankreich; 3. Prof. Beesly, England und das Meer; 4. E. H. Pember,
England und Indien; 5. Dr. Bridges, England und China; 6. H. D. Hutton,
Advokat, England und die uncivilisirten Nationen. — Die fünf ersteren Autoren
sind M. A., Oxford-men.

[8] Mitgetheilt im 19e Circulaire (1867) p. 6.

hervor, welche dieser in einer Schrift [1] zurückwies. Diese Angriffe auf Beesly gaben Congreve Veranlassung, in einer Schrift [2] gegen das Preßunwesen sich auszulassen. Congreve fordert in derselben, daß, wie Comte es will, alle Publikationen mit Namensunterschrift, Altersangabe und Adresse des Verfassers versehen seien.

Mit besonderem Eifer traten die englischen Positivisten, vor allen Henry Dix Hutton [3] und Congreve [4], für die Rechte Irlands ein. Congreve faßt die positivistischen Forderungen in vier Hauptpunkte zusammen: 1. Abschaffung der irischen protestantischen Kirche und Aufhebung aller staatlichen Mitwirkung zu Gunsten irgend welcher Kirchen; 2. Lösung der Landfrage im Sinne des irischen Volkes; 3. obligatorischer Elementarunterricht, Verzicht des Staates auf den mittlern und höhern Unterricht; 4. großmüthige Wiedergutmachung des bisher geübten Unterdrückungssystems. — Außerdem schrieben über die irische Frage noch Bridges [5] und Harrison [6]. 1881 protestirten die Positivisten gegen Gladstone's Coercion-Bill.

Ebenso nahmen die englischen Positivisten in der Aschantee-, Transvaal- und in der ägyptischen Angelegenheit [7] und neuestens im englisch-portugiesischen Conflict [8] Stellung gegen die Regierung zu Gunsten einer humanen, friedlichen Politik.

Am meisten Aufsehen auch außerhalb Englands erregten jedoch ihre Kundgebungen anläßlich des **deutsch-französischen Krieges** 1870/71 zu Gunsten Frankreichs. Congreve trat mit einem Maueranschlag hervor, in welchem er die Sympathie Londons für Frankreich anrief. Harrison verurtheilte in der Fortnightly Review den „barbarischen Krieg Deutschlands gegen Frankreich". Professor Beesly wandte sich in derselben Angelegenheit an die Arbeiterwelt Londons [9]. Hutton verfaßte eine allgemeiner gehaltene Schrift mit Rücksicht auf denselben Gegenstand [10]. — Karl Blind schreibt über diese Intervention der Positivisten, daß die kleine, aber thätige Schule

---

[1] The Sheffield outrages and the meeting at Exeter-Hall. Two letters by E. S. Beesly, prof. of history in university college. London, Truelove, 1867.

[2] Mr. Broadhead and the anonymous press. London, Truelove, 1867.

[3] The prussian Land-tenure reforms and a farmer-proprietary for Ireland, 1867. Ancient tenures and modern land, 1869. History, principle and fact in relation to the Irish question, 1870. London, W. Ridgway.

[4] Ireland. By R. Congreve. London, Truelove 1868.

[5] Irish disaffection. London, Truelove, 1868.   [6] Contemp. Review 1888.

[7] R. Congreve. The Ashantee War. London, Truelove, 1873. The aggression in Egypt. Protest of the London Positivist Society (Beesly). — The trial of Arabi. Adress to the right hon. W. E. Gladstone, from the London Pos. Soc. — Fr. Harrison, The crisis in Egypt, a letter to Mr. Gladstone, und An adress on the War of Egypt at the Memorial Hall. — Fosset-Lock, England and Egypt. an adress at the Southplace Institute.

[8] Revue Occid. 1890 (Mars) p. 104.

[9] A Word for France, adressed to the Workmen of London. Truelove, 1870.

[10] Europe's need and England's duty. London, Truelove, 1870.

der Comtisten während des Krieges die feindseligste Haltung gegen Deutsch=
land einnahm. Sie sei hierbei durch die Arbeiterführer unterstützt worden,
welche sie zu gewinnen wußte. Sie habe um jeden Preis eine völlige Schwä=
chung der französischen Macht hindern wollen, da sie Frankreich als die Leuchte
Europa's und als das heilige Mekka des socialen Evangeliums betrachtete[1].

Die Positivisten reden mit großem Eifer der französisch=englischen Allianz
das Wort[2]. — Auch der socialen Frage widmen sie, besonders in ihren Con=
ferenzen, große Aufmerksamkeit.

75. **Publikationen der englischen Gruppe.** Außer den bereits ge=
legentlich erwähnten Publikationen der englischen Gruppe des orthodoxen Positivismus
sind noch zu nennen: System of Positive Polity by Aug. Comte. Four
volumes containing the theory of the Future of man, London, Longmans,
1875—1877. — A general view of Positivism. London. Trübner, 1865 (1880
erschien die zweite Auflage. Es ist dies die von Dr. Bridges besorgte Uebersetzung von
Comte's Discours sur l'ensemble du Posit.). — The Catechism of Positive
Religion, translated from the french of Aug. Comte by R. Congreve. London,
Trübner, 1858 (1883 erschien die zweite Auflage). — J. Bridges, The unity of
Comte's life and doctrine. A reply to strictures of Comte's later writings,
addressed to J. S. Mill. London, Trübner, 1865 (erschien 1867 auch französisch); Five
discourses on Positive Religion, 1882; Comte, the successor of Aristotle and
St. Paul, 1883. — F. B. Barton (früher anglikanischer Prediger, gest. 1888), An
outline of the Positive Religion of Humanity of Aug. Comte. London, Truelove,
1867; The Religion of Humanity. „Holloway Press" Company, London, 1877;
Wages, reprinted for the „English Labourers Chronicle". — J. Kaines, The
doctrine of Positivism. London, Reeves, 1888. — Fr. Harrison, Oliver Crom-
well, 1889. — Vernon Lushington, The day of all the dead; Mozart, 1883.
— J. Geddes, The month of Gutenberg, or modern industry. Truelove, 1871.
— E. S. Beesly, The social Future of the working classes, 1869; Some public aspects of Positivism. 1881. — Dr. W. F. Blake, Some neglected pas-
sages of the „Culte historique" from Comte's Appeal to Conservatives. 1890.
— F. W. Bockett, The Workman's Life; What it is and what it might be.
— Henry Ellis. What Positivism means. — H. Crompton, Letters on social
and political subjects. 1870, etc. etc.

2. Die schwedische Gruppe mit Nyström an der Spitze.

76. **Gründung und Organisation der Gruppe.** — 1875
bildete sich in engem Anschluß an die Pariser Gruppe eine Gruppe ortho=
doxer Positivisten in Stockholm, deren Stifter und Seele der Arzt
Dr. Ant. Nyström ist, — ein Demagoge vom reinsten Blut. Dieser
begann seine positivistische Propaganda unter den Arbeitern, zu denen er
in seiner Eigenschaft als Controlarzt des „Großen Arbeitervereins" in

---

[1] „Gegenwart" (Berlin), 22. März 1874. — Auch die Revue philos. 1877
(Avril) I. p. 400 s. anerkennt, daß der politische Einfluß der Positivisten 1870 stark
hervorgetreten sei.   [2] Harrison in Fortnightly Review 1874 (May).

nahen Beziehungen steht. Nachdem er den Boden hinlänglich durch Vorträge und Schriften sich vorbereitet hatte, gründete er am 28. Januar
1880 nach dem Muster der Société positiviste in Paris eine schwedische
„Positivistische Vereinigung", welche ausdrücklich Laffitte als ihr Ober-
haupt anerkannte[1].

Im October 1880 trat dieser Vereinigung bereits ein „Positivistisches Arbeiterinstitut" zur Seite, welches sich die Verbreitung
„positiver Kenntnisse" im Volke zur Aufgabe macht[2]. Wie rührig dieses
Institut ist, zeigt der anläßlich seines zehnten Jahresgedächtnisses (1890)
veröffentlichte Bericht. Gemäß demselben wurden in den ersten zehn
Jahren seiner Thätigkeit nicht weniger als 2820 Vorträge vor wöchentlich 500—1000 Zuhörern gehalten. 4000 der letzteren machten den vollständigen positivistischen Cursus durch. Die Einnahmen des Instituts
stiegen in demselben Zeitraume auf 145 000 Fr.[3]

Aehnliche Arbeiterinstitute gründete Nyström auch in anderen schwedischen Städten (Norrköping, Malmö u. s. w.)[4].

77. Publikationen. — Bereits 1875 gab Nyström den „Positivistischen Kalender"[5], ein „Positivistisches Andachtsbuch"[6] und Unterredungen zwischen einem Theologen, einem Metaphysiker und einem Positivisten[7] heraus. 1879 veröffentlichte er ein größeres Werk über den

---

[1] Am 3. August 1880 richteten die schwedischen Positivisten an Laffitte eine
Adresse, in welcher folgende Stelle vorkommt: „. . . Wir glauben, daß die neue
Kirche ihres Papstes ebenso wenig entbehren kann, als der Gang der weltlichen
Angelegenheiten eines, der dieselben leitet . . . Wir alle verlangen die Gründung einer
positivistischen Kirche, und wir wünschen die baldige Einrichtung eines vollständigen
Priesterthums zur Leitung des Cults im Tempel der Menschheit. Wir schwedische
Positivisten, die wir die Lehre Comte's als unsern gemeinsamen
Glauben annehmen, betrachten Sie als unser höchstes geistliches Haupt. Gestatten
Sie uns, Ihnen unsere aufrichtige Erkenntlichkeit und unsere ausgezeichnete Hoch-
achtung für Ihre Hingebung, Ihre Ausdauer und Ihre Weisheit auszusprechen."
[2] An diesem Institut wird in folgenden Wissenschaften Unterricht ertheilt:
Montag: Mathematik; Dienstag: Astronomie und physische, politische, ethno-
graphische und industrielle Geographie; Mittwoch: Physik und Chemie; Donnerstag: Anatomie und Physiologie mit Hygieine; Freitag: Geschichte der Civilisation;
Samstag: Allgemeine Politik, Nationalökonomie; Sonntag: Schwedische Sprache.
[3] Revue Occid. 1890. II. 73 ss.   [4] 83° Circulaire (1881) p. 15.
[5] Positivisk Kalender, eller tabla ofver Mensklighetens utveckling af
Aug. Comte. 1875.
[6] Positivisk Andakts-Bok. Hymner och Sprak Samlade och ofversedda.
Nov. 1875.
[7] Den Gamlatiden Infor den Nya Positiviska dialoger. Dec. 1875.

Positivismus[1], das er Lassitte widmete. 1880 richtete er in seiner Wohnung sogar eine „Positivistische Missionsdruckerei" ein und begann einen „Positivistischen Sendboten". Seine Gemahlin gab im Sinne des Positivistischen Katechismus von Comte eine „All= gemeine Theorie der Religion und Erklärung des Begriffs Menschheit"[2] heraus. 1886 veröffentlichte Nystrom eine im positivistischen Geiste ge= haltene, illustrirte sechsbändige „Allgemeine Geschichte der Civilisation", welche mehr als 4000 Subscribenten fand. Die zahlreichen Flugschriften der Gruppe übergehen wir.

78. **Die Cultthätigkeit Nystroms** — ist sehr profaner Natur. In seiner Festpredigt auf das positivistische Hauptfest (Fest der Mensch= heit) am 1. Moses 101 (1. Januar 1890) läßt er z. B. einfach die hauptsächlichsten politischen Ereignisse des abgelaufenen Jahres, den Strike im westfälischen Kohlenrevier, den Fall des Socialistengesetzes, die diplo= matischen Angriffe Bismarcks auf die Schweiz, die Erneuerung des Drei= bundes, den Nationalitäten=Streit in Oesterreich, die Politik Frankreichs, die Bestrebungen der Home=rule=Partei in England, die Revolution in Brasilien u. s. w., unter dem sociologischen Gesichtspunkt Revue passiren[3].

79. **Oeffentliches Auftreten Dr. Nystroms.** — In seiner öffentlichen Thätigkeit verfolgt Nystrom besonders zwei Ziele: Geltend= machung der Grundsätze Comte's in der socialen Frage und Trennung von Kirche und Staat.

Der in innerem Zerfall befindlichen schwedischen Staatskirche verursachte Nystrom schon recht peinliche Verlegenheiten. Gleich zu An= fang seiner Agitation für den Positivismus kam er bei der kirchlichen Behörde um Entlassung aus der Staatskirche ein. Als dieselbe ihm auf Grund des schwedischen Staatskirchenrechtes, welches den Austritt aus der Staatskirche nur für den Fall gestattet, daß man sich einer andern christ= lichen Kirche anschließt, eine abschlägige Antwort zu theil werden ließ, beutete er diesen Entscheid sofort in Wort und Schrift mit ebenso viel Geschick als Rücksichtslosigkeit aus, um wegen „Verletzung der Gewissens= freiheit" gegen die Staatskirche Stimmung zu machen.

---

[1] Positivismen en systematisk framställning af denna Laera, jeniti en biografi ofver dess Grundlaggare Aug. Comte. — Forilwertiska nusrionens forlag. Pris 6 kronor.

[2] Religionens varende och Mensklighets begreppet af Aug. Comte. Truyckt Positivistika Missionens Tryckert 1880.

[3] Revue Occid. 1890 (Mars) p. 107 ss.

Noch kecker trat Nyström 1887 anläßlich einer Versammlung der Vereinigung orthodoxer und liberaler protestantischer Prediger
„Pro fide et veritate" auf, der er beiwohnte. Er brachte dieselbe durch die
von ihm aufgeworfene Frage: „Wer ist eigentlich nach schwedischem Kirchen-
recht noch befugt, sich Christ zu nennen?" so hintereinander, daß der Präsident wegen der hervortretenden Meinungsverschiedenheiten sich genöthigt sah,
dieselbe zu schließen. Nicht zufrieden mit diesem Erfolge, brachte er den Handel
in öffentlichen Conferenzen vor das große Publikum. Es fiel ihm nicht schwer,
nachzuweisen, daß die liberalen Prediger nach der Concordia pia das Recht
verloren hätten, sich Christen zu nennen. Auf Grund dessen forderte er sie
auf, den Muth der Ueberzeugung zu haben und sich offen zum Positivismus
zu bekennen [1].

1888 richtete Nyström am 1. September eine Petition an die schwedische
Generalsynode, worin er Trennung von Kirche und Staat, Unterdrückung
der Bisthümer und theologischen Facultäten, Abschaffung des Religionsunterrichts in den Schulen, ferner Aufhebung der kirchlichen Abtheilung im Mini-
sterium und Beseitigung der kirchlichen Abgaben verlangte. Für diese Petition
hatte er in fünf Tagen nicht weniger als 1780 Unterschriften zusammengebracht.
Als die Adresse nicht zur Sprache kam, erließ er am 22. September einen
geharnischten Protest [2]. Am 27. October 1888 berief er sodann seine Gegner
zu einer contradictorischen Discussion in Upsala und hielt vor mehr als
600 Zuhörern, meist Studenten, eine heftige Rede, in welcher er die Abschaffung der theologischen Facultät verlangte, da „Theologie keine Wissenschaft" sei und daher nicht an wissenschaftliche Anstalten gehöre, da ferner
die Aufrechterhaltung der Facultät ein schweres Unrecht gegen die zahlreichen
Freidenker bilde, welche dafür Steuern zahlen müßten [3].

Im Jahre 1890 wurde die positivistische Thätigkeit Nyströms gar der
Gegenstand erregter Erörterungen im schwedischen Senat und in der Presse.
Als bei Behandlung des Budgets auch der bisher für das Arbeiterinstitut
ausgesetzte Posten zur Sprache kam, benutzten der Erzbischof von Sundberg
und Billing den Anlaß zu einem heftigen Angriff auf dasselbe. Zur Kenn-
zeichnung der verderblichen Richtung des Arbeiterinstituts wiesen sie namentlich
darauf hin, daß Nyström in seiner Geschichte der Civilisation Luthers Reform
einfach als „kirchliche Revolution mehr politischen als religiösen Charakters"
bezeichne und Luther selbst einen „rohen, brutalen Menschen" nenne, „der
mit den großen Männern der katholischen Kirche in keiner Weise auf eine
Linie gestellt werden könne". — Das einstweilige Resultat des Streites
war, daß die beiden vereinigten Kammern auf Vorschlag des Cultusministers
eine Voruntersuchung über Nyströms Thätigkeit beschlossen. Die Liberalen
aber sprachen sich in der mehrwöchentlichen Zeitungsfehde bereits offen für
Nyström aus [4].

---

[1] Revue Occid. 1888. I. 245 ss.
[2] Revue Occid. 1889. II. 449 ss.   [3] Revue Occid. 1890. I. 48.
[4] Revue Occid. 1890. II. 185 s.

Auf socialem Gebiete ist Nyſtrom, ſo radikal er auf kirchlichem auf=
tritt, ganz gemäß der poſitiven Politik entſchiedener Gegner anarchiſtiſcher Um=
triebe. So bekämpfte er z. B. im Winter 1881/82 mit vielem Erfolg einen
ſocialdemokratiſchen Agitator [1].

Von politiſchen Kundgebungen Nyſtroms aus letzter Zeit erwähnen wir
die Rede, in welcher er in der von J. Ferry präſidirten Association Nationale Républicaine anläßlich der Feier der Revolution (1889) die Sympathien der Schweden für das republikaniſche Frankreich ausdrückte [2]; ferner
ſeine Adreſſe an die freiſinnigen Mitglieder des Deutſchen Reichstags,
in welcher er dieſelben aufforderte, im Intereſſe friedlicher Beziehungen zu
den ſkandinaviſchen Staaten auf die Rückgabe Schleswigs an Dänemark hin=
zuwirken [3].

Für die Zuverſicht, mit welcher der Poſitivismus im ſkandinaviſchen Nor=
den angeprieſen wird, iſt folgende Aeußerung eines der einflußreichſten radikalen Blätter Chriſtiania's, Verdens Gang, bezeichnend. „Comte übt", ſo
ſagt das Blatt, „auf die leitenden Kreiſe und die großen Maſſen einen un=
geheuern Einfluß aus, einen Einfluß, welcher größer iſt, als der irgend eines
andern Denkers. Noch iſt keine Generation dahingegangen, ſeitdem er arm
und verkannt ins Grab ſtieg, und ſchon herrſcht er als Fürſt der Geiſter
diesſeits und jenſeits des Atlantiſchen Oceans." [4]

Ein Beweis für das Aufſehen, welches Comte's Lehre in den nordiſchen
Ländern erregt, iſt auch die Thatſache, daß der Hegelianer Profeſſor Monrad
in Chriſtiania ſich veranlaßt ſah, ein eigenes Buch darüber zu ſchreiben:
„Denkrichtungen der neuern Zeit".

3. Die braſilianiſch-chileniſche Gruppe.

Schon bald nach dem Tode Comte's (1857) traten auch in Bra=
ſilien und Chile vereinzelte Poſitiviſten auf. Die erſte uns bekannte
poſitiviſtiſche Publikation eines Braſilianers erſchien 1865 in Brüſſel.
Dieſelbe betraf die Abſchaffung der Sklaverei [5]. 1871 gründete Ben=
jamin Conſtant, Botelho de Magalhaes, die „Poſitiviſtiſche
Geſellſchaft" von Rio de Janeiro. 1878 war die braſilianiſche Gruppe
bereits zu ſolcher Stärke angewachſen, daß Laffitte dieſelbe in ſeinem
jährlichen Circular [6] eine „wahre ſociale Macht" nennen konnte. Syſte-
matiſch organiſirt wurde ſpäter die poſitiviſtiſche Propaganda von Miguel
Lemos, welcher, nachdem er ſich am 20. November 1880 von Laffitte
das „Sacrament der Beſtimmung" als „Aſpirant auf das Prieſterthum

---

[1] Revue Occid. 1888 I. 245 s.   [2] Revue Occid. 1889. II. 131.
[3] Revue Occid. 1889. II. 454.   [4] Revue Occid. 1890 (Mars) p. 115.
[5] A escravatura no Brazil, precedida d'un artigo sobre agricultura e
colonisação no Maranho por F. A. Brandão. Bruxelles 1865.
[6] 30ᵉ Circulaire (1878) p. 13.

der Menschheit" hatte ertheilen lassen, 1881 die Oberleitung der brasilianischen Gruppe übernahm.

80. Benjamin Constant — Doctor der Mathematik und Brigade-General, der im Januar 1891 53 Jahre alt starb, war der hervorragendste Vertreter des Positivismus in Brasilien. Er war auch der eigentliche Anstifter und die Seele der Umwälzung in Brasilien vom November 1889, welche er durch seine Lehrthätigkeit an der höhern Kriegsschule und an der polytechnischen und Normalschule von Rio de Janeiro von langer Hand vorbereitete. „Als die von ihm bei seinen Kameraden im Militärclub eifrig betriebene und mit außerordentlicher Kühnheit, Klugheit und Mäßigung geleitete Erhebung geglückt war," schreibt Lafitte in seinem ihm gewidmeten Nachruf[1], „fiel Benjamin Constant, welcher als Oberst des Generalstabs 1. Klasse den Krieg in Paraguay mitgemacht hatte, naturgemäß das Kriegsministerium zu, in welchem er die Ideen Comte's in der Reorganisation des Militärunterrichts zur Anwendung brachte. Nach einigen Monaten vertauschte er dieses Portefeuille mit dem des Unterrichts und arbeitete nun daran, das ganze öffentliche Unterrichtswesen nach positivistischen Anschauungen umzugestalten." Es wird ihm von seinen Gesinnungsgenossen nachgerühmt, daß sein öffentliches wie sein Privatleben ohne Makel war, weshalb auch sein Tod allgemeine Theilnahme erregte. Arm war er in sein Amt eingetreten, um in demselben noch ärmer zu werden. In Ansehung seiner Uneigennützigkeit wurde für seine Familie nach seinem Ableben durch eine nationale Subscription gesorgt und vom Congreß die Aufhängung einer Gedenktafel an seinem Sterbehause verfügt. Die Pariser Positivisten sandten anläßlich seines Todes unter dem 1. Homer 103 (29. Januar 1891) eine tief empfundene Beileidsadresse an die Mitglieder des Nationalcongresses der Republik Brasilien in Rio de Janeiro.

81. Miguel Lemos (geb. 1854) — kam 1877 als „unvollständiger Positivist" Littré'scher Richtung nach Paris, wo er sich gleich Jorge Lagarrigue, dem Haupte der chilenischen Gruppe, schon 1878 nach Anhörung der Vorlesungen Lafitte's zum orthodoxen Positivismus „bekehrte". Bezeichnend für den Eifer, mit welchem der Neophyt sich von da an dem Dienste des Positivismus widmete, ist das feierliche Gelöbniß, welches er am „Tage der Todten" (31. December) 1879 auf dem Grabe Comte's ablegte, von nun „sein ganzes Leben der Ausbreitung der neuen Religion zu weihen"[2]. Lemos betreibt die

---

[1] Revue Occid. 1891 (Mars) p. 253 ss.

[2] In diesem Gelöbnisse, das er auch im Namen Lagarrigue's ablegte, sagte M. Lemos unter anderem: „Meister, am heutigen Tage, an welchem die positivistische Kirche das allgemeine Fest der Todten begeht, erinnern sich deine südamerikanischen Schüler, um dein Grab geschaart, mit überfließender Dankbarkeit an alles, was sie deiner Lehre und deinem Beispiele schulden ... Wir alle, groß und klein, die wir in diesen skeptischen Zeiten das außerordentliche Glück hatten, die allgemeine Religion zu erkennen und anzunehmen, haben die Pflicht, die frohe Botschaft auszubreiten und gleich dem hl. Paulus den nach Wahrheit dürstenden und durch den Widerstreit zwischen einem seinem Ende entgegengehenden und einem neu erstehenden Dogma zerrissenen Herzen zuzurufen: ‚Seht euern unbekannten Gott, wir bringen ihn euch!'"

positivistische Propaganda mittelst des Instituts „**Positivistisches Apostolat Brasiliens**" (Rio de Janeiro. 7 Travéssa do Ovidor).

82. Die Statuten dieses Apostolates — lauten:

Zweck.

Das „Positivistische Apostolat" hat zum Zweck die Ausbreitung der Menschheitsreligion durch Wort und Schrift und durch das Beispiel.

Sittliche Grundlage (Vorbedingungen).

Alle Mitglieder des „Positivistischen Apostolats" und der ihm affiliirten Vereine nehmen ohne jede Beschränkung die positiven und negativen Pflichten

Daher übernehmen wir an deinem Grabe heute die feierliche Verpflichtung, mit voller Hingebung alle unsere Kräfte der Ausbreitung der neuen Heilslehre zu weihen... Möchte doch deine Lehre und dein Beispiel, o Meister der Meister, uns, jeden nach dem Maße seiner Kräfte, mit völliger Selbstverläugnung erfüllen! Möge, wenn wir einst in unsere Heimat zurückgekehrt sein werden, in den Stunden der Bedrängniß die Erinnerung an diesen Fleck heiliger Erde, das gemeinsame Ziel der künftigen Wallfahrten aus der ganzen Welt, uns aufrichten und mit dem Geiste der Verehrung gegen dein heiliges Andenken beseelen! Amen."

Eine ähnliche Anrufung sprach hierauf J. Lagarrigue über dem Grabe Clothildens de Vaur: „Dein Name, o Clothilde, und der Comte's werden für alle Zeiten den bereits mit Ehrfurcht genannten Namen Laura's und Petrarca's, Dante's und Beatrix' sich anreihen. Die künftigen Geschlechter werden immerdar deinen heiligen Einfluß auf den Gedanken des Meisters und dadurch auch auf die endliche Wiedergeburt der Menschheit feiern. Die moderne Anarchie schien sich für unbestimmte Zeit verewigen zu sollen. Das große menschliche Problem, der Triumph des Altruismus über den Egoismus, harrte noch der Lösung. Der Geist befand sich in der Auflehnung gegen das Herz. Comte faßte in seinem Geiste das intellectuelle Kapital des Großen Wesens zusammen, aber er vermochte der Revolution kein Ziel zu setzen, bevor er die Haupttriebkraft unserer Existenz, die Liebe (Amour pour principe), fand. Dir hat er es zu verdanken, daß er in das Heiligthum der edleren Gefühle eintrat, welche ihm die Quelle heiligen Glücks und menschlicher Sittlichkeit entdeckten... Nach so großen Diensten, die du geleistet, wird dein süßes und reizendes Bild für uns die beste Personification des Großen Wesens, unter dessen Vorsehung wir leben... Leb wohl, edle Patronin, empfange die Huldigungen unserer aufrichtigen Dankbarkeit. Möge die Erinnerung an deine unverdienten Leiden und deine erhabenen Tugenden uns auf unserem Wege bestärken, damit wir das Werk der menschlichen Wiedergeburt, welches du durch Erleuchtung des Herzens unseres Religionsstifters begonnen hast, fortsetzen." (Vgl. 32° Circulaire [1880] p. 12.)

Wir theilten vorstehende Anrufungen auch deshalb ausführlicher mit, weil sie für die ganze orthodox-positivistische Gruppe bezeichnend sind. Laffitte selbst billigt sie durchaus und bringt sie sogar in der Revue Occ. zum Abdruck. Wir machen ferner darauf aufmerksam, daß ein Jünger Comte's noch vor kurzem selbst in einer sehr verbreiteten, nicht specifisch positivistischen Zeitschrift in ähnlich überschwenglicher Weise das Verhältniß Comte's zu Clothilde feierte. (Henri Aimel, La Nouvelle Revue, 15 Oct. 1889, p. 699 ss.)

Miguel Lemos sagt (in der Schrift: Le positivisme et le sophiste P. Laffitte. Rio 1889, p. 2), daß sein eben mitgetheiltes Gelöbniß „ein wahres Gelübde im religiösen Sinne des Wortes gewesen sei, dem er immer treu zu bleiben hoffe".

der neuen Religion in ihrem ganzen Umfange auf sich. — Sie übernehmen alle die feierliche Verpflichtung, ihr Leben nach ihren Meinungen einzurichten und mit voller Hingebung an der **Incorporation des Proletariats (Sklaven) in die moderne Gesellschaft zu arbeiten,** worauf gegenwärtig die positivistische Action zurückgeführt werden kann.

Insbesondere verpflichten sie sich ausdrücklich: 1. In der Uebergangsperiode (zum positivistischen Zustand), wie sie Comte bestimmte, keine politischen Stellungen anzunehmen; 2. keine akademische Stellung anzunehmen; 3. am Journalismus sich nicht zu betheiligen und aus ihren Schriften keinen Gewinn zu ziehen; 4. alle ihre Publikationen mit ihrem Namen zu unterzeichnen, dem die nöthigen Angaben[1] beizufügen sind, und für dieselben die volle moralische und juristische Verantwortlichkeit zu übernehmen.

Materielle Grundlage.

Der materielle Bestand des „Positivistischen Apostolats" beruht auf der freien Mitwirkung aller Mitglieder und aller, welche sonst unsere Reformbestrebungen unterstützen zu sollen glauben. Jeder kann sich nach Maßgabe seines Willens und Könnens betheiligen.

83. **Stellung Lemos' zu Laffitte und zu den Engländern.** — Ueber die Thätigkeit Lemos' ist Laffitte in den Circularen 1882 und 1883 voll des Lobes. Schon in letzterm Jahre jedoch kam es zum Bruche zwischen beiden. Lemos sagte sich, da es nach Comte's Ausspruch besser sei, ohne oberste Leitung zu sein, als ein unfähiges Haupt zu haben, offen von Laffitte los, und machte in der Folge gemeinsame Sache mit Dr. Audiffrent, Jorge Lagarrigue und Congreve. Daraufhin änderte denn auch Laffitte seine Sprache über Lemos. Er beschuldigte ihn der Selbstüberhebung und der Unreife. Lemos griff wieder in der schärfsten Weise Laffitte an. Derselbe habe das Vertrauen, das man ihm schenkte, mißbraucht; er sei ein Sophist, Betrüger und Schwächling, da er vorgegeben habe, Comte's Lehre zu befolgen, thatsächlich aber ein Princip desselben nach dem andern preisgegeben habe, nur um die Machthaber nicht zu stoßen und den englischen Positivisten, von welchen er das meiste Geld erhalte, zu Willen zu sein[2]. Die Engländer aber, von welchen einer die Kühnheit hatte, zu äußern, daß man die Werke Comte's nicht als eine Art Bibel betrachten dürfe, fertigte er also ab: „Wirklich, eines solchen frivolen Wortes hätten

---

[1] „Vorerst muß jede Beschränkung hinsichtlich geschriebener Mittheilungen aufgehoben werden. Die Preßpolizei ist selbst für einfache Maueranschläge darauf einzuschränken, daß jeder Verfasser alles, was er schreibt, mit seinem Namen nebst Angabe der Adresse und des Geburts-Datums und -Orts zeichne." (Auguste Comte, Système de Pol. pos. IV. 382.

[2] Lemos, Le positivisme et le sophiste P. Laffitte. Rio 1880.

wir uns nicht versehen! Seht doch diese protestantischen Gehirne! Kaum
sind dieselben von ihrem Individualismus und ihrem Biblismus gesäubert,
und schon wollen sie uns, die Abkommen einer der tiefstkatholischen Nationen, schulmeistern."[1]

84. **Thätigkeit der Gruppe.** — Lemos gibt seit 1882 auch jähr-
liche Berichte über die Thätigkeit des Positivistischen Apostolats in Brasilien
heraus. Aus denselben geht hervor, daß die brasilianische Gruppe sehr rührig
ist. Besonders interessirte sie sich für die Aufhebung der Sklaverei. In
Veranstaltung positivistischer Festlichkeiten übertreffen die Brasilianer die Positivisten aller anderen Länder. Sie setzten auch ein eigenes Fest für Clothilde de Vaux ein, das sie am 5. April begehen[2].

Um die neueste politische Thätigkeit der Gruppe zu charakterisiren,
nennen wir nur folgende seit der brasilianischen Staatsumwälzung in portu-
giesischer Sprache abgefaßten Publikationen: „Adresse an General Deodoro
Fonseca"; „An das Volk und die Regierung Brasiliens, dringliche Rath-
schläge"; „Die Positive Politik und die große Naturalisation"; „Die Incorporation des Proletariats in die moderne Gesellschaft"; „Protest gegen die
vom Minister des Aeußern dem Decret vom 28. December (1889) gegebene
Auslegung"; „Protest gegen die Annullirung des Erlasses, durch welchen der
Gouverneur des Maranhão in diesem Staate die Freiheit des Cultes an-
ordnete"; „Briefe der Herren Miguel Lemos und R. Texeira Mendes, in
welchen sie um Enthebung von ihren Stellen in der öffentlichen Verwaltung
einkommen"; „Die Positive Politik und die Bankfreiheit"; „Grundlagen einer
politischen, dictatorial-föderativen Verfassung für die brasilianische Republik";
„Die professionelle Freiheit und die Regelung des häuslichen Dienstes"; „Der
Positivistische Kalender und der Finanzminister"[3]; „Die freie Ausübung der
Arzneikunst".

Nach der Aussage Lemos' gewinnt der Positivismus unter den thätigen
Geistern aller Klassen der brasilianischen Gesellschaft täglich an Einfluß. Keine
Regierung, so mächtig sie auch sein möge, könne den endgiltigen Triumph
des Positivismus aufhalten. „Die Staatsmänner," so schreibt er wörtlich,
„welche sich demselben in den Weg zu stellen wagen, werden damit nur ihren
eigenen Sturz herbeiführen. Ihr Fall wird in dem Maße schrecklich und jäh
sein, als sie sich durch das Hochmuthsdelirium, das sich schwacher Seelen,
wenn sie den Gipfel der Macht erstiegen, bemächtigt, verblenden ließen. Und

---

[1] 37e Circulaire (1885) p. 9.

[2] Lemos, L'Apostolat posit. 1889, p. 15.

[3] In dieser Flugschrift wird dem brasilianischen Finanzminister, welcher in einem
Dementi die Nachricht von der Einführung des Positivistischen Kalenders „absurd"
zu nennen wagte, der Standpunkt klar gemacht. Lemos hält dem Minister vor, daß
er nicht die geringste wissenschaftliche oder philosophische Competenz besitze, um über
die „staunenswerthe Schöpfung Comte's" ein Urtheil abzugeben, was ihm auf sein
Verlangen sein illuster College im Kriegsministerium (Benjamin Constant) gern be-
scheinigen werde.

während sie, von der öffentlichen Meinung gestürzt, bis zu unterst in den zu ihren Füßen durch ihren politischen Unverstand und ihren niedrigen Ehrgeiz geöffneten Abgrund rollen, werden wir mit derselben Heiterkeit des Geistes und demselben socialen Enthusiasmus fortfahren, die durch das bewunderungs= würdige Gehirn unseres unsterblichen Meisters enthüllten weltumgestaltenden Wahrheiten zu lehren und auszubreiten.

Für das Positivistische Apostolat Brasiliens:
Miguel Lemos, Director.

Rio, am 18. Homer 102 (am 15. Februar 1890).

(6, rue de Santa Izabel.)
Geb. zu Niterri am 25. Nov. 1854."[1]

85. **Das positivistische Grundgeheimniß.** — Für die stärkere Tonart positivistischer Orthodoxie bei der Gruppe Audiffrent, Lagarrigue und Lemos ist besonders ihre Stellung zu dem positivistischen Grundgeheimniß, wenn wir uns so ausdrücken sollen, der Comte'schen Utopie Vierge-mère, charakteristisch. Während Laffitte diese Utopie nur als „ideale Grenze" (Kant würde sagen „Grenzbegriff") sittlicher Bestrebungen zur Veredlung des Ge= schlechtsverkehrs gelten lassen will[2], halten Audiffrent, Lagarrigue und Lemos völlig an der Auffassung Comte's fest, nach welcher jene Utopie einfachhin der „synthetische Inbegriff der positiven Religion"[3] ist. Nach ihrer Anschauung soll diese Utopie in der positivistischen Religion nicht nur dieselbe centrale Stellung einnehmen, wie das Geheimniß der Eucharistie in der katholischen Lehre, sondern überdies noch den Madonnencult ersetzen. Der Cult, das Dogma und die Verfassung des Positivismus sollten in dieser idealen Personification der Mensch= heit, welche der höchste Gegenstand positivistischen Cultes sei, ihre Verkörpe= rung finden[4].

Audiffrent vertheidigt auch gegen Laffitte in allen Punkten die diploma= tische Action Comte's beim Jesuitengeneral behufs Herbeiführung einer Allianz

---

[1] Le Calendrier positiviste et M. le Ministre des Finances, par M. Lemos. Rio de Janeiro 1890, p. 3. 4. — Lemos befolgt hier genau Comte's Vorschrift über Zeichnung aller Publikationen mit Namen, Adresse u. s. w.

[2] 37ᵉ Circulaire (1885) p. 11.

[3] Auguste Comte, Syst. de pol. pos. IV. 276. — Noch in einem Brief vom 8. St.=Paul 69 (28. Mai 1857) an Dr. Audiffrent beschwört Comte diesen, doch ja „den Positivismus als direct durch die Utopie von der Jungfrau=Mutter zusammen= gefaßt darzustellen": à représenter le positivisme comme directement résumé par l'utopie de la Vierge-mère. Vgl. Lettre à Miguel Lemos et à tous ceux que réunit autour de lui l'amour de l'humanité, par le Dr. G. Audiffrent (Paris, 63 rue Claude-Bernard, 1887) p. 31. — „Wir wollen lieber", schreibt Lemos (Apostolat 1889, p. 26), „wegen unserer Treue gegen Comte mit dem hl. Paulus für Thoren gehalten, als von der zeitgenössischen Frivolität als Weise gepriesen werden."

[4] Die hauptsächlichsten Schriften der Gruppe über diesen Gegenstand sind: Dr. Audiffrent, La Vierge-mère. Paris, Imprimerie nouvelle, 11 rue Cadet, 1885; Circul. exceptionnelle. Paris, Société anonyme, 2 rue Mignon, 1886. — Dr. J. Lagarrigue, Le positivisme et la Vierge-mère. Santiago, Chile, Imprenta Cervantes, Calle del Puente, 1885.

zwischen Positivismus und Katholicismus[1]. Der Positivismus lade einerseits
alle, die nicht mehr an Gott glauben, ein, Positivisten zu werden, halte
aber andererseits auch alle, die noch an Gott glauben, an,
Katholiken zu werden, und mache so eine Liga der Disciplinirten gegen
die Undisciplinirten möglich[2].

86. **Publikationen.** — Der im Juli 1889 ausgegebene Catalogo das Publi-
cassões do Apostolado Positivista da Brazil weist schon 71 Nummern auf, die zum
Theil unentgeltlich abgegeben werden. Wir erwähnen nur einige charakteristische: Lemos,
Luis de Camoëns. Paris 1882[3]; Terceiro Centenario de Santa Thereza, 1882;
Calderon de la Barca, 1881; Imigrassão Xineza. Mensájen á S. Ess. o Eubaixador
do Seléste Império, junto aos governos da Fransa i Inglatérra, 1881; Rezumo
istórico do Movimento Pozitivista, 1882; O Pozitivismo i a Escravidão Modérna.
Trexos estraïdos das óbras de Aug. Comte, 1884; A Questão de limites entre
o Brazil i a República Arjentina, 1884; O cazamento misto (Civilehe) i os
Pozltivistas, 1885; A propózito de un pretendido erro de Aug. Comte. Carta
ao Sr. Dr. Benj. Constant, por Texeira Mendes, 1885; A obrigatoriedade
i o novo projéto de reforma da instrussão pública, 1886; Palavras pro-
nunsiadas junto ao túmulo de Aug. Comte, por Montenegro Cordeiro, 1888;
Notre initiation dans le Positivisme (en portugais), par M. Lemos et Tex.
Mendes, 1889; Les Trouvailles de M. Lafftte, 1890; Catessismo Pozitivista
de Aug. Comte, traduzido por M. Lemos, 1890[4]; L. Barretto, Positivismo e
Theologia etc. etc.

87. **Der Positivismus im öffentlichen Leben Brasiliens.** — In Brasilien erlangte der von Männern verschiedener Richtungen (Dr. B. Constant, M. Lemos, L. Barretto, José de Ribeiro,
Guedes Cabral, Tobias Barretto, Silvio Romero, Joachim Ribeiro
de Mendoza, Alvaro de Oliveira u. s. w.) vertretene Positivismus einen
Einfluß auf den Gang der Ereignisse und auf das ganze öffentliche Leben,
wie in keinem andern Lande. Texeira de Souza versicherte auf dem
zur Feier des ersten Jahresgedächtnisses der brasilianischen Umwälzung zu
Ehren der Abgesandten der Republik Brasilien am 15. November 1890
in Paris veranstalteten feierlichen Bankett, daß die neue Republik zwei
organisatorischen Elementen ihr Dasein verdanke: „den Propagandisten
(d. h. den positivistischen Journalisten und Wanderrednern) und den mit
der Aufrechterhaltung der Ordnung und der nationalen Vertheidigung

---

[1] Vgl. unsere Schrift: August Comte, S. 122 ff.

[2] Lettre à M. Lemos, 1887, p. 16 ss.

[3] Dies ist die umfangreichste Publikation Lemos'. In derselben wird als Ein-
leitung eine positive Theorie Portugals entwickelt.

[4] Diese und andere positivistische Publikationen der Gruppe Audiffrent-Lemos-
Lagarrigue können bezogen werden von M. J. Lagarrigue, 63 rue Claude-Bernard,
Paris. — Ein Bruder J. Lagarrigue's (Juan Enrique Lagarrigue) veröffentlichte
1881 in Santiago de Chile: La Religion de la Humanidad.

betrauten Bürgern, der Armee und der Marine" (d. h. den wieder
vom Positivisten Benjamin Constant gebildeten und beeinflußten Officieren).
Laffitte führte bei demselben Bankett, welchem zahlreiche Personen der
amerikanischen Gesandtschaften und viele Abgeordnete, unter anderen auch
Zorilla beiwohnten, unter großem Beifall der Anwesenden aus, daß der
Positivismus diese friedliche Umwälzung geleitet habe [1]. Das brasilianische
Staatsbanner trägt selbst die von Comte aufgestellte Devise der positivisti=
schen Gesellschaftsordnung: Ordem e progresso (Ordnung und Fortschritt).
Um zu zeigen, bis zu welchem Grade Comte's Anschauungen die maßgebenden
Persönlichkeiten Brasiliens beherrschen, wollen wir noch zum Schlusse ein Decret
des Präsidenten der provisorischen Regierung, Deoboro Fonseca, der bekannt=
lich zugleich Großmeister der brasilianischen Freimaurerei ist, hierhersetzen:

88. Decret, betreffend die Reform des militärischen Unterrichts.
— „Der Generalissimus Manoel Deoboro da Fonseca, Haupt der durch die Armee und
die Marine aufgestellten provisorischen Regierung der Vereinigten Staaten Brasiliens:

„In Erwägung, daß die Vervollkommnung des Unterrichts und der Erziehung
des Militärs in speciellen Schulen sehr dringend und nothwendig ist, — daß dieser
Unterricht unbedingt auf die Höhe der neuesten Fortschritte der Kriegskunst und dabei
doch mit der hohen civilisatorischen und eminent moralischen und menschheitlichen Auf=
gabe, welche den Armeen auf dem südamerikanischen Continent vorbehalten ist, in
Einklang gebracht werden muß;

„In Erwägung, daß der Soldat, als Kraftelement, künftig der bewaffnete Bürger,
die Incarnation der nationalen Ehre sein und, indem er, ohne jemals ein serviles,
willenloses Werkzeug zu werden, bei dem der moralische Sinn abgestumpft, der Charakter
erniedrigt und die persönliche Schwungkraft durch passiven, blinden Gehorsam ver=
nichtet ist, die Ordnung und den öffentlichen Frieden verbürgt und die intelligente
und zuverlässige Stütze der republikanischen Institutionen wird, in hohem Maße zum
Fortschritt beitragen muß;

„In Erwägung, daß der Soldat, um ein vollkommenes Verständniß der hohen
Bestimmung zu haben, die ihm im Schoße der Gesellschaft, wo er die festeste Stütze
des Guten, der Moralität und des Vaterlandswohles sein muß, vorbehalten ist, eine
solide, gut geleitete wissenschaftliche Bildung nothwendig hat und daß diese wissenschaft=
liche Erziehung dem Soldaten, damit er aus den speciellen Studien seines Faches alle
Vortheile und allen Nutzen ziehen könne und, indem er durch die rationelle Erweiterung
seiner Intelligenz dazu gelangt, nicht bloß seine militärischen, sondern auch seine so=
cialen Pflichten gut kennen zu lernen, mittelst der gebührenden Entfaltung
der affectiven Empfindungen ein gut gebildetes Herz erlange;

„In Erwägung, daß dies nur mittelst eines allumfassenden Unterrichts
möglich ist, in welchem das Verhältniß der Unterordnung der verschiedenen
allgemeinen Wissenschaften beachtet wird, so daß das Studium in Uebereinstim=
mung mit den Gesetzen gemacht werden könne, welche der menschliche Geist

---

[1] Revue Occid. 1891. I. 118 ss.; vgl. auch Revue Occid. 1890, Janv., p. 48
und 50; Mars, p. 114; vgl. über die Beziehung des Positivismus zur brasilianischen
Staatsumwälzung auch Köln. Volkszeitung vom 26. u. 30. Jan. 1890, Erste Blätter.

in seiner Entwicklung befolgte, indem man bei der Mathematik beginnt, um mit der Sociologie und Moral, dem wahren Gipfelpunkt aller Wahrheiten, aller bis heute festgestellten Principien und der Leuchte zu schließen, die einzig und allein im Stande ist, die rationelle Bestimmung aller menschlichen Begriffe zu erhellen und aufzuklären:

„Beschließt die Umgestaltung des Unterrichts in den Militärschulen auf Grund des beigefügten Reglements, durch welches für die Hebung des moralischen und intellectuellen Niveau's in jeder Hinsicht Vorsorge getroffen ist, indem man den brasilianischen Soldaten auf die Höhe der großen Vervollkommnung der Kriegskunst in allen ihren Zweigen erhebt, ohne ihn je seine Pflichten als Bürger am häuslichen Herd und im Schoße des Vaterlandes vergessen zu lassen, —

Manoel Deodoro Fonseca.“

Gegengezeichnet von Benjamin Constant, Unterrichtsminister[1].

4. Der orthodoxe Positivismus in anderen Ländern.

Der Vollständigkeit halber theilen wir noch mit, daß Anhänger der orthodoxen positivistischen Schule auch in den Vereinigten Staaten, in Belgien, Ungarn, Portugal, ja selbst in Indien und Japan aufgetreten sind.

89. In New-York — wirkte nach dem Tode Comte's längere Zeit H. Edger[2]. Später standen ihm Metcalf und John G. Mills zur Seite. Letzterer gab eine Uebersetzung der Schrift Lonchampts: „Positivistische Gebete“, heraus[3]. Seit 1885 besteht in New-York unter dem Titel Society of Humanists ein positivistischer Arbeiterverein (n° 2093, 2⁴ avenue), welcher die positivistischen Feste feiert und eine positivistische Bibliothek besitzt[4]. In Belgien ergriff Professor Denis an der freimaurerischen Universität Brüssel schon wiederholt für den religiösen Positivismus Partei. Dies wird wohl zu dem Complimente Anlaß gewesen sein, welches sein Collège Tiberghien den Positivisten machte, indem er äußerte, auch die lieben Vierfüßler seien von ihrer Geburt an Positivisten und blieben es bis zu ihrem Tode; sie hielten sich strenge an die positivistische Vorschrift, welche es untersagt, sich über die äußere Realität zu erheben[5]. In Mons tauchte schon ein positivistischer Cercle des prolétaires auf. Auch belgische Freidenkervereine traten bereits gelegentlich zu Gunsten des Positivismus ein[6].

90. In Ungarn (Budapest) und anderwärts. — In Ungarn fand ein positivistischer Schriftsetzer, Samuel Kun, nach seiner Rückkehr aus Paris sogar den Muth, gegen einen Hirtenbrief des Bischofs Schlauch von Szatmar mit einem positivistischen „Programm der Zukunft“ öffentlich in die

---

[1] Journal des débats, 6 Juin 1890; Revue Occid. 1890, I. 133 s. — Da die provisorische Regierung in Brasilien sich auf das Militär stützte, war sie besorgt, vor allem das Militär mit ihren Grundsätzen zu durchsäuern.

[2] Er veröffentlichte die Schrift: The positive community. A glimpse of the regenerated future of the human race. 1868

[3] Positiviste prayers by J. Lonchampt, translated from the french by John G. Mills, member of the New York Positiviste Society, Goshen, New York, 1877.

[4] Revue Occid. 1886. I. 247 ss.   [5] La Phil. pos. 1868. I. 152.

[6] Revue Occid. 1885. II. 398; 1886. I. 258.

Schranken zu treten und gegenüber der Aufforderung des Bischofs zum Anschluß an die Kirche behufs Ueberwindung der Zeitübel Comte's System als
die einzige Heilslehre zu erklären[1]. Jüngst hat Samuel Kun auch einen
Cercle positiviste in Budapest gegründet[2]. — 1874 sah sich Laffitte in die
traurige Nothwendigkeit versetzt, den Tod Dwarkanath Mitters, des Haupt-
vertreters der positivistischen Hindou-Gruppe in Calcutta, zu beklagen[3]. 1891
hatte er wieder die Freude, wegen seines Eintretens für den „vielfach ver-
kannten Islamismus“ am 1. Januar selbst in einem türkischen Blatte Terd-
jumani-Hakikat (Dolmetsch der Wahrheit) in Constantinopel eine warme
Ovation zu erhalten[4]. Auch Russen bekannten sich schon zum orthodoxen
Positivismus[5].

Schließlich verweisen wir noch auf eine Aeußerung Antoine's. Derselbe
schreibt[6]: „Die Liste der Zuhörer bei den Vorlesungen Laffitte's würde ein
interessantes Document abgeben. Franzosen, Engländer, Spanier, Hol-
länder, Schweden, Ungarn, Griechen, Nord- und Südamerikaner, Musel-
männer und Japanesen saßen schon zu seinen Füßen. Zahlreiche hervorragende Geister fanden sich ein, um den Lehren eines Denkers zu lauschen,
der für die große Presse nicht existirt.“

91. Abschließendes Urtheil: Traum und Wirklichkeit.
— August Comte glaubte es noch zu erleben, daß er selbst das von ihm
für den Positivismus reclamirte Pantheon in Person als Hoherpriester
der Menschheit einweihen könne[7]. Diese Erwartung hat sich einmal sicher-
lich nicht erfüllt. P. Laffitte kündigte einst an, daß er noch in Notre-
Dame seinen Nachfolger im hohenpriesterlichen Amte feierlich weihen

---

[1] Revue Occid. 1885. I. 351 ss.   [2] Ib. 1891. I. 252.
[3] 27e Circulaire (1875) p. 8. Aus dem Schoße dieser Gruppe sind selbst schon
Publikationen hervorgegangen: Brahman the priest. An adress read before the
fifth annual meeting held in Calcutta, on the last day of the positivist year 99,
the day dedicated in the Religion of Humanity to the commemoration of all
the Dead, by Jogendra Ghosh. Calcutta 1888; The annual adress delivered
in Calcutta on the festival of Humanity, 1. Moses 100. Calcutta 1888.
[4] Revue Occid. 1891. I. 251.
[5] Ein Beispiel eines solchen Russen ist der frühere russische Officier Wilh. Frey.
Derselbe desertirte trotz der glänzendsten Laufbahn, die sich ihm eröffnete, aus Abneigung gegen das Blutvergießen. In Amerika ließ er sich durch eine Aufforderung des Directors des Positiviste Thinker in Jowa, Namens Henderson, zur
„Gründung einer positivistischen Gemeinde“ bestimmen, die Menschheitsreligion anzunehmen. Er suchte nun auch andere Russen für die neue Religion zu gewinnen,
wurde Vegetarianer und übte strenge Abstinenz. Vorübergehend machte er selbst in
St. Petersburg Versuche, die neue Lehre auszubreiten; da er aber auf zu große Schwierigkeiten stieß, schlug er seinen Wohnsitz dauernd in London auf. 1888 wollte er, obgleich kränkelnd, nochmals nach Südrußland aufbrechen, wo man die Darlegung des
Positivismus sehr wünschte, als ihn der Tod ereilte. Revue Occid. 1889. I. 193 ss.
[6] Notice p. 71.   [7] Lemos, L'Apostolat pos. 1889, p. 12.

werde [1]. Auch diese Weissagung dürfte heute wohl kaum noch von einem einzigen Positivisten ernst genommen werden. Indes haben alle Positivisten noch immer die zuversichtlichste Hoffnung, dass ihre Lehre bald die herrschende in der Welt sein werde [2], wenn sie auch für die Bekehrung der letztern bereits ebenso viele Jahrhunderte nöthig zu haben glauben, als Comte Jahrzehnte. Für die Verzögerung machten sie früher Littré's Haltung, später das Schisma von 1877, wenigstens zum grossen Theil, verantwortlich.

Ein unbefangener Beurtheiler wird indes zugestehen müssen, dass der Misserfolg der Comte'schen Menschheitsreligion bereits jetzt ein vollständiger und endgiltiger ist. Denn trotz aller Bemühungen, die gemacht werden, die Bedeutung der „positivistischen Weltkirche" künstlich in die Höhe zu schrauben, tritt dieselbe inmitten der übrigen geistigen Strömungen unserer Tage so sehr in den Hintergrund, dass sie vorwiegend nur als culturhistorisches Curiosum und als historischer, thatsächlicher Beweis für die grossen Täuschungen, welchen Comte sich hingab, und für die Undurchführbarkeit seiner Anschauungen ein allerdings nicht geringes Interesse hat. Im Vergleich mit der pompösen Schilderung, welche Comte in seinen Schriften von seiner Endreligion und ihrem raschen Siegeslaufe entwirft, durch welchen sie sich die Welt unterwerfen werde, muss der heutige thatsächliche Zustand derselben geradezu als Parodie erscheinen.

Sogar die „Erfolge" der Fortsetzer des Comte'schen Werkes müssen vom Standpunkt Comte's selbst in Wahrheit als Misserfolge bezeichnet werden. Denn diese Erfolge sind derart, dass sie, anstatt die Krisis, in welcher gegenwärtig die Gesellschaft schwebt, zu beendigen, dieselbe eher verschärfen und verlängern. Nicht die organischen, conservativen Mächte, sondern die zersetzenden, revolutionären Strömungen sind thatsächlich durch dieselben verstärkt worden.

Eine wichtige Wahrheit hat die Comte'sche Menschheitskirche ins Licht gestellt, nämlich die Unmöglichkeit, eine Lehrgewalt, welche allerdings für das Bestehen und die Wohlfahrt der menschlichen Gesellschaft von der höchsten Bedeutung ist, auf rein menschlichen Grundlagen zu begründen. Weder Comte noch seinem Nachfolger Laffitte ist es gelungen, sich als Träger einer solchen Gewalt auch nur für ein Menschenalter im engen Kreis von Gleichgesinnten zur Geltung zu bringen.

---

[1] Audiffrent, Circ. collective 1886, p. 12.
[2] Revue Occid. 1890 Janv. p. 109 ss.

II. Die positivistische Bewegung außerhalb der an Comte unmittelbar anknüpfenden Schulen.

Von der positivistischen Bewegung außerhalb der nach Comte sich benennenden Schulen erhalten wir das anschaulichste Bild, wenn wir zuerst die einschlägigen spezifisch-philosophischen Richtungen in der Reihenfolge aufführen, in welcher sie in den einzelnen Ländern nacheinander auftraten, sodann die hauptsächlichsten positivistischen Strömungen auf anderen wichtigeren Gebieten kurz kennzeichnen. Dies sind die Gebiete der Rechtswissenschaft, der Gesellschafts- und Religionswissenschaft und endlich der Erziehung und des Unterrichts.

A. Der freiere Positivismus in der Philosophie.

1. England

steht an der Spitze der ganzen freiern positivistischen Bewegung, und zwar sind es namentlich zwei Männer, welche auf dieselbe vor allen anderen bestimmend einwirkten: J. St. Mill und Herbert Spencer. — Diesen schließen sich noch an die philosophischen Schriftsteller A. Bain, G. H. Lewes, W. K. Clifford, James Sully, der Irrenarzt H. Maudsley und die Naturforscher Ch. Darwin, G. Romanes, Th. Huxley und J. Tyndall.

a. John Stuart Mill (1806—1873)

hat in seinem Denken wohl unter allen neueren Philosophen Englands am meisten dem nationalen Charakter seines Volkes entsprochen. Er erlangte nicht bloß in seiner Heimat ein Ansehen, wie kaum ein anderer Philosoph, sondern übte auch außerhalb derselben, namentlich in Frankreich und Deutschland, einen großen Einfluß aus.

Mill stellte kein vollständiges philosophisches System auf, wie Comte und Spencer. Er behandelte in freier Weise diejenigen Gegenstände, mit welchen sich die philosophischen Geister in England mit Vorliebe befaßten.

Es sind dies die Politik und Nationalökonomie, die Psychologie und Logik und endlich die Moral. Auf dem Gebiete der Logik und Psychologie huldigt Mill einem positivistisch-skeptischen Empirismus, auf dem Gebiete der Moral dem Utilitarismus, auf dem Gebiete der Politik dem Radikalismus und Individualismus, auf dem Gebiete der Gesellschaftslehre einem gemäßigten Socialismus.

Seiner Geistesart nach ist Mill Littré nicht unähnlich. Er ist kein schöpferischer, sondern ein kritisch-zersetzender Geist. Er besitzt große Erudition. Ihm geht aber, wie Littré, der intuitive Geistesblick ab, welcher den Philosophen von Beruf kennzeichnet. So artet sein Scharfsinn bei specifisch philosophischen Untersuchungen nicht selten in Spitzfindigkeit und Sophisterei aus.

In seiner skeptisch-sophistischen Richtung erinnert Mill lebhaft an Hume. Man nannte ihn daher schon einen „vervollkommneten Hume" [1]. Im Verhältniß zu Comte's (grob-) realistischem, hierarchischem, conservativem, autoritativem Positivismus kann man Mills Positivismus als skeptisch-subjectivistisch, liberal-individualistisch bezeichnen.

α. Biographisches [2].

92. J. St. Mill wurde von seinem Vater, dem bekannten Philosophen James Mill (gest. 1836), außerhalb aller Religion erzogen. James Mill war schon früh zur Ansicht gelangt, daß man über Ursprung und Endziel der Dinge nichts wissen könne. Die historischen Religionen, welche ihm auf Heuchelei und Beschränktheit zu beruhen schienen, betrachtete er als die größten Feinde der Moral. Besondern Anstoß erregte bei ihm das Dogma von der Hölle [3]. Das religiöse Ideal erblickte er in veredelter Menschlichkeit [4]. Diese (wie der Leser sieht, echt freimaurerischen) Anschauungen brachte James Mill schon von zartester Jugend seinem Sohne bei. Zugleich schärfte er ihm aber ein, seine irreligiösen Meinungen nicht allzu offen auszusprechen.

Im übrigen erzog James Mill sein Kind mit übertriebener Strenge. Um dasselbe an ernste Arbeit zu gewöhnen und von allem Unedlen abzuschließen, überbürdete er es von zarter Jugend auf mit Unterrichtsstoff und beraubte es, indem er ihm jeden Umgang mit Altersgenossen abschnitt, fast jeder naturgemäßen Erholung. Vom 3. bis 8. Jahre hatte der kleine John Griechisch, Englisch und Arithmetik zu studiren. Mit dem 8. Jahre begann das Latein-Studium. Er las nun der Reihe nach fast alle griechischen und lateinischen Classiker, darunter Thukydides und Tacitus ganz. Vom 12. Jahre an führte ihn sein Vater in die Logik ein. Im 13. Jahre machte er mit ihm einen vollständigen Cursus der Staatswirthschaft durch u. s. w. u. s. w. Alexander Bain bemerkt, daß ihm aus der ganzen Geschichte kein zweites Beispiel

---

[1] Compayré, La philosophie de Dav. Hume. 1873, p. 502.

[2] Wir stützen die nachfolgenden biographischen Notizen hauptsächlich auf Mills Selbstbiographie (Stuttgart 1874) und die biographischen Notizen des Freundes von Mill, Alexander Bains, in der Zeitschrift Mind 1879 und 1880.

[3] S. S. 33. [4] S. S. 37.

bekannt sei, daß jemand bis zu seinem 20. Jahre so viel studirt hätte, wie J. St. Mill[1]. Diese geistige Ueberanstrengung hatte zur Folge, daß Mill für sein ganzes Leben an schwächlicher Gesundheit und vorübergehend (1836) selbst unter ernsten Gehirn=Affectionen zu leiden hatte[2].

1823 trat J. St. Mill in die Dienste der Ostindischen Gesellschaft ein, in welcher er bis zu deren Auflösung (1858) verblieb. 1866—1868 war er Unterhausmitglied. Später wurde er von den Studenten der Universität St. Andrew zu deren Rector gewählt. Die Beschäftigungen, welche ihm diese verschiedenen Stellungen auferlegten, waren jedoch nicht derart, daß er überdies nicht nebenher in ausgiebigster Weise seinem Schriftstellerberuf hätte nachkommen können.

Die bedeutenderen Schriften Mills. — Bereits 1824 begann Mill seine schriftstellerische Thätigkeit damit, daß er in der Westminster Review literarische Werke anderer besprach. 1834 wurde er Herausgeber der vereinigten London und Westminster Review. 1832—1843 arbeitete er an seinem System of Logic; 1844 erschienen seine Essays on some unsettled questions of Political Economy; 1848 sein socialpolitisches Hauptwerk Principles of Political Economy; 1865 sein psycho=logisches Hauptwerk An examination of Sir W. Hamilton's philosophy and of the principal philosophical questions discussed in his writings; ebenfalls 1865 August Comte and the Positivism; 1867 Dissertations and discussions. (3 vol.); 1869 (?) Utilitarism. Nach seinem Tode kamen noch aus seinem Nachlaß die Essays on Religion heraus, welche Mill zwischen 1850 und 1873 niedergeschrieben hatte.

Unmittelbar in seinem Denken beeinflußt — wurde Mill namentlich von seinem Vater James Mill, ferner vom Nationalökonomen Ricardo und von Bentham, Mrs. Taylor und vor allem von August Comte. Ricardo und Bentham verkehrten sehr viel im Hause von James Mill, und John Stuart war schon als Knabe bei den zwischen denselben gepflogenen politischen und philosophischen Erörterungen anwesend. Bentham namentlich gewann auf ihn einen sehr nachhaltigen Einfluß[3]. Mit Mrs. Taylor, einer feingebildeten Dame, verknüpfte Mill schon seit 1830 eine enge Freundschaft, welche sogar nach dem Ableben ihres ersten Gemahls in der Ehe mit ihr (1851) ihren Abschluß fand. Mill findet nicht Worte genug, um den heilsamen fördernden Einfluß dieser Frau auf sein Denken zu rühmen[4]. Das Verhältniß Mills zu Mrs. Taylor erinnert einigermaßen an Comte's Verhältniß zu Clothilde.

Auf die socialen Anschauungen Mills wirkten auch die St.=Simonianer in nicht geringem Grade ein. Namentlich hatte August Comte schon als Schüler St.=Simons durch seine Schrift Plan des travaux (1822) auf Mill einen tiefen Eindruck gemacht[5]. Bis zu welchem Grade später die Bewunderung Mills für Comte stieg, dafür zeugt sein Briefwechsel mit demselben[6], dafür zeugen auch die zahlreichen in Mills Schriften eingestreuten, zum Theil enthusiastischen Aeußerungen über Comte. Comte trug sich sogar mit der Hoffnung, Mill ganz für seine Lehre zu gewinnen[7].

β. Lehre J. St. Mills im einzelnen.

93. Socialpolitik. — Auf dem Gebiete der „politischen Philosophie" ist Mill nach dem Zeugnisse Bains[8] am meisten von Comte beeinflußt worden. Mill

---

[1] Mind 1871, p. 379.   [2] Ib. p. 382.
[3] S. S. 44. 53. 191.   [4] S. S. 153 ff. 200.   [5] S. S. 137.
[6] Lettres d'Auguste Comte à John Stuart Mill (1841—1844). Paris, Leroux, 1877.   [7] Brief Comte's an Mill vom 29 Juni 1843.
[8] Mind 1879, p. 525.

billigte namentlich die von Comte eingeführte Unterscheidung zwischen socialer Statik und Dynamik. Auch die Gedanken Comte's über die Nothwendigkeit einer von der weltlichen getrennten geistlichen Gewalt, deren Träger die Philosophen sein sollten, fanden Mills Beifall. Nur mißbilligte er, da er jede „Tyrannei der Gesellschaft über das Individuum" verabscheute[1], die despotische Ausgestaltung derselben in Comte's Gesellschaftstheorie[2]. Wegen seines liberalen und individualistischen[3] Standpunkts bedauerte Mill auch sehr Comte's abfällige Urtheile über die Reformation. Ferner tadelte er an ihm, daß er die Nationalökonomie aus der positiven Socialphilosophie gestrichen habe[4]. Ebenso trat Mill im Gegensatz zu Comte in seiner Correspondenz mit diesem und in der Schrift The subjection of women (1869) für die völlige politische und sociale Gleichberechtigung der Frau (Frauen=Emancipation) ein[5].

In seinen Principles of Political Economy beabsichtigte Mill nach dem Vorbilde Adam Smiths in praktischer Weise die Volkswirthschaft nach Maßgabe der seither sehr fortgeschrittenen wirthschaftlichen Kenntnisse und socialen Theorien systematisch zu behandeln. Die sociale Aufgabe, welche die Zukunft zu lösen habe, ist nach ihm „die größte individuelle Freiheit des Handelns mit einem gemeinschaftlichen Eigenthumsrecht am Rohmaterial des Erdballs und der gleichen Theilnahme aller an den Wohlthaten der vereinigten Arbeitsthätigkeit in Verbindung zu bringen"[6]. An der heutigen Gesellschaft tadelt Mill besonders und vielfach mit Recht die „eingefleischte Selbstsucht", welche durch die ganze Kette der Gesellschafts=einrichtungen, namentlich der neueren, genährt werde[7]. Mills Principles übten in England und darüber hinaus, besonders auch in Deutschland, den größten Einfluß[8]. Sowohl die „praktische" Gestaltung der Principles, wodurch diese solchen Erfolg errangen, als die wirksame Form seiner Schrift über Frauen=Emancipation versichert Mill, Mrs. Taylor zu verdanken[9].

94. Psychologie und Logik. — Auf diesem Gebiete bekundet Mill schon dadurch, daß er diese philosophischen Zweige als eigene Wissenschaften behandelt, sein Abgehen von Comte's Anschauungen. Mill tritt auch sehr scharf dem abfälligen Urtheile Comte's über die innere Beobachtung entgegen[10]. Er tadelt an Comte mit Recht, daß dieser nicht einmal den Versuch gemacht habe, die Bedingungen eines giltigen Beweisverfahrens festzustellen. Im übrigen aber bekennt er sich zur „positiven Methode", als deren Meister er Comte preist[11], und eignet sich in seiner Behandlung der Methoden wissenschaftlicher Forschung auch vieles von Comte an, darunter vor allem dessen „Gesetz der drei Stadien"[12].

In den psychologischen und logischen Grundfragen steht J. St. Mill völlig auf dem Boden der englischen Schule des skeptischen Empirismus und der Associationsphilosophie. Unser Glaube an die Außenwelt, führt Mill aus, ist nicht „intuitiv" (aus unmittelbarer Anschauung gewonnen), sondern ein „erworbenes Product"[13]. Unsere unmittelbare Erfahrung erstreckt sich nur auf unsere Bewußt-

---

[1] S. S. 192.   [2] S. S. 176 f.
[3] Am schärfsten betonte Mill diesen Standpunkt in seiner Schrift On Liberty (1859).
[4] Auguste Comte et le positiv., trad. Caz.; Revue des deux mondes 1866. IV. 845 s.   [5] S. S. 221.   [6] S. S. 193.   [7] S. S. 194.
[8] Bluntschli, Deutsches Staatswörterbuch, VI. Bb. (1861), S. 631.
[9] S. S. 206. 221.   [10] A. p. 67 ss.   [11] A. p. 4.
[12] System of Logic, VI, ch. X, § 8.
[13] Examination of Sir W. Hamilton's philosophy, ch. XI, 1889, p. 225.

feinszuſtände[1] (gegenwärtige Empfindungen [emotional or sensitive feelings], Erinnerungen an vergangene und Erwartungen von bevorſtehenden Empfindungen). Dieſe Empfindungen verbinden ſich in uns, wenn die denſelben entſprechenden Phäno‑ mene häufig und nie getrennt auftreten, derart zu einer complexen Vorſtellung, daß ein Element dieſer Vorſtellungen die anderen nach ſich zieht (unzertrennliche Aſſo‑ ciation). Durch dieſe unzertrennlichen Aſſociationen von Empfindungen entſtehen unſere Begriffe oder Vorſtellungen von der Außenwelt. Unſere Ueberzeugung von der Coexiſtenz der Phänomene „erſcheint“ uns in Kraft dieſer Aſſociation intuitiv, während ſie in der That ein Product der Erfahrung iſt[2]. Dieſe Theorie über unſern Glauben an die Außenwelt nennt Mill die „pſychologiſche“ im Gegenſatz zur „introſpectiven“ Hamiltons[3].

Gemäß dieſer pſychologiſchen Theorie, fährt Mill fort, umfaßt unſere ganze Vorſtellung von der Welt nichts anderes, als durch die Aſſociationsgeſetze gruppirte wirkliche, beziehungsweiſe mögliche Empfindungen. Die Empfindungs‑„Möglichkeiten“ ſind permanent, während die wirklichen Empfindungen wechſeln. Hierin iſt unſere Vorſtellung von Subſtanz, Materie, Körper und Geiſt begründet. Die bleibenden Möglichkeiten der Empfindungen bringen uns auf den Begriff Subſtanz, die wech‑ ſelnden wirklichen Empfindungen auf den von Accidens. Die Materie kann hiernach als „bleibende (Sinnes‑) Empfindungsmöglichkeit“ (permanent possibility of sensation)[4], der Geiſt als die „bleibende Möglichkeit der Bewußtſeinszuſtände“ oder einfach als „die Reihe unſerer Empfindungen“ (series of our sensations to which must now be added our internal feelings)[5], den „Bewußtſeins‑Faden“ (thread of consciousness) bilden[6]. Im Körper ſieht Mill nur „die un‑ bekannte äußere Urſache, auf welche wir unſere (Sinnes‑)Empfindungen zurück‑ führen“, im Geiſte den „unbekannten Recipienten oder Percipienten derſelben“[7]. Die Eigenſchaften der Körper ſind nach ihm nichts anderes, als unſere Sinnes‑ empfindungen, und ſelbſt die Aehnlichkeit, welche wir an ihnen wahrzunehmen glauben, iſt wieder nur ein Bewußtſeinszuſtand in uns[8]. Was der Behauptung zu Grunde liegt, daß der Körper exiſtire, wenn wir ihn nicht wahrnehmen, iſt einfach das Schlummern aller auf ihn bezüglichen Empfindungs‑Möglichkeiten[9].

Auf Grund dieſer ſenſualiſtiſch‑aſſociationiſtiſchen Erkenntnißtheorie läugnet Mill die allgemeinen Begriffe und die Abſtraction im ſtrengen Sinne[10]. Wir faſſen, ſagt er, nie ein Attribut getrennt von den übrigen auf, ſondern erfaſſen es „nur, inſofern daſſelbe in Verbindung mit den übrigen die Idee eines individuellen Objects bildet“. Indes haben wir die Fähigkeit, auf ein Attribut im beſondern ſo die Aufmerkſamkeit hinzurichten, daß die übrigen ſelbſt aus dem Bewußtſein entſchwinden, und wir können ſo zu einem Gedankengang Anſtoß geben, in welchem dieſe Theile der in ſich concreten Vorſtellungen nach dem Geſetze der Aſſociation allein beſtimmend

---

[1] L. I, III, § 3; IV, I, § 2; E. ch. IX (163. 179).

[2] E. ch. XI (226).　　[3] E. ch. IX und XI (179. 225).

[4] E. ch. XI (233).　　[5] E. ch. XII (241. 242. 263).

[6] L. I, III, § 8; E. ch. XII (247); App. (260. 263).

[7] L. I, III, § 8.　　[8] L. I, III, §§ 9. 10.

[9] E. ch. XII, App. (256): „This dormancy of all the possibilities, while, as real possibilities guaranteeing one another, they continue to exist, consti‑ tutes, on the psychological theory, the fact which is at the bottom of the assertion that the body is in existence when we are not perceiving it.“

[10] E. ch. XVII (380 ss.); L. IV, II.

sind. Was dieses Absehen von anderen Elementen der Vorstellung erleichtert, sind die für bestimmte Theile derselben eingeführten Zeichen, Bilder oder Worte und nament-
lich die Gattungsnamen, die eine „künstliche Association" zwischen Gegenständen herbeiführen, welche die mit dem Gattungsnamen bezeichneten Attribute haben[1]. „Gattung ist absolut nichts anderes, als eine unbestimmte, mit einem allgemeinen Namen bezeichnete Zahl von Individuen."[2] Von Spencer in die Enge getrieben, erklärt Mill aber wieder, der allgemeine Name Mensch bezeichne nicht die Einmal von Einem Menschen erhaltenen Sinnesempfindungen, sondern den „allgemeinen Typus der von allen Menschen her-
rührenden Sinnesempfindungen und die Macht, Empfindungen dieses Typus hervor-
zubringen". Zugleich stellt er fest, daß er ebensowenig als Spencer den Attributen objective Existenz beilege; dieselben seien vielmehr nur besondere Arten, die Sinnes-
empfindungen oder unsere Erwartung von solchen mit Rücksicht auf ein äußeres Object, das sie hervorbringt, zu benennen[3]. Der wahre Gegenstand unseres Denkens sind nach Mill die Phänomene, nicht das Noumenon. Daher ist unser Denken wahr, wenn es den Phänomenen entspricht, gleichviel, ob die Denkgesetze den Gesetzen der absoluten Existenz entsprechen oder nicht[4].

Gemäß diesen Anschauungen über allgemeine Ideen führt Mill weiter aus, daß das Prädicat in einer Proposition nicht einen Gattungsbegriff, sondern nur ein im Subject eingeschlossenes concretes Attribut bezeichne[5], und daß alles Beweisverfahren im Grunde auf Induction beruhe[6]. Auch unsere „die Wurzel aller Induction bil-
dende"[7] Vorstellung über Ursache und Wirkung erklärt Mill nach dem Vorgange der anderen englischen Empiristen durch Successiv-Association. Was unbedingt, unabänder-
lich nach etwas folgt, fassen wir als dessen Wirkung auf[8]. Von der letzten oder ontologischen Ursache der Dinge sieht Mill völlig ab[9]. Seine Logik nennt er die Logic of truth or evidence im Gegensatz zur Logic of con-
sistency, welche bisher in Geltung gewesen sei[10].

95. Moral. — In der Moral bekannte sich Mill schon früh zum Utilitarismus[11] und gründete 1822 im Vereine mit einigen Altersgenossen die „Utilitarische Gesellschaft", durch welche der Name „Utilitarier" selbst ins Publikum gelangte[12]. Mill stellt als Endzweck des sittlichen Handelns die Nützlichkeit oder „größte Glückseligkeit" auf[13]. Die Glückseligkeit sei als das möglichst große Wohlbefinden aller Mit-
betheiligten zu verstehen[14] und von dem einzelnen in Harmonie mit dem Ganzen an-
zustreben[15]. Die Sanction dieser Sittlichkeitsnorm liege in der „Association des Pflichtgefühls mit der Nützlichkeit", welche durch die Erfahrung entstehe, daß nur die nach der obigen Norm eingerichteten Handlungen vergnüglich, die anderen aber leidvoll seien[16]. Denjenigen, welcher an der Wirksamkeit dieser Sanction zweifeln wollte, ver-
weist Mill selbst auf Comte's Système de politique positive[17]. Damit bekundet

---

[1] E. ch. XVII (393 ss. 409).   [2] L. I, V § 3.
[3] L. II, II § 3, Anm.   [4] E. ch. XXI (495).
[5] E. ch. XVIII (436); XXII (497).   [6] L. II, III § 7.   [7] L. III, V § 2.
[8] „We may define the cause of a phenomenon to be the antecedent or the concurrence of antecedents, on which it is invariably and uncondicio-
nally the consequent." L. III, V § 6; E. ch. XVI (377); ch. XI (230).
[9] L. III, V § 2.   [10] E. ch. XX (478); L. Intr. § 7, Anm.
[11] S. S. 55.   [12] S. S. 65.
[13] Das Nützlichkeitsprincip. Ges. Werke. Uebers. Leipzig. I. Bd. S. 134. 139.
[14] A. S. 145.   [15] A. S. 146.   [16] A. S. 161. 172.   [17] A. S. 164.

er hinlänglich die innere Verwandtschaft seiner Moral mit der Comte's. Auch in
der Auffassung von der menschlichen Freiheit und Verantwortlichkeit [1] stimmt er mit
Comte überein.

96. Religion. — In seinen früheren Schriften blieb Mill so ziemlich den
Anschauungen über Religion treu, welche ihm sein Vater in zarter Jugend schon
eingeflößt hatte [2]. Er betrachtete die Religion sogar als Uebel, nicht bloß als Irr=
thum. Der Utilitarismus vertrat ihm die Stelle aller Religion. In seinen nach=
gelassenen Essays aber tritt Mill nicht mehr als der zuversichtliche Agnostiker auf, als
welcher er ehedem erschien [3]. Im Essay über den „Theismus" findet er sogar, daß
Gottes Dasein wahrscheinlich ist und daß auch die übernatürliche
Ordnung nicht so ohne weiteres von der Hand gewiesen werden
könne [4].

**7. Kurze Kritik der eigenthümlichen Lehren Mills auf dem Gebiete der Psychologie
und Logik.**

97. Mills Speculationen auf dem Gebiete der Logik und Psycho=
logie müssen bei allem kritischen Scharfsinn, welcher bei denselben zum Vor=
schein kommt, doch als verschroben-sophistisch bezeichnet werden. Die Schief=
heit der sachlichen Auffassung wetteifert in denselben mit der Zwitterhaftig=
keit des Ausdrucks. Mill merkt dabei nicht, daß, während er anderen Wider=
sprüche nachzuweisen sucht, er sich beständig selbst in Widersprüchen bewegt.

Einen drastischen Beleg für das eben Gesagte bildet schon Mills
Definition der Materie, welche in seiner „psychologischen Theorie" eine
so hervorragende Stelle einnimmt. Materie soll nichts anderes sein, als
„die bleibende Empfindungsmöglichkeit". Denkt sich Mill die
Materie als objectiv, außer dem Bewußtsein existirend, oder als einen
bloß subjectivistischen „Schein"? Bald scheint seine Ausdrucksweise die
eine Annahme zu verrathen, bald die andere. Wie die Definition der
Materie vag, verschwommen, ja zwitterhaft und widerspruchsvoll ist, so
sind es fast alle seine specifisch philosophischen Ausführungen. Das ist
die nothwendige Folge seines skeptisch-idealistischen Standpunktes, der schon
in sich selbst widerspruchsvoll ist. Man kann die objective Wirklichkeit
der Außenwelt nicht anzweifeln, ohne bei Geltendmachung und Begründung
des Zweifels selbst in mannigfacher Weise den eigenen unbesieglichen
Glauben an die objective Wirklichkeit, welche man bestreitet, zu bekunden.
Man kann das Vorhandensein „allgemeiner Begriffe" nicht läugnen, die
Bedeutung derselben nicht erörtern, ohne selbst allgemeine Begriffe be=
ständig zu handhaben. Bezeichnend hierfür ist, daß Mill, von Spencer
in die Enge getrieben, schließlich sich genöthigt sah, in seinem allgemeinen

---

[1] E. ch. XXVI (564 ss.).   [2] H. S. 35 f.   [3] Mind 1880, p. 103.
[4] Mill, Ueber Religion. Drei Essays. Uebers. Berlin 1875, S. 142 ff. 109 ff.

„Sensationstypus" allgemeine Vorstellungen, d. h. solche, die gleicherweise auf viele, ja alle Individuen einer Gattung sich beziehen, zuzugestehen.

Die Ausstellungen, die wir hier machen, werden auch von W. Stanley Jevons bestätigt, welcher sich zwanzig Jahre lang eingehend mit dem Studium der Werke Mills befaßte und vierzehn Jahre hindurch sogar gezwungen war, mit theilweiser Zugrundelegung derselben an der Universität London Philosophie vorzutragen. Derselbe schreibt:

„Ich für meinen Theil lasse mich nicht länger mehr herbei, stillschweigend den Alpdruck der schlechten Logik und Philosophie zu ertragen, welchen Mills Werke uns aufzwingen. Es gibt fast keinen Gegenstand von öffentlicher Bedeutung ..., über welchen er sich nicht in bestimmtester Weise geäußert hätte, und seine Aussprüche werden von seinen Bewunderern angeführt, als wären sie Orakel eines vollkommen weisen und logischen Geistes... Auf die eine oder die andere Weise hat Mills Verstand Schiffbruch gelitten. Mag nun die Ursache in der unbarmherzigen Schulung liegen, welche sein Vater in zarter Kindheit ihm auferlegte, oder in dem sein ganzes Leben beherrschenden Versuch, eine falsche empirische Philosophie mit der widerstreitenden Wahrheit auszusöhnen: es steht fest, daß Mills Geist durch und durch unlogisch war. So groß ist in der That die verwickelte Sophisterei in Mills Hauptschriften, daß es viel geistige Anstrengung erfordert, seine Trugschlüsse bloßzulegen... Während der letzten zehn Jahre habe ich mehr und mehr die Ueberzeugung gewonnen, daß Mills Ansehen der Sache der Philosophie und guter geistiger Schulung in England ganz ungeheuern Schaden zufügt. Nichts kann in der That größeres Unheil stiften, als eine Reihe von durch und durch unlogischen Schriften, welche Studirenden und Professoren durch das Gewicht von Mills Ansehen aufgezwungen sind, und der Einfluß, welchen seine Schule auf die Universitäten gewonnen hat."[1] Jevons unternimmt es dann, zu beweisen: Mill habe in allen wichtigeren Punkten sich so sehr widersprochen, daß er sich selber völlig widerlegt habe und daß er in der Logik insbesondere alles miteinander vermengt habe.

b. Herbert Spencer (geb. 1820).

Nebst J. St. Mill ist Herbert Spencer der Haupt-Bannerträger der ganzen freien positivistisch-agnostischen Richtung in und außerhalb Englands.

---

[1] Contemporary Review, 1877 (Dec.) p. 168 ss.; vgl. auch Revue phil. 1881. II. 450 ss. — Hier tritt Victor Brochard dem Urtheile Stanley Jevons' bei. „Proscrire l'universel", sagt er, „c'est introduire dans la pensée le désordre et l'anarchie. Ce n'est, comme on le dit, réaliser un progrès ; c'est revenir en arrière et ramener l'intelligence à ses formes inférieures ... La logique croit se sauver en s'affranchissant de l'universel, elle se perd. Son alliance avec l'empirisme la tue, et c'est la faute capitale de St. Mill d'avoir voulu concilier ces choses inconciliables, l'empirisme et la logique." Revue phil. ib. p. 614. — J. Veitch behauptet überdies in seiner Monographie Hamilton (London, Blackwood, 1882), daß Mill diesen Philosophen, welchen er zu zerzausen suchte, nicht einmal richtig aufgefaßt habe.

Spencer drängte sogar in den letzten Jahren Mill in den Hintergrund. Seinen ephemeren, fast beispiellosen[1] Erfolg verdankt er namentlich dem Umstand, daß er sich der heutigen Mode in der Wissenschaft anbequemte und die Entwicklungslehre zum Alpha und Omega seiner Philosophie machte.

Spencer scheidet alles Wirkliche in Erkennbares und Unerkennbares (knowable and unknowable). Als Erkennbares betrachtet er die Phänomene, als „das Unerkennbare" alles, was darüber hinausliegt. Dieses Unerkennbare faßt er als die durchaus unbegreifliche „absolute Realität" auf, als die „unendliche Energie", welche „in den Phänomenen zur Erscheinung gelangt" und „aus welcher alles hervorgeht". Mittelst dieses seines „Unerkennbaren" glaubt Spencer allen gerechtfertigten Ansprüchen der Religionen Genüge zu leisten und dem Conflict zwischen Wissenschaft und Religion den Boden zu entziehen.

Das „Erkennbare" in allen Ordnungen der Phänomene (Astronomie, Kosmogonie und Geogonie, Biologie, Psychologie und Sociologie) versucht Spencer aus einem und demselben, alles beherrschenden Entwicklungsgesetz begreiflich zu machen. Nach Spencer unterscheiden sich die Phänomene der höheren von denen der niederen Ordnungen nur durch ihre größere Specialisirung und Complication.

Auf dem Gebiete der Psychologie huldigt Spencer der Associationstheorie, auf dem der Erkenntnißlehre dem „verklärten Realismus" (transfigured realism), auf dem der Moral einem „rationellen" (durch die Entwicklungslehre begründeten) Utilitarismus.

2. Vorbemerkungen.

98. **Biographisches und Hauptwerke.** — Herbert Spencer (geb. 1820), ursprünglich Ingenieur, wurde später Journalist und Mitarbeiter

---

[1] Wohl kaum ist ein „Philosoph" unserer Tage so sehr, und wir können hinzusetzen, so unverdienterweise zu den Sternen erhoben worden, als Spencer. Um nur einige Aussprüche von hervorragenden Vertretern akatholischer Wissenschaft über seine Bedeutung anzuführen, sagt z. B. J. St. Mill von ihm: „Spencer ist einer der wenigen, welche ebensosehr durch die Gründlichkeit und den encyklopädischen Umfang ihrer Kenntnisse, als durch die Fähigkeit systematischer Auffassung und Verknüpfung als Comte ebenbürtig betrachtet werden können" (Auguste Comte et le Posit., éd. franç., p. 4). — Lewes schreibt: „Der letztgenannte Schriftsteller (Spencer) ist einer, der sich täglich weitern Einfluß erringt. . . Es ist zweifelhaft, ob je ein Denker von schöneren Anlagen in unserm Volke aufgetreten ist" (Gesch. d. Phil. II. Bd. 1876, S. 809). — Th. Ribot führt in seiner Psychologie Anglaise (3e éd. 1881, p. 161) Spencer als schöpferischen, genialen Geist in ganz besonders feierlicher Weise bei seinen Lesern ein. — P. Siciliani nennt ihn einfach „den Philosophen der zwei Welten" (Rivoluzione e Pedagogia 1882, p. 19) u. s. w. u. s. w.

an der Westminster und Edinburgh Review, um sich schließlich (von 1860 an) ganz der philosophischen Schriftstellerei zuzuwenden. Er unternahm es, ähnlich wie Comte, ein vollständiges System „wissenschaftlicher" Philosophie aufzubauen. Sein Hauptwerk, von welchem er 1860 den Prospect veröffentlichte, trägt den Titel System of synthetic philosophy. Von demselben erschienen bisher: I. Band: First principles (1860—1862); II. und III. Bb.: The principles of Biology (1863—1867); IV. und V. Bb.: The principles of Psychology (1855); VI.—VIII. Bb.: The principles of Sociology (1876 bis 1882). Anstatt des angekündigten IX. und X. Bandes: The principles of morality, erschienen The data of Ethics (1879). — 1889 erschien eine von Collins verfaßte Epitome der Spencer'schen Philosophie: F. Howard Collins, An epitome of the synthetic philosophy with a preface by H. Spencer. 571 pp.

99. S p e n c e r s S t e l l u n g z u C o m t e — bespricht Spencer selbst in seiner Schrift The classification of sciences, to which are added reasons for dissenting from the philosophy of M. Comte (1864) [1], und in mehreren Artikeln englischer Zeitschriften. Wir haben die Controverse über Spencers Verhältniß zu Comte bereits berührt [2]. Es kann ja kein Zweifel darüber bestehen, daß Spencer schon in den Grundgedanken seines ganzen Systems (Auffassung des Unerkennbaren als des positiven, absoluten Urgrundes aller Phänomene und Zurückführung aller Phänomene auf das Entwicklungsgesetz ein einziges Grundgesetz) zu Comte in Gegensatz tritt. Andererseits ist aber auch nicht zu läugnen, daß er mit seiner Scheidung alles Seins in Erkennbares und Unerkennbares und mit seinem Versuche, alles Erkennbare, d. i. alle Phänomene auf ein einziges Grundgesetz zurückzuführen, sich enge an die Hauptideen der Comte'schen Philosophie anschließt. Comte's Ausscheidung des Unerkennbaren aus dem Bereiche der Philosophie hatte ja auch nicht den Charakter einer „formellen" Läugnung desselben, sondern legte im Gegentheil die Auffassung nahe, daß es Wirklichkeit besitze [3]. Und wenn Comte es als Ideal der philosophischen Forschung erklärte, alle Phänomene auf ein gemeinsames Grundgesetz zurückzuführen, so forderte er damit, so sehr er auch selbst an der Möglichkeit, dies Ideal zu verwirklichen, zweifelte, einen Versuch, dies zu thun, geradezu heraus. — Durch seine zwei philosophischen Grundlehren erfüllte Spencer zugleich in hohem Maße eine andere Hauptforderung der positivistischen Philosophie, insofern er die r e l a t i v e Berechtigung aller vorausgegangenen religiösen, moralischen und politischen Systeme als

---

[1] Diese Schrift ist in Spencers Essays, scientific, political and speculative (4th ed. 1888), III. Bb. abgedruckt.

[2] Vgl. unsere Schrift: August Comte S. 4.

[3] „To say, that we cannot know the Absolute," sagt Spencer nicht unrichtig, „is by implication, to affirm that there is an Absolute." F. § 26. — Spencer selbst gibt als Hauptunterschied seines Systems von dem Comte's an, daß „sein (Spencers) Agnosticismus p o s i t i v , der Comte's aber n e g a t i v" sei (Nineteenth Century 1884 July, p. 7).

Phasen in einer und derselben allgemeinen Entwicklung anerkennt und dieselben in seinem eigenen System als höherer Synthese zusammenzufassen sucht. Auch die Eintheilung der Spencer'schen Philosophie, sowie die vorwiegend physikalisch-physiologische Behandlung der höheren, das geistige Leben betreffenden Zweige derselben (Psychologie, Sociologie, Moral) erinnert lebhaft an Comte [1].

β. Lehre Spencers im einzelnen.

Voraus zu bemerken ist, daß, wenn auch Spencer seine Lehre in die vom Unerkennbaren und Erkennbaren eintheilt, doch das eigentliche Wissen, die eigentliche Philosophie nach ihm erst mit dem „Erkennbaren" beginnt.

I. Spencer über das Unerkennbare (unknowable).

100. Alle Religionen und philosophischen Systeme, sagt Spencer, kommen mit dem sensus communis, wie in ihrer gemeinsamen Grundlage, darin überein, daß sie die Existenz eines unerkennbaren Absoluten, einer durchaus unbegreiflichen Realität anerkennen [2]. Dies läßt sich sowohl a posteriori, aus der Betrachtung der verschiedenen religiösen [3] und philosophischen [4] Systeme, als a priori, aus der Natur des Verstandes [5], darthun. Alle religiösen und wissenschaftlichen Systeme enthalten in Hinsicht auf das „Unbegreifliche", in dessen Anerkennung sie zusammentreffen, einen gemeinsamen Kern von Wahrheit [6]. Religion und Wissenschaft erscheinen so als positiver und negativer Pol eines und desselben menschlichen Denkens. Sie stellen nur zwei Ansichten eines und desselben Universums dar [7]. Die letzten religiösen und wissenschaftlichen Ideen sind bloße Symbole des Wirklichen, nicht Erkenntniß desselben [8].

Jeder Versuch, wirkliche Existenz (opp. Phänomen) zu begreifen, verwickelt in Widersprüche und endigt somit mit einem geistigen Selbstmord [9]. Daher muß einerseits die Religion die „absolute" Unerkennbarkeit des Absoluten anerkennen und sich demgemäß jeder nähern Bestimmung desselben mit religiöser Scheu enthalten [10]; andererseits die Wissenschaft den rein annäherungsweisen und relativen Werth ihrer Erklärungen und den unerklär-

---

[1] Spencer selbst schreibt über Comte's Philosophie: „Wahr oder nicht wahr, hat Comte's System unzweifelhaft tiefgreifende und heilsame (?) Umwälzungen im Denken bei vielen Geistern hervorgerufen und wird solche noch bei vielen anderen hervorrufen. Unzweifelhaft haben auch nicht wenige von denen, welche seine philosophischen Anschauungen nicht theilen, durch deren Prüfung wirksame Anregung erhalten" u. s. w. (Reasons for dissenting l. c. p. 80.) Was Spencer hier von der anregenden Einwirkung der Comte'schen Philosophie sagt, ist sehr zutreffend.

[2] F. § 27. — In seinen Essays (III. p. 293) bemerkt Spencer: „Further it should be observed that this Non-Relative (Unerkennbare) spoken of as a necessary complement to the Relative, is not spoken of as a conception, but as a consciousness", d. h. wir sind uns des Unerkennbaren nur bewußt, haben aber absolut keinen Begriff davon.   [3] F. § 11 ss.

[4] F. § 21 ss.   [5] F. § 22 ss.   [6] F. § 35.   [7] F. § 7.

[8] F. § 22.   [9] F. § 31.   [10] F. § 31.

lichen, übernatürlichen Charakter des letzten Grundes aller natürlichen That=
sachen zugestehen[1]. Dann ist der Conflict zwischen Religion und Wissenschaft
gelöst. Um hierzu zu gelangen, bedarf es des Geistes der Toleranz[2]. Die
Controverse zwischen Spiritualismus und Materialismus ist
auf Grund des Gesagten nur ein eitler, unverständiger Wort=
streit[3]. Alles Erkennbare ist nur Manifestation des allgegen=
wärtigen Unerkennbaren. Unsere Begriffe Geist, Körper, Bewegung
u. s. w. sind nur Symbole dieser höchsten und gewissesten Realität[4].

II. Spencer über das Erkennbare.

101. Grundbegriffe und Grundprincipien. — Die Philo=
sophie definirt Spencer im Gegensatz zu Wissen, welches „noch nicht ver=
einheitlichte", und im Gegensatz zur Wissenschaft, welche „theilweise vereinheit=
lichte Erkenntniß" ist, als „vollkommen vereinheitlichte Erkenntniß"[5]. Die
„Thatsachen der Philosophie" sind nach Spencer „die Kundgebungen des Un=
erkennbaren, welche in die Hauptabtheilungen des Selbst und Nicht-Selbst",
Ich und Nicht=Ich zerfallen[6]. Die unwandelbaren Hauptbedingungen, unter
welchen die objectiven Kundgebungen des Unerkennbaren existiren, sind
Stoff, Bewegung und Kraft. Denselben entsprechen als unwandelbare
Bedingungen unter den subjectiven Kundgebungen Raum und Zeit[7]. Der
Stoff ist unzerstörbar[8]; die Bewegung hört nie auf[9]; die Kraft besteht immer
fort[10]. Die Kraft ist jedoch in „beständiger Umformung" begriffen[11];
es findet eine „beständige Andersvertheilung von Stoff und

---

[1] F. § 30.   [2] F. § 33.   [3] F. § 194, p. 555.
[4] F. App. p. 581. — Im Nineteenth Century 1884 (Jan.) p. 1 ss.
hebt Spencer nochmals besonders hervor, daß der Fortschritt der Wissenschaft die
Sphäre der religiösen Gefühle, deren Wurzel die Bewunderung (des Un=
begreiflichen) sei, nicht nur nicht zerstöre, sondern im Gegentheil, indem sie den
Gegenstand der Religion (das Unerkennbare) in neue concrete Symbole kleide, er=
weitere. Er schließt dann: „And this feeling (admiration) is not likely to be
decreased but to be increased by that analysis of knowledge which while
forcing him to agnosticism yet continually prompts him to imagine some so-
lution of the Great Enigma which he knows cannot be solved. Especially
must this be so when he remembers that the very notions, beginning and
end, cause and purpose, are relative notions belonging to human thought
which are probably irrelevant to the Ultimate Reality trans-
cending human thought; and when though suspecting that ‚explanation' is a
word without meaning when applied to this Ultimate Reality, he yet feels
compelled to think there must be an explanation. But amid the mysteries
which become the more mysterious the more they are thought about, there
will remain the one absolute certainty, that he is ever in presence of
an Infinite and Eternal Energy, from which all things pro-
ceed." Der Artikel findet sich auch in Revue phil. 1884. I. p. 1 ss.
[5] F. § 37.   [6] F. § 45.   [7] F. § 46 ss. § 51.   [8] F. § 52 ss.
[9] F. § 55 ss.   [10] F. § 58 ss.   [11] F. § 66 ss.

Bewegung" statt[1]. Das ganze Weltall und alles Einzelne in demselben ist in einem großen allgemeinen Proceß der Entwicklung und Auflösung (der Concentration und der Zerstreuung, der Integration und Desintegration) begriffen[2].

Die genaue, vollständige Formel des Entwicklungsgesetzes lautet: „Entwicklung ist Integration des Stoffes und damit verbundene Zerstreuung der Bewegung, während welcher der Stoff aus einer unbestimmten, unzusammenhängenden Gleichheit in bestimmte, zusammenhängende Ungleichheit übergeht und während welcher die zurückgehaltene Bewegung eine entsprechende Umformung erfährt[3]. Das Gleichartige verliert, da es in labilem Gleichgewicht sich befindet[4], leicht den Gleichgewichtszustand. Die Kraft zertheilt sich durch Zusammentreffen mit Stoff. Die Wirkungen derselben vervielfältigen sich[5]. Es kommt dadurch zu gruppenweiser Sonderung (Differenzirung) auch des Stoffes[6]. So vollzieht sich die Umwandlung vom unbestimmten Gleichartigen zum bestimmten Ungleichartigen[7]. Auf die Sonderung folgt wieder die Ausgleichung zwischen dem Gesonderten und seiner Umgebung, da das abhängige, bewegliche Gleichgewicht zwischen beiden beständigen, unzähligen Aenderungen unterworfen ist[8]. Der Stillstand dieser Ausgleichungen im Zustande vollkommener Ruhe wäre der Tod des Universums."[9] Da aber in der That das Fortbestehen der Kraft uns nöthigt, anzunehmen, daß „die Ankunft an der einen oder andern Grenze dieses ungeheuern Rhythmus (der Bewegung im Universum) zugleich die Bedingungen herstellt, unter welchen eine Gegenbewegung anfängt," so „können wir die sichtbare Schöpfung nicht länger so auffassen, als ob sie einen bestimmten Anfang oder ein bestimmtes Ende hätte oder ein einzelnes Ganze bildete. Sie muß verbunden gedacht werden mit allem vergangenen und zukünftigen Sein, und die Kraft, welche sich im Weltall kundgibt, gehört insofern in dieselbe Kategorie, wie Raum und Zeit desselben, als das Denken für sie keine Grenze findet."[10] Das eben beschriebene Entwicklungsgesetz gilt in allen Seinsordnungen, im Sonnensystem und in der Erdentwicklung sowohl als in der Biologie, Psychologie, Sociologie (und Moral)[11].

102. Biologie. — Aus Spencers Biologie, welche unter Beihilfe Huxley's und Hookers ausgearbeitet wurde, heben wir als charakteristisch hervor die Kapitel über „die Hypothese von der Species-Erschaffung" und „die Entwicklungshypothese". — Die Erschaffungshypothese[12], sagt Spencer,

---

[1] F. § 74 ss. 92.; B. I. § 169; P. I. § 7. u. f. w.

[2] F. § 93 ss. 177 ss. — Spencer gesteht, hauptsächlich durch C. E. von Baers Formel: „Entwicklung des Organismus aus dem Zustand der Gleichartigkeit in den der Ungleichartigkeit" auf sein Entwicklungsgesetz (1852) gebracht worden zu sein (F. § 119; Essays III. p. 78). Spencer dehnte diese Formel auf alles Sein aus.   [3] F. § 145.   [4] F. § 149 ss.   [5] F. § 155.

[6] F. § 163 ss.   [7] F. § 169.   [8] F. § 170 ss.   [9] F. § 176. § 179.

[10] F. § 182. 100. — „Die vollkommene Geschichte von etwas", sagt Spencer (F. § 93), „muß sein Hervortreten aus dem Nichtwahrnehmbaren (ursprünglich völlig Gleichartigen) und sein Wiederverschwinden im Nichtwahrnehmbaren mit umschließen".   [11] F. § 107. § 187.   [12] B. I. § 110 ss. 115. 171.

erscheint schon deshalb als minderwerthig, weil sie aus einer Zeit der Dunkel=
heit stammt, in welcher die geistige Entwicklung tief stand [1]. Sie entbehrt
jeder Grundlage durch beobachtete Thatsachen, da niemand die Erschaffung
einer Species gesehen. Sie ist unvorstellbar, da ihre Vorstellung „die Her=
stellung einer Relation in Gedanken zwischen nichts und etwas, somit einer
Relation, in welcher das eine Glied fehlt, also einer unmöglichen Relation" ver=
langt [2]. Sie ist auch mit der Würde Gottes im Widerspruch, da die Millionen
Kundgebungen der Allmacht, bei welchen kein vernunftbegabtes Geschöpf vor=
handen war, sie zu sehen, — und die Anwendung der schöpferischen Macht
für so viele Species zweifelhaften Werthes (Parasiten) u. s. w. sich schlecht
mit reinen Gottesvorstellungen vereinigen ließen [3].

Für die Entwicklung der Organismen stellt Spencer die Formel auf:
Survival of the fittest (Ueberleben des Passendsten). Daneben
adoptirt er aber auch die Hypothese Darwins von der „natürlichen Zucht=
wahl" oder der Erhaltung „der begünstigtsten Rassen im Kampf um das
Dasein" [4]. Durch diese beiden Processe werde der indirecte Ausgleich des
Organismus mit der Umgebung, „der Constitution mit den Lebensbedingungen",
herbeigeführt [5], wie durch die Anpassung der directe [6].

103. Psychologie. — Die Psychologie theilt Spencer in die objective,
welche die physiologische Seite derselben behandelt und sich auf äußere Be=
obachtung stützt, und in die subjective, welche die psychische Seite ins
Auge faßt und auf der innern Beobachtung fußt [7]. Die Entwicklung des
Geistes vollzieht sich nach Spencer in völliger Correlation mit derjenigen des
Nervensystems [8], gemäß demselben allgemeinen Entwicklungsgesetz. Gleichwohl
„setzt uns keinerlei Anstrengung in den Stand, Geist und Bewegung miteinander
zu assimiliren". Es soll nur ein Parallelismus zwischen bestimmten physi=
schen Vorgängen und der entsprechenden psychischen Entwicklung behauptet werden [9].

---

[1] B. I. § 110. 111.   [2] B. I. § 112.
[3] B. I. § 113. 114. — Spencer vergißt hier, daß unmittelbare Beobachtung
nicht das einzige Mittel ist, sich von einer Thatsache zu vergewissern. Die angebliche
Unmöglichkeit, das Werden zu denken, wo vorher nichts war, würde höchstens die
Unzulänglichkeit der Spencer'schen Erkenntnißtheorie beweisen. Uebrigens läßt die
Auslassung Spencers auch noch im Zweifel, ob er selbst eine richtige Vorstellung
vom christlichen Schöpfungsbegriff hat. Auf die von der Würde Gottes genommenen
Einwürfe haben die katholischen Theologen, lange bevor Spencer auftrat, eingehend
geantwortet. Was die von ihm behauptete „Ursprünglichkeit" der Schöpfungsvor=
stellung betrifft, so sollte ein Mann, welcher so sehr mit Kenntniß der religiösen
Meinungen der Völker prunkt, wie Spencer, wissen, daß gerade der Schöpfungsbegriff
nur auf einer sehr hohen religiösen Entwicklungsstufe Aufnahme fand, bezw. sich zu
behaupten vermochte. Derselbe kann daher nicht zu den „ursprünglichen" religiösen Be=
griffen im Sinne Spencers gerechnet werden, d. h. zu den primitivsten, unvollkommen=
sten religiösen Vorstellungen, welche die niedrigste religiöse Entwicklungsstufe darstellen.

[4] B. I. § 165 ss.   [5] B. I. § 164 ss.   [6] B. I. § 160.
[7] P. I. § 56; II. § 475 a.   [8] P. I. § 7. 17. 41 ss. 75 ss. 243 ss. 268.
[9] P. I. § 41—51. 62. 63. 179. 272.

Das Material, aus welchem der Geist sich bildet, — sind die Gefühle (feelings)[1]. Eine Empfindung besteht „aus einer integrirten Reihe von Nervenerschütterungen oder Gefühlseinheiten". Durch Integration von einfachen Empfindungen entstehen zusammengesetzte u. s. w. Der Geist ist auf der untersten Stufe „unklares Empfindungsvermögen". Bei fortschreitender Entwicklung des Nervensystems und Bildung von Nervencentren wächst die Mannigfaltigkeit und Bestimmtheit der Gefühlsaggregate[2]. So ist „die Entwicklung des Geistes ihrem Wesen nach eine zunehmende Integration von Gefühlen auf successiv höheren Stadien, womit sich eine zunehmende Ungleichartigkeit und Bestimmtheit verbindet"[3]. Bei der ganzen geistigen Entwicklung spielt die Association[4] eine große Rolle. Die Association der Gefühle und der Beziehungen zwischen denselben zu Klassen, Gruppen u. s. w. entspricht wieder der Anordnung der Nervengebilde in ihren Verzweigungen und Centren[5]. Das Gesetz der Association besteht darin, daß jedes einzelne Gefühl, bezw. jede Beziehung zwischen Gefühlen, sich im Augenblick des Auftretens automatisch mit seinesgleichen aus vergangenen Erfahrungen zusammenordnet[6].

Der Verstand (Anpassung des thierischen Organismus oder psychische Anpassung) ist nach Spencer die „Form der Gefühle". Er umfaßt nur die beziehlichen Elemente des Geistes[7]. Je mehr der Verstand sich entwickelt, um so mehr nimmt die allmählich aus der niedern Ordnung der Veränderungen, welche das körperliche Leben ausmachen, sich differenzirende höhere Ordnung der Veränderungen, welche das geistige Leben ausmachen, eine entschieden reihenförmige Anordnung an"[8]. Das Gesetz des Verstandes läßt sich dahin formuliren, daß „der Fortbestand oder die Beständigkeit des Zusammenhangs zwischen den Bewußtseinszuständen proportional ist der Beständigkeit des Zusammenhangs der Agentien, welchen er entspricht," — daß, wie die Beziehungen zwischen äußeren Agentien, Attributen, Thätigkeiten u. s. w., so auch die Beziehungen zwischen den entsprechenden Bewußtseinszuständen alle möglichen Abstufungen vom Nothwendigen zum rein Zufälligen zeigen[9]. Für die Ausbildung des Verstandes gilt im allgemeinen das Gesetz: „Wenn zwei psychische Zustände in unmittelbarer Aufeinanderfolge auftreten, so wird eine derartige Wirkung hervorgebracht, daß, sobald der erste Zustand wiederkehrt, eine bestimmte Tendenz wirksam wird, auch den zweiten darauf folgen zu lassen."[10]

Die primitivste Form der psychischen Anpassung ist die einfache Reflexthätigkeit[11]. Der Instinct ist zusammengesetzte Reflexthätigkeit[12]. Die zunehmende Complication des Zusammenhangs bedingt nothwendig einerseits einen Uebergang von automatischen zu nicht automatischen Thätigkeiten, da nur diejenigen complicirteren Functionen hinlänglich determinirt sind, welche häufig

---

[1] P. I. § 64 ss. § 209 ss.   [2] P. I. § 75.   [3] P. I. § 76.
[4] P. I. § 111 ss.   [5] P. I. § 116. 121.   [6] P. I. § 115. 120.
[7] P. I. § 76.   [8] P. I. § 181.   [9] P. I. § 183 ss.
[10] P. I. § 189.   [11] P. I. § 101.   [12] P. I. § 194.

vorgekommen sind, und — andererseits Sonderungen im Proceß, durch welchen
die psychischen Zusammenhänge gebildet werden [1]. Daburch entsteht zunächst
Erinnerung oder bewußtes Gedächtniß, indem (zum Zwecke der Anpassung)
Gefühle und Ibeen wieder erwachen, welche in früheren Fällen mit den augen=
blicklich im Bewußtsein befindlichen verbunden angetroffen wurden [2]. Ver=
nunft ist nur eine complicirtere Form des Instincts. Die vernünftige
Thätigkeit tritt dann ein, wenn die instinctive zu complicirt wird, um noch
vollkommen automatisch bleiben zu können. Wiederholt sich dieselbe Vernunft=
thätigkeit häufig, so wird sie wieder instinctiv [3]. Die Erfahrungen vererben
sich im Nervensystem. Das menschliche Gehirn ist gleichsam ein organi=
sirtes Register von unendlich zahlreichen Erfahrungen, welche
während der Entwicklung des Lebens auf der Erde oder vielmehr während
der Entwicklung jener Organismenreihe aufgenommen wurden, als deren letztes
Glied der Organismus des Menschen sich entwickelt hat [4].

Wo die psychische Thätigkeit nicht vollkommen automatisch ist, tritt end=
lich auch Gefühl und Wille auf. Mit der Erinnerung an psychische Ver=
änderungen entsteht auch „ein Begehren, solche Veränderungen wieder
durchzumachen" [5]. Und dieses Begehren, insofern es bewußt, ist Wille [6]. Bewußt=
sein setzt Veränderungen und Uebergänge von einem Zustand zum andern voraus [7].

Von anderen Spencer eigenthümlichen psychologischen Ansichten erwähnen
wir noch seine Lehre über Schlußverfahren, über die Objectivität unserer Er=
kenntniß und über das höchste Kriterium der Gewißheit.

Spencer verwirft den Syllogismus als „psychologische Unmöglich=
keit" [8], da im allgemeinen Obersatz eine petitio principii eingeschlossen
sei u. s. w. „Jeder Schließact" ist nach ihm „das indirecte Festfellen einer
bestimmten Beziehung zwischen zwei Dingen vermittelst des Processes der Fest=
stellung einer bestimmten Beziehung zwischen zwei bestimmten Beziehungen".
Schließen ist nichts weiteres, als eine Classification von Beziehungen [9]. Zwi=
schen Schließen, Classification, Benennung, Erkennen und Wahrnehmung be=
steht eine innige Wechselbeziehung [10].

In der Erkenntnißtheorie vertritt Spencer nach seinem eigenen Ausbruck
einen „verklärten Realismus" [11], d. h. er anerkennt eine gewisse
objective Existenz, die sich unter gewissen Bedingungen kundgibt, kommt
aber zugleich zur „Folgerung, daß diese Existenz und diese Beziehungen für
uns nichts weiter sind, als die unbekannten Correlativa unserer Ge=
fühle und der Beziehungen zwischen unseren Gefühlen" [12]. Die Frage der
Beziehung von Subject zu Object stellt uns abermals vor den Schluß, „daß
hinter allen innerlichen und äußerlichen Kundgebungen eine sich kundgebende
Macht verborgen ist... Jedes Gefühl und jeder Gedanke ist nur vorüber=

---

[1] P. I. § 108. 190.   [2] P. I. § 200 s.
[3] P. I. § 205. 203 ss.   [4] P. I. § 208; Essays III. p. 332.
[5] P. I. § 213.   [6] P. I. § 218.   [7] P. I. § 211.
[8] P. II. § 305. § 302 ss.   [9] P. II. § 309.   [10] P. II. § 310 ss.
[11] P. II. § 471 ss.   [12] P. II. § 472. § 475.

gehend; ja selbst die Objecte, inmitten deren das Leben sich abspielt, streben, obgleich sie weniger vorübergehender Natur sind, doch sämmtlich dahin, ihre Individualität schneller oder langsamer aufzugeben. Das Eine aber — soviel können wir hier erkennen —, was Dauer besitzt, ist die **unerkennbare Wirklichkeit**, welche hinter all diesen wechselnden Gestalten sich verbirgt."[1]

104. **Sociologie.** — Die Vorstufe für die „über=organische" (sociale) Entwicklung bildet nach Spencer die vereinte Thätigkeit der Erzeuger bei „der Pflege ihrer Jungen". Der eigentliche Beginn derselben knüpft sich aber an die coordinirte Thätigkeit zahlreicher Individuen (gesellschaftlich lebender Thiere, als: Insecten, Vögel, Säugethiere)[2]. Die gesellschaftliche Entwick=lung selbst construirt sich Spencer ganz nach dem Vorbilde der organischen Entwicklung zurecht. **Die Gesellschaft ist ihm ein nach Bau und Functionen in fortschreitender Differenzirung begriffener Organismus**[3]. Spencer versichert zwar, daß er nur eine „beschränkte Analogie" zwischen socialem und thierischem Organismus behaupte[4], geht aber andererseits in der Durchführung dieser Analogie so weit, die socialen Institutionen und Functionen einfachhin in biologischen Ausdrücken zu be=sprechen. So spricht er vom Ernährungs=, Vertheilungs=, Regulirungs=system in der Gesellschaft[5]. Er vergleicht die Bildung des Regierungsmecha=

---

[1] P. II. § 475. — Zum gleichen Ergebniß war Spencer schon P. I. § 272. 273 gekommen: „**Wir können uns den Stoff nur in Ausdrücken** (terms) **des Geistes denken. Wir können uns den Geist nur in Ausdrücken des Stoffes denken.** Wenn wir unsere Erforschung des erstern bis zur äußersten Grenze fortgeführt haben, so sehen wir uns auf den letztern für den letzten Aufschluß verwiesen, und haben wir den letzten Aufschluß von dem letztern bekommen, so werden wir für die Erklärung desselben auf den erstern zurückverwiesen. Wir finden den Werth von x in Elementen von y ausgedrückt, und den Werth von y wieder in Elementen von x. Und so mögen wir immer fortfahren, ohne jemals der Lösung näher zu kommen. Die Antithese von Object und Subject, die sich niemals über=steigen läßt, solange das Bewußtsein fortdauert, macht eine jede Kenntniß jener **höchsten Realität**, in welcher **Subject und Object vereinigt ist**, durch=aus unmöglich. Und dies bringt uns zur wahren Schlußfolgerung . . ., daß **es eine und dieselbe höchste Realität ist**, welche sich uns objectiv und subjectiv kundgibt." — Essays III. p. 288 bemerkt Spencer, daß der „anscheinend kreisförmige Proceß", der in der Erklärung des Subjects durch das Object und umgekehrt liegt, dadurch gerechtfertigt ist, „that it is a process of establishing **congruity among our symbols**". Derselbe hat zum Zweck, „einen Modus zu finden, die unbekannten subjectiven und objectiven Thätigkeiten so zu symbolisiren und unsere Symbole so zu handhaben, daß alle unsere Acte recht geleitet werden. Diese rich=tige Leitung besteht darin, daß wir in Stand gesetzt werden, vorherzusehen, wann, wo und in welchem Umfange sich eines unserer Symbole oder irgend eine Combination derselben vorfinden wird". — Diese Erklärung stimmt ganz mit Spencers Auffassung überein, daß der ganze Erkenntnißproceß nur eine bei den höheren Formen des Lebens nothwendig auftretende complicirtere Phase des allgemeinen Anpassungsprocesses sei.

[2] S. I. § 2. 3.   [3] S. II. § 214 ss.   [4] S. II. § 269.
[5] S. II. 237 a ss.

nismus in entwickelteren Staaten mit der Entwicklung des Ganglienſyſtems unter Leitung der Kopfganglien[1] u. ſ. w. — Doch heben wir noch einiges hervor, was Spencer vorbringt über die

Entwicklung ſocialer Inſtitutionen im einzelnen. — Das Entſtehen religiöſer Vorſtellungen (Seele, Unſterblichkeit, Geſpenſter, Geiſter, Götter, Gott) erklärt Spencer einerſeits aus den Vorſtellungen, welche bei Ungebildeten entſtehen, wenn ſie Zufälle und Zuſtände der Bewußt= loſigkeit (Schlaf, Ohnmacht u. ſ. w.) beobachten, und — andererſeits aus der Leichtigkeit, mit welcher Naturmenſchen lebhafte Träume mit der Wirklichkeit verwechſeln. „Er iſt wieder zu ſich gekommen", ſagt man von einem, der zum Bewußtſein zurückkehrt. Der Ungebildete denkt ſich dabei, daß das andere „Ich" zeitweilig fort war. Analog bildet er ſich vom Tode die Vorſtellung, daß derſelbe eine länger andauernde Abweſenheit des andern „Ich" ſei, welche einſt durch „Auferſtehung" wieder gehoben werden könne. Infolge lebhafter Träume, Hallucinationen u. ſ. w. glaubt der Wilde, Geiſter der Hingeſchiedenen ſelbſt geſehen zu haben. Iſt der Geiſterglaube einmal vorhanden, ſo erſcheint derſelbe als bequemſtes Auskunftsmittel, Naturvorgänge zu erklären, die der Wilde nicht begreift. Es folgt Ahnen=, Geiſter= und Götter=Verehrung[2] u. ſ. w.

Mit gleicher Roheit, wie das Entſtehen der religiöſen Begriffe, erklärt unſer „prähiſtoriſcher" Urwalds=Philoſoph den Urſprung der Ehe und Familie, der Autorität, des Geſetzes und des Eigenthums. — Die Ehe und die Familie ſucht er zur höhern Form der analogen Erſcheinungen im Thier= leben zu ſtempeln[3]. — Den Urſprung der Autorität leitet er von außer= ordentlicher Klugheit, Geſchicklichkeit und Kraft ab. Durch dieſe Eigenſchaften, welche vom primitiven Menſchen als übernatürlich angeſehen worden[4], hätten ſich die Führer zu ihrem Anſehen emporgeſchwungen. Zauberei und die eben beſprochene „Geiſtertheorie" haben die Gewalt der phyſiſch überlegenen, durch Schlauheit hervorragenden Häuptlinge in den Augen der Wilden erſt recht beſtärkt und dem Glauben an ihre „göttliche Abſtammung" mächtig Vorſchub geleiſtet[5]. — Geſetze ſind ihrer Natur nach einfach Ausſprüche oder Satzungen der Vorväter. Die Vorſtellung von ihrer Heiligkeit wurde namentlich wieder durch den Gebrauch, für wichtige Entſcheidungen durch Zauberei, Orakel u. ſ. w. den Götterwillen zu erforſchen, ausgebildet. So erſchienen die Geſetze als Ausfluß göttlichen Willens[6]. — Den primitiven Eigenthumsbegriff ſieht Spencer in der Handlung eines Raubthiers verkörpert, welches ſeine Beute erhaſcht[7].

---

[1] S. II. § 251.   [2] S. I. § 69—205.   [3] S. II. § 278—343.
[4] S. III. § 405.   [5] S. III. § 474. 477. 478.   [6] S. III. § 530.
[7] S. III. § 586. — Um dem Leſer wenigſtens an einem Beiſpiele von dem „urmenſchlichen", faſt möchte man ſagen „vormenſchlichen" Tone, in welchen die ſocio= logiſchen Unterſuchungen unſeres „Philoſophen der zwei Welten" nicht ſelten verfallen, einen Begriff zu geben, ſetzen wir eine Stelle aus ſeiner vor kurzem im Mind (1890, Oct., p. 449 ss.) veröffentlichten Abhandlung The origin of music hierher. Spencer

105. **Moral.** — In der Sittenlehre bekennt sich Spencer im Gegen=
satz zu Mills „empirischem" zum „rationellen" Utilitarismus. Ra=
tionell wird nämlich der Utilitarismus nach Spencer erst, wenn man die
sittlichen Erscheinungen als Glieder der allgemeinen Entwicklung betrachtet [1].
Demgemäß untersucht Spencer der Reihe nach die Bedingung, welche das
menschliche Handeln erfüllen muß, um vom physikalischen, biologischen, psycho=
logischen und sociologischen Standpunkt aus wohl eingerichtet und darum
sittlich gut zu sein [2]. Vom **physikalischen** Standpunkt aus ist der Mensch
ideal sittlich, wenn „sein bewegliches Gleichgewicht vollkommen ist oder
der Vollkommenheit sich außerordentlich nähert"; vom **biologischen** Stand=
punkt, wenn „seine Functionen sämmtlich in dem Grade ausgeführt werden,
daß sie den Existenzbedingungen gehörig angepaßt sind" [3]; vom **psycholog=
ischen**, wenn Freuden und Leiden, die aus moralischen Gefühlen entspringen,
in dem Grade als Reiz= und Abschreckungsmittel wirksam sind, daß man ganz
natürlich in der rechten Weise handelt [4]; vom **sociologischen Standpunkt**,
wenn die gesellschaftlichen Thätigkeiten so ausgeführt werden, daß das voll=
kommene Leben jedes einzelnen das vollkommene Leben aller fördert.

Einen Hauptvortheil seiner Moral erblickt Spencer darin, daß sie an=
geblich alle widerstreitenden ethischen Theorien miteinander versöhnt und ver=
schmilzt [5]. Nach ihm wären alle Moralsysteme **relativ**, d. h. für das Ent=

bekämpft hier Darwins Ansicht, daß die Musik, die „entwickelte Sprache der Emo=
tionen", sich ausschließlich aus thierischen Lautkundgebungen beim Werben des
Männchens um das Weibchen herausgebildet habe, in folgendem geistreichen Excurs,
dessen Wahl sich auch aus dem Grunde empfiehlt, weil jeder Leser im Stande ist,
die „wissenschaftlichen" Thatsachen, auf welche er sich stützt, zu controliren, und seine
Beweiskraft vielleicht noch mit mehr Competenz, als Spencer selbst, zu beurtheilen.
Der Excurs lautet: „Zur Stütze der Ansicht Darwins mag allenfalls das Girren
der Taube angeführt werden; auch das Katzengeschrei mag derselben günstig sein, ob=
wohl ich bezweifle, ob der Kater diese Laute gerade in der Absicht hervorbringe, die
Katze zu bezaubern. Sicher aber hat das Heulen der Hunde keinerlei Beziehung
auf Liebeswerbung; ebenso wenig das Bellen, das zum Ausdruck fast aller Gemüths=
bewegungen dient. Schweine grunzen manchmal, weil sie in angenehmer Erwartung
sind, andere Male wieder während der Eßfreuden oder auch infolge allgemeiner Be=
friedigung beim Suchen nach Futter. Desgleichen blöken die Schafe unter dem
Eindrucke verschiedener, gewöhnlich nicht starker Gefühle, die mehr sociale oder mütter=
liche, als Gattengefühle sind. Dasselbe gilt von dem Gebrüll des Rindviehs. Beim
Federvieh ist es nicht anders. Das Quaken der Enten zeigt allgemeines Wohlbefinden
an, und das Geschrei, in welches hie und da eine Gänseheerde ausbricht, scheint eher
eine Welle socialer Erregung zum Ausdruck zu bringen, als irgend etwas anderes.
Das Gackern der Henne zeigt, außer nach dem Eierlegen, wo es den Charakter des
Triumphgeschreies hat, Zufriedenheit an. Und das Krähen des Hahns verräth bei
verschiedenen Anlässen nur freudige Stimmung. In allen Fällen macht sich über=
strömende Nerven=Energie in irgend einer Weise Luft und führt in manchen Fällen
zum Wedeln mit dem Schweife, in anderen zur Zusammenziehung der Stimmmuskeln"
(l. c. p. 451).   [1] E. § 21. 24 ss.   [2] E. § 25—64.   [3] E. § 31.
   [4] E. § 41. 48.   [5] E. § 63. 108.

widlungsstadium, welchem sie entstammten, gut gewesen[1]. Als Hauptverdienst seiner Sittenlehre betrachtet es Spencer, daß dieselbe zwischen Egoismus und Altruismus das rechte Verhältniß herstelle. Ihm zufolge findet zwischen Altruismus und Egoismus eine beständige gegenseitige Abhängigkeit und Wechselwirkung statt[2], jedoch so, daß der Egoismus die Grundlage bleibt[3]. Als primitivste Form des Altruismus gilt Spencer „die Selbstaufopferung der Erzeuger", um Nachkommenschaft hervorzubringen[4]. Aehnlich wie „die altruistischen Bemühungen zu Gunsten der Jungen" „unter Befriedigung elterlicher Instincte" ohne Bewußtsein einer Selbstaufopferung stattfinden, so werden auch mit fortschreitender socialer Entwicklung die social-altruistischen Handlungen unter höchster egoistischer Befriedigung ausgeführt werden[5]. Die Selbstverläugnung wird als Element sittlichen Handelns immer mehr verschwinden[6], da letzteres höchstes Vergnügen wird. Absolut gut sind nach Spencer demgemäß Handlungen, die rein freudebringend sind, sowohl in ihren mittelbaren als in ihren unmittelbaren Folgen. Solche Handlungen vollbringt z. B. der geniale Künstler, dessen Schöpfungen sowohl ihm nur Nutzen, als auch anderen reine Genüsse verschaffen[7] u. s. w. u. s. w.

106. Classification der Wissenschaften. — Spencer theilt zunächst die Wissenschaften ein: 1. in solche, die von den „Formen" handeln, unter welchen uns die Phänomene bekannt sind (abstracte Wissenschaften), — und 2. in solche, welche von den „Phänomenen" selbst handeln. Von letzteren betrachten einige die Phänomene in ihren „Elementen" (abstract-concrete Wissenschaften) und andere in ihrer „Totalität" (concrete Wissenschaften). — Als abstracte Wissenschaften nennt Spencer: Logik und Mathematik; als abstract-concrete: Massen- und Molekular-Mechanik (Mechanik, Physik und Chemie); als concrete: Astronomie, Astrogonie, Geogonie, Mineralogie, Metereologie, Geologie, Biologie. Letztere umfaßt wieder Morphologie, Physiologie, Psychologie und Sociologie als specielle Zweige.

Diese Eintheilung erscheint schon durch die eigenthümliche Bedeutung in ungünstigem Licht, welche Spencer dem Worte „abstract" beilegt. Er bezieht nämlich diesen Ausdruck auf „ideale" Verhältnisse, die in der Wirklichkeit nie ganz vollkommen auftreten. Abstract ist z. B. nach ihm eine vollkommen geradlinige Bewegung, ein genauer rechter Winkel u. s. w.[8]

7. Kurze Kritik der Spencer'schen „Philosophie".

Um sich über Spencers Philosophie ein Urtheil zu bilden, genügt ein Blick auf die zwei Grundgedanken, welche dieselbe in all ihren Einzelheiten beherrschen. Das Erkennbare ist nach Spencer nur die Kundgebung, die Offenbarung des Unerkennbaren, der absolut unbegreiflichen

---

[1] E. § 51. [2] E. § 76 ss. [3] E. § 60.
[4] E. § 82. [5] E. § 93 ss. [6] E. § 112.
[7] E. § 103. — Ausführlich wurde Spencers Sittenlehre dargestellt und beleuchtet in Cathreins Sittenlehre des Darwinismus (Freiburg, Herder, 1885).
[8] Essays III. p. 9 ss.

höchsten Realität, welche sich hinter demselben verbirgt. Alle Ordnungen, Wandlungen und Erscheinungen, welche uns im Erkennbaren entgegentreten, erklären sich durch das eine, alles beherrschende Entwicklungsgesetz (Ueberleben des Tauglichsten und natürliche Zuchtwahl). Diese zwei Grundgedanken des Spencer'schen „Systems synthetischer Philosophie" enthalten so ernste Verstöße gegen die elementarsten Regeln philosophischen Denkens, daß man sich nicht genug darüber wundern kann, wie dasselbe in so hohem Maße den Beifall sonst nicht unbegabter Kritiker und Gelehrter finden konnte.

107. Spencers Unerkennbares eine Ungeheuerlichkeit. — Spencers Lehre vom Unerkennbaren muß vom philosophischen Standpunkt aus als eine geradezu haarsträubende Leistung bezeichnet werden. Spencer behauptet einerseits, daß alles Erkennbare „Kundgebung" des Unerkennbaren sei, in welchem sich dieses „offenbart", und erklärt andererseits wieder dieses Unerkennbare als absolut unerkennbar. Dies ist aber ein offener Widerspruch. Denn was sich uns „kundgibt", „offenbart", das erkennen wir nothwendigerweise, in etwa wenigstens; es kann also nicht „absolut unerkennbar" genannt werden. — Spencer faßt dann das Unerkennbare, welches ihm in den verschiedenen Ordnungen der Phänomene, im Subject und Object, im Geist und in der Materie, in der Zeit und im Raume u. s. w. entgegentritt, ohne weiteres als eine und dieselbe unerkennbare Substanz, als die Eine, allem Sein zu Grunde liegende „höchste Realität" auf. Das ist wieder ein logischer Schnitzer, der selbst einem Anfänger in der Philosophie nicht zu verzeihen wäre: Verwechslung des generisch Einen mit dem individuell Einen. — Ueberdies ist dies Eine „Unerkennbare", welches angeblich in aller und jeder Erscheinung sich kundgibt, in sich nicht bloß eine unbegreifliche, sondern eine wahrhaft ungeheuerliche Conception. Und durch diese Conception vermeint Spencer in allem Ernst, sowohl der Religion als der Wissenschaft völlig gerecht geworden zu sein, alle Religionen und Philosophien in ihrer höchsten Synthese zusammengefaßt zu haben. Das „Unerkennbare", welches Spencer seinen Gläubigen zur „staunenden Verehrung" vorstellt, entspricht wahrhaftig völlig seiner „Geistertheorie": Es ist nicht nur ein Inbegriff aller Absurditäten, sondern ein wahres „Gespenst", das einem die Haare zu Berge stehen macht.

108. Spencers Unerkennbares und die Freimaurer. — Die Lehre Spencers vom Unerkennbaren, die tiefste Grundlage seiner ganzen Philo-

sophie, erfuhr denn auch, da ihre Ungeheuerlichkeit zu offenkundig ist, selbst seitens seiner sonstigen positivistischen und agnostischen Gesinnungsgenossen und Bewunderer (Hurley, Littré, Angiulli u. s. w.) eine energische Zurück= weisung. Nur eine Klasse von Leuten, die sich rühmen, die Bannerträger der Aufklärung, der Wissenschaft und des Fortschritts zu sein, griffen gierig nach Spencers „Unerkennbarem", da sie in demselben einen ihren Bedürfnissen in jeder Hinsicht entsprechenden, durch seine unvergleichliche Dehnbarkeit und Un= bestimmtheit sich empfehlenden „Gottesbegriff" gefunden zu haben glaubten. Es sind dies die F r e i m a u r e r.

Um nur einige Thatsachen namhaft zu machen, bezeichnete der durch seinen religiösen Radikalismus bekannte Professor der Brüsseler Freien Uni= versität Br∴ G o b l e t d' A l v i e l l a, activer „Souveräner General=Groß= inspector" — so heißt der Titel des 33. und höchsten Grades der schottischen Hochgrad=Freimaurerei —, schon in mehreren Freimaurer=Conventen unter außerordentlichem Beifall der höchsten Logen=Vorgesetzten und sonstiger an= wesenden und abwesenden Brr∴ — Littrós „Unermeßliches" und S p e n c e r s „Unerkennbares" als die geeignetsten Ideen, um sich den Freimaurer=Gott, den „Weltenbaumeister" vorzustellen [1]. Und man kann nicht läugnen, daß der Spencer'sche Gottesbegriff einer Vereinigung, in welcher Juden und Mohammedaner, Christen und Hottentotten, Pantheisten und Ma= terialisten gleichmäßig Platz finden sollen, ganz auf den Leib geschnitten ist.

Wie sehr Anschauungen, wie sie Goblet d'Alviella äußerte, allen Frei= maurern aus der Seele gesprochen sind, dafür ist ein sprechender Beleg, daß selbst die D e u t s c h e L a n d e s = L o g e in Berlin, welche sonst unter Brrn∴ als Vertreterin des „christlichen Princips" gilt und wegen ihres „Mucker= thums" von Mitgliedern anderer freimaurerischen Verbände heftig angefeindet wird [2], den auf den Spencer'schen „Gottesbegriff" bezüglichen Reden Goblets hohen Beifall zollte [3].

Ein anderer gefeierter Logenredner, J o t t r a n d, äußerte sogar, nachdem er sich gleichfalls in Ausdrücken höchster Bewunderung über Spencers un= knowable ergangen hatte, er wisse nicht, ob S p e n c e r F r e i m a u r e r sei; jedenfalls sei derselbe aber würdig, es zu sein [4]. U. s. w. u. s. w. Vielleicht stehen Spencer noch ähnliche Ehren im Logentempel bevor, wie Littré.

109. S p e n c e r s E n t w i c k l u n g s l e h r e eine philosophische Dich= tung. — Auch der zweite Hauptgrundgedanke der Spencer'schen Philo= sophie, daß ein und dasselbe Entwicklungsgesetz den ganzen Welt= proceß beherrsche, von der Kosmogonie angefangen bis zur überorganischen

---

[1] Bulletin du Suprême Conseil de Belgique (Bericht über die Verhand= lungen des Höchsten Rathes der schottischen Hochgrad=Freimaurerei) 1884, p. 49. 72 ss.; 1885, p. 49; 1886, p. 84; vgl. 1886, p. 57; 1887, p. 27; 1888, p. 34. 76.

[2] Vgl. z. B. den Artikel „Ein Hauptübel des Freimaurerbundes" in der „Bau= hütte" 1890, S. 33.

[3] Bull. du Supr. Cons. de Belgique 1888, p. 122.   [4] Ib. 1887, p. 30.

(socialen und moralischen) Ordnung hinauf, verträgt sich mit den Regeln gesunder Philosophie kaum besser als seine Lehre vom Unerkennbaren. Spielereien und Analogien, kühne Hypothesenbildungen sind keine Philosophie. Die ganze „synthetische Philosophie" Spencers bewegt sich aber, indem sie den gesammten Weltproceß in das Prokrustesbett des Entwicklungsgesetzes hineinzuzwängen sucht, in solchen eines Philosophen unwürdigen Spielereien. Sie ist ein Sammelsurium der tollkühnsten Hypothesen; — Hypothesen, die nicht bloß durch keine Erfahrung zu erweisen sind, sondern aller Erfahrung positiv widerstreiten.

Auch bei unserer Kritik des zweiten Hauptgedankens der Spencer'schen Philosophie finden wir selbst unter den wissenschaftlicheren, ernsteren Vertretern positivistischer Anschauungen Bundesgenossen. So bemerkt z. B. A. Riehl zu Spencers Entwicklungsphilosophie: „Bewegen wir uns hier nicht in lauter Anspielungen und mehr oder minder schielenden Gleichnissen, nicht viel anders als in der Naturphilosophie Hegels?" [1]

Eugen Dühring bedient sich mit Rücksicht auf die Darwin-Spencer'sche Naturphilosophie nicht mit Unrecht der Ausdrücke „Charlatanerie", „leichtfertige Oberflächlichkeit", „wissenschaftliche Mystificationen", „naturphilosophische Halbpoesie" [2], „Darwinismus-Spielerei", „Mißphilosophie" [3]. Dühring bemerkt dann weiter, daß so ärmliche, schwächliche Versuche, den religiösen Ueberlieferungen Rechnung zu tragen, wie sie in Spencers Unerkennbarem vorliegen, nur die „im consequenten Denken rückständigsten Elemente des Publikums" befriedigen können. „Zu letzteren", fährt er dann fort, „gehört ein Schlag von Gelehrten, und sogar vielfach von naturwissenschaftlichen Gelehrten, deren Unerfahrenheit und Mangel an Orientirung in den feineren Wendungen der Philosophie und Weltschematik sie der ersten besten sich gerade auf ihrem Wege anpreisenden Plumpheit anheimfallen läßt." [4]

c. Sonstige englische Positivisten.

110. Alexander Bain, welcher J. St. Mill bei Ausarbeitung seiner Logik unterstützte, ist diesem der geistigen Richtung nach verwandt. Er beschäftigt sich hauptsächlich mit der Analyse, Beschreibung und Classificirung der psychischen Phänomene vom rein empiristischen, „naturgeschichtlichen" Standpunkt aus [5]. Große oder lichtvolle Gedanken findet man bei ihm nicht.

---

[1] A. Riehl, Der philos. Kriticismus, II. Bd., 1887, S. 113.

[2] Eugen Dühring, Cursus der Philosophie, 1875, S. 109.

[3] Ebend. S. 126.

[4] Ebend. S. 453. — Einer eingehenden Prüfung wurde Spencers Entwicklungsformel unterzogen in Malcolm Guthrie's On H. Spencer's formula of evolution as an exhaustive statement of the changes of the Universe. London, Trübner, 1879.

[5] Seine Hauptwerke sind: The senses and the Intellect, 1855; The emotions and the will, 1859; Mental and moral science, 1868.

111. G. H. Lewes (1817—1878) widmete sich zuerst dem Kauf=
mannsstand, dann der Medicin und endlich der Schriftstellerei. Er ist
durch Allseitigkeit des Geistes und kritischen Scharfblick ausgezeichnet, ent=
behrte aber einer gründlichen philosophischen Vorbildung und schwankte
daher auch sehr in seinen philosophischen Ansichten. Obgleich er in seinen
Werken warm für Comte[1] eintrat und sich selbst als Positivisten und
Anhänger Comte's bekannte, entfernte er sich doch, später wenigstens, recht
weit von dessen Anschauungen. Lewes unterscheidet zwischen Erkanntem,
Unerkanntem und Unerkennbarem. Nur die Beschäftigung mit letzterem
(Metempirismus) sei unberechtigt. Hingegen sei die Metaphysik, insoweit
sie durch Eindringen in das Unbekannte das Gebiet des Erkannten ver=
mittelst rechtmäßiger Deduction auszudehnen suche, beizubehalten. Das
darwinistische Gesetz vom Kampf ums Dasein dehnt er auch auf die
einzelnen Organe und Gewebe aus. Besonders charakteristisch bei Lewes
ist seine Anschauung, daß Nervenbewegungen und Bewußtseinszustände
nur zwei Seiten ein und desselben Vorgangs seien, wie etwa die convexe
und concave Seite einer Curve. Ebenso spricht er schon den seither von
verschiedenen Positivisten wiederholten Gedanken aus, daß das erkennende
Subject und das erkannte Object nur zwei Seiten ein und desselben
Phänomens seien[2] u. s. w.

112. W. K. Clifford[3], von Fach Mathematiker, kommt, an Lewes an=
knüpfend, zum Schluß, daß man neben Subjecten und Objecten noch „Ejecte"
der Erkenntniß anzunehmen habe. Diesen Ausdruck bezieht Clifford auf die
schlußweise erkannten, „projectirten" Bewußtseinszustände anderer, welche dem
erkennenden Bewußtsein nicht unmittelbar phänomenal sich darstellen. Zwischen
Körper und Seele besteht nach ihm ein Wechselverhältniß, das dem zwischen
geschriebener und gesprochener Sprache vergleichbar ist. Da ferner der Ueber=
gang von der anorganischen Materie zum Organismus ein allmählicher ist,
folgert Clifford, so sind wir genöthigt, auch Gefühle (ejective Elemente) ohne
Bewußtsein anzunehmen, ja alle materiellen Bewegungen als von ejectiven
Elementen begleitet uns vorzustellen. Daher besitzt jedes in Bewegung be=
findliche Molekül zwar nicht Seele und Bewußtsein, aber doch, da der Geist

---

[1] Comte's philosophy of the positive sciences, 1847; History of philo-
sophy, 1847, deutsch 1873—1876; Problems of life and mind, 1872—1879.
Comte sagt über Lewes, derselbe habe auf ihn den Eindruck eines biedern und inter-
essanten jungen Mannes gemacht, der aber nur unvollkommen von der psychologischen
Krankheit geheilt gewesen sei (Lettres d'Auguste Comte à J. St. Mill. Paris,
Leroux, 1877, p. 462).

[2] Vgl. Carrau in Revue phil. 1876. II. 259 ss.

[3] Lectures and Essays. (2 vol.) London, Macmillan, 1879; Mind 1878
(Jan.); Revue phil. 1883. II. 406.

aus ejectiven Elementen besteht, eine kleine Menge „Geist=Stoff" (mind-stuff). Auf Grundlage einer weitern, nicht minder sophistischen Beweis= führung kommt Clifford endlich zum Ergebniß, daß die ganze Außenwelt, ebenso wie ihr geistiges Bild, aus Geist=Stoff bestehe.

Wir hätten vorstehende Ausführungen Cliffords nicht erwähnt, wenn dieselben nicht einen sprechenden Beleg für die Schwierigkeiten bildeten, welche die evolutionistische und positivistische Schule hat, die psychischen Phänomene zu erklären. Nebenbei bemerkt, wurden dieselben in positivistischen Kreisen als hochbedeutend begrüßt.

113. H. Maudsley, ebenfalls Anhänger der Entwicklungslehre, ist einer der wenigen, welche mit Comte alle innere Beobachtung verwerfen[1]. Im übrigen thut er sich namentlich durch die frivole, demagogische Art hervor, mit welcher er alle übernatürlichen Zustände, Ekstasen, Visionen, Inspira- tionen u. s. w., als pathologische Phänomene darzustellen sucht[2].

114. Ch. Darwin. — Der engen Verbindung wegen, in welcher der Darwinismus zu Spencers „Philosophie" steht, müssen wir hier auch den Naturforscher Ch. Darwin kurz erwähnen. Darwin stellt bekanntlich die „natürliche Zuchtwahl" als oberstes Evolutionsprincip auf, nimmt aber bei seinen Erklärungen auch das Princip Spencers: „Ueberleben des Tauglichsten", zu Hilfe. Da die Darwin'sche Entwicklungstheorie von gewissen Leuten mit solcher Zuversicht als völlig sicheres, unumstößliches Ergebniß der Wissenschaft dargestellt wird, an dem nur noch Unwissende zweifeln können, wollen wir einige Aeußerungen Darwins selbst anführen, welche, miteinander verglichen, auf die angebliche Gewißheit seiner Theorie ein eigenthümliches Licht werfen. Darwin erklärt einerseits:

„Wenn bewiesen werden könnte, daß es irgend ein zusammengesetztes Organ gebe, welches nicht durch zahlreiche, aufeinanderfolgende, unscheinbare Modificationen hätte gebildet werden können, so würde meine Theorie zusammenstürzen... Wenn bewiesen werden könnte, daß irgend eine Bil= dung irgend einer Species ausschließlich zum Besten einer andern Species stattfand, so würde meine Theorie vernichtet sein; denn eine solche Bildung könnte nicht durch natürliche Zuchtwahl hervorgebracht werden" (Origin of species, 3th ed., p. 208). Darwin gesteht also ausdrücklich zu, daß, sobald eine Bildung nachgewiesen wäre, welche nicht durch natürliche Zuchtwahl erklärt werden könnte, seine ganze Theorie zusammenstürze.

Später nun gestand Darwin selbst in seinem Werk Descent of man (II. 287):

„Zweifellos weist der Mensch sowohl, wie jedes andere Thier, Bil= dungen auf, welche, soweit wir bei unserer geringen Kenntniß urtheilen können,

---

[1] The physiology of mind. London 1876, p. 16 ss.
[2] Natural causes and seemings. London 1876.

ihm gar keinen Nutzen bringen noch jemals brachten. Solche Bildungen können ebenso wenig durch irgend eine Form von Zuchtwahl, als durch ererbten Gebrauch oder Nichtgebrauch von Theilen erklärt werden." — Ebendaselbst (I. 152. 154) schreibt er: „Ich gebe jetzt zu .., daß ich in den früheren Ausgaben meines Origin of Species wahrscheinlich den Einfluß der natürlichen Zuchtwahl und des Ueberlebens des Tauglichsten übertrieb... Ich hatte ehemals die Existenz von vielen Bildungen, welche, soweit wir beurtheilen können, weder nützlich noch schädlich zu sein scheinen, nicht beachtet, und dies halte ich für eines der größten Versehen, welche ich in meinem Werke entdeckte... Die Ursachen der Abänderungen in den Organismen liegen viel mehr in der Constitution des sich ändernden Organismus, als in der Natur der Bedingungen, welchen derselbe ausgesetzt war. Ein unerwarteter Rest von Veränderungen, vielleicht ein großer, muß unbekannten Agentien zugewiesen werden, welche gelegentlich scharf hervortretende und unvermittelte Bildungs-Abweichungen bei unseren Hausthieren hervorrufen."[1]

115. J. Sully. — Einer der hauptsächlichsten Vertreter der Entwicklungsphilosophie in England ist augenblicklich James Sully. Ihm zufolge ist der intellectuelle Proceß auf drei Hauptprocesse zurückführbar, nämlich auf Differenzirung, Assimilation und Association. Die Differenzirung erstreckt sich ebenso sehr auf die Organisation, als auf die Functionen. Die Assimilation (gegenseitige Anziehung und Verschmelzung psychischer Inhalte) umfaßt die rohe Assimilation (Classification), die Recognition und die vergleichende Assimilation. Die Association verwebt zusammen auftretende oder aufeinander folgende Elemente der Vorstellung[2].

116. G. Romanes, ein anderer von den heutigen Empiristen viel citirter Evolutionist, ist in seinen Werken[3] damit beschäftigt, jeden Unterschied zwischen Mensch und Thier zu verwischen.

117. Th. Huxley und John Tyndall endlich können als die Wanderredner des Agnosticismus bezeichnet werden. Die trostlose Leere ihres Glaubensbekenntnisses spiegelt sich in folgenden Worten Tyndalls ab:

„Woher kommen wir? Wohin gehen wir? Die Frage verhallt an den endlosen Ufern des Unbekannten ohne Antwort, ja selbst ohne Echo. Laßt uns die Materie erforschen bis an ihre äußersten Grenzen; laßt uns dieselbe in allen ihren Formen vornehmen, um damit Versuche zu machen, darüber Erörterungen anzustellen. Laßt uns unter Ausmerzung des Wortes ‚Lebenskraft' aus unserm Wörterbuch die sichtbaren Lebensphänomene, wenn wir es können, auf mechanische Anziehung und Abstoßung zurückführen. Wenn wir so die Natur bis an ihre letzten Enden ergründet haben, steht das eigentliche Geheimniß immer noch vor uns. Wir sind demselben um keinen Schritt

---

[1] Vgl. Mivart, Lessons from nature as manifested in mind and matter. London, Murray, 1876, ch. IX.   [2] Mind 1890 (Oct.) p. 449 ss.
[3] Animal intelligence, 1882, und Mental evolution in man: Origin of human faculty, 1884.

näher gekommen. Und so wird es immer vor uns bleiben — selbst jenseits der Grenzen der Erkenntniß — und alle künftigen Philosophen nöthigen, zu gestehen:

> We are stuff
> As dreams are made of and our little life
> Is rounded with a sleep." [1]

Ignoramus, ignorabimus, so lautete das Echo des englischen Agnosticismus von der Spree aus dem Munde des Physiologen Du Bois-Reymond [2]. Ein anderer bekannter deutscher Physiologe, Helmholtz, besorgte selbst eine deutsche Ausgabe der Werke Tyndalls.

d. Der Säcularismus.

118. Im Anschluß an den englisch-französischen Positivismus muß noch der Säcularismus [3] kurz erwähnt werden. Der Säcularismus kann als praktischer Positivismus bezeichnet werden. Die Bildung dieser Richtung beeinflußten einerseits Thomas Paine, Rich. Carlile, Jer. Bentham, James Mill, Rob. Owen und George Combe, — andererseits A. Comte, J. St. Mill und Lewes. Der Säcularismus ist die gewöhnlichste Form des Unglaubens unter den englischen Arbeitern. Derselbe macht es seinen Anhängern zur Vorschrift, sich, da die Dinge des andern Lebens angeblich an großer Unsicherheit leiden, hauptsächlich, wenn nicht ausschließlich, mit den Dingen dieses Lebens, mit den „weltlichen" Dingen (daher der Name) zu befassen. George Jak. Holyoake, der Hauptbegründer der Bewegung, obgleich selbst Atheist, will die Gottesläugnung nicht als obligatorisch für den Beitritt erklärt wissen [4]. Der jüngst verstorbene bekannte Eidverweigerer im Unterhause Charles Bradlaugh hingegen, der Führer der andern Partei im Säcularismus, verlangt, daß die den säcularistischen Vereinen Beitretenden sich ausdrücklich zum Atheismus bekennen.

Die englischen Säcularisten bedienen sich für die Ausbreitung ihrer Lehre in ausgiebiger Weise sowohl der Presse als des gesprochenen Wortes. Wir

---

[1] Aus Tyndalls Use and limit, citirt von Mivart, Lessons etc., p. 383.

[2] Du Bois-Reymond, Die Grenzen des Naturerkennens (Schluß). Reden, 1886, S. 130.

[3] Zuverlässigen Aufschluß über diese säcularistische Bewegung in England findet man bei Flint, Anti-theistic theories. London, Blackwood, 2ᵈ ed., 1880, p. 211. 508.

[4] Ignore, not deny God, ist seine Losung; man solle sich um Religion und Geistliche einfach nicht kümmern und Moralität (Utilitarismus) an Stelle der Religion setzen. Der Mensch müsse sich selbst Vorsehung sein. Das Gebet sei unnütz. Die ganze Sorge des Menschen sei darauf hinzurichten, daß man das gegenwärtige Leben gut einrichte. Das zukünftige sei ungewiß u. s. w.

nennen nur ihre Blätter: The Oracle of Reason (welches 1841—1843 er=
schien); The Investigator (erschien von 1842); The Movement (trat 1843
an Stelle des Oracle); The National Reformer; The Secular Review;
The Liberal; The Reasoner. Holyoake's bedeutendstes Werk ist The Trial
of Theism (1858). Charles Bradlaugh, der Präsident der National Secu=
larist Society, veröffentlichte eine Menge von atheistischen Controversschriften.
Außerdem lieben es die Säcularisten, öffentliche Versammlungen in den
Städten zu veranstalten, auf welchen sie Theismus und Christenthum be=
kämpfen, und nach Bedürfniß durch Maueranschläge in den großen Städten
auf die öffentliche Meinung einzuwirken.

Die Statuten der säcularistischen Gesellschaft legte Holyoake J. St. Mill
zur Begutachtung vor, von welchem sie gebilligt wurden. Der Umfang der
säcularistischen Bewegung läßt sich nicht genau bestimmen, ist aber sicher ein
sehr bedeutender.

2. Frankreich.

In Frankreich sind die verschiedenen Formen der freiern positivistischen
Richtung namentlich vertreten durch: H. A. Taine, Th. Ribot und
E. de Roberty. Diesen reihen sich noch viele andere philosophische Schrift=
steller, Naturforscher, Physiologen und Aerzte an, unter welchen wir be=
sonders hervorheben: A. Fouillée, J. M. Guyau, Cl. Bernard, Charles
Richet und J. Luys.

Der freiere französische Positivismus erscheint vorwiegend von J. St.
Mill und H. Spencer beeinflußt; daneben ist er aber auch eine Weiter=
bildung des traditionellen französischen Empirismus, als dessen Vertreter
Cabanis, Broussais und Comte genannt werden können.

a. Hippolyt Adolf Taine (geb. 1828).

119. Allgemeine Charakteristik Taine's. — H. A. Taine
ist ein sehr vielseitiger Geist und besitzt in seiner Auffassungs= und Dar=
stellungsweise in außerordentlich hohem Grade die französische Eigenart.
Dies erklärt den großen Einfluß, welchen er sich in seinem Heimatland
nicht minder auf dem Gebiete der Kunst und Literatur, als auf dem
der Geschichte und Philosophie zu verschaffen wußte[1]. Auf allen

---

[1] „Das Studium der Lehre Taine's," sagt Hommay (Revue phil. 1887. II. 394),
„drängt sich jedem auf, welcher die Ursachen und den Charakter der mächtigen Be=
wegung der empirischen Philosophie ergründen will, die sich vor unseren Augen voll=
zieht. Wenn Taine in der Geschichte des modernen Gedankens eine so hervorragende
Stelle einnimmt, so liegt der Grund hiervon nicht bloß darin, daß er es verstand,
gewisse der zweiten Hälfte des 19. Jahrhunderts charakteristische Zustände der Seele

diesen Gebieten war Taine in wesentlich positivistischem Sinne thätig. Er suchte sie naturwissenschaftlichen Methoden zu unterwerfen.

„Wir betrachten," so schreibt er, „Substanz, Kraft und alle anderen metaphysischen Gebilde der Neueren als einen Ueberrest der scholastischen Entitäten. Wir glauben, daß es in der Welt nichts gibt, als Thatsachen und Gesetze." [1] „Man kann den Menschen als ein Thier einer höhern Species ansehen, welches Philosophien und Gedichte schafft, ungefähr wie die Seidenwürmer ihre Gespinnste oder die Bienen ihre Zellen anfertigen. . . In allen Zweigen seiner Thätigkeit setzt das menschliche Thier das vernunftlose fort; denn die menschlichen Fähigkeiten haben das Leben des Gehirns zur Wurzel." [2] Die unermeßliche Menge von Thatsachen auf Gruppen, die Gruppen wieder auf Formeln, diese endlich auf allgemeine Grundformeln zurückzuführen, dies ist nach Taine der Weg, welchen alle Wissenschaft einzuschlagen hat. Demgemäß vertritt Taine auch in der Völkerpsychologie der vorwiegend philologisch-kritischen Methode der Deutschen gegenüber die rein naturgeschichtliche Behandlung derselben [3].

Auf philosophischem Gebiete hat Taine wohl am meisten von allen Positivisten dazu beigetragen, die bis dahin im öffentlichen Unterrichte noch immer mächtige Stellung der eklektischen, spiritualistischen Schule zu erschüttern. Schon 1856 griff er die Hauptvertreter derselben in seinem Werke Les philosophes classiques du XIX⁰ siècle heftig an. Bourget nennt ihn deshalb „den kühnen Zertrümmerer der Götzen der officiellen Metaphysik" [4]. Später arbeitete Taine in seinem (1888 bereits in 5. Auflage erschienenen) Werke De l'Intelligence (1872) eine eigene, rein empirische Psychologie aus, welche auf die philosophische Bewegung Frankreichs mächtig einwirkte. Welche Bedeutung man in positivistischen Kreisen diesem Werke beilegt, dafür zeugt folgende Aeußerung Mills: „Das Buch Taine's ist der erste ernsthafte Versuch, die officielle Psychologie in Frankreich durch etwas Besseres zu ersetzen. Sein Buch weist eine Frische, eine Genauig-

---

in brillante Formen zu kleiden, sondern auch darin, daß er eine fruchtbare geistige Bewegung einleitete und einer derjenigen Denker ist, welche dem französischen Geiste immer sehr sympathische Lehren verjüngten, indem sie ihnen neue, weitere Bahnen brachen und sie in einen solidern, glänzendern Rahmen brachten."

[1] Histoire de la Littérature Anglaise. 4⁰ éd. V. 897.

[2] Citirt in Revue phil. 1877, p. 18 s.

[3] Taine brachte seine Anschauungen theils in zahlreichen historischen und literarischen Aufsätzen, theils in kleineren und größeren Werken zum Ausdruck. Von letzteren ist namentlich seine Histoire de la Littérature Anglaise, dann auch seine Philos. de l'art; Philos. de l'art en Italie (1866), dans les Pays-Bas (1868) und en Grèce (1869) zu nennen.

[4] Vgl. Revue phil. 1887. II. 397.

keit und einen wissenschaftlichen Geist auf, welche wir seit langer Zeit in französischen Büchern über den Geist vergebens suchten." [1]

120. **Psychologische Anschauungen Taine's.** — Taine schließt sich in seinen psychologischen Anschauungen enge an Mill an, dessen Philosophie er früher in einer eigenen Schrift [2] behandelt hatte. Gleichwie Mill, so ist auch ihm die ganze äußere Welt nichts als die „permanente Möglichkeit" und, wie er ergänzend beifügt, „Nothwendigkeit von Sensationen" [3]; das „Ich" (Seele) ist ihm nur eine Reihe von Bewußtseinszuständen [4] u. s. w. Taine sucht aber im Unterschiede von Mill seine sensualistisch-idealistischen Ideen **physiologisch** zu begründen. Und hier ist wiederum für seine psychologischen Anschauungen die Behauptung sehr charakteristisch, daß unsere Erkenntniß nur eine „wahre bezw. rectificirte **Hallucination**" (hallucination vraie) [5] sei. Dieser paradoxe Satz ist das Grundthema, welches im ganzen Werke erörtert wird. — Taine analysirt den ganzen Erkenntnißproceß zuerst psychologisch, dann physiologisch, um dann von seinem sensualistischen Standpunkt aus mit dem ganzen „Heer der metaphysischen Entitäten", Substanz, Geist, Materie, Kraft u. s. w., aufzuräumen und alles Seiende auf Vorgänge und Relationen zurückzuführen, welche von innen angesehen als psychische Zustände, von außen aber als molekulare Bewegungen erscheinen [6].

Psychisch beginnt der Erkenntnißvorgang mit der **Sensation**, welche den äußern Vorgang in die Sprache des betreffenden Sinnes übersetzt und dadurch das „innere Substitut" desselben wird. In ähnlicher Weise sind die „**Bilder**" (images) des innern Sinnes wieder Substitute der vergangenen, künftigen und möglichen Sensationen, die **concreten** Worte Substitute der augenblicklich abwesenden Bilder und Sensationen, die **allgemeinen** Bezeichnungen Substitute unmöglicher Sensationen, die **doppelt-allgemeinen** wieder Substitute der einfach-allgemeinen [7] u. s. w.

Physisch ist der Erkenntnißvorgang Nervenbewegung. Die Sensation besteht ausschließlich in der Thätigkeit des Centralnerven. Die latenten oder

---

[1] Dissert. and disc. IV. 117 s.

[2] Le positivisme anglais, étude sur St. Mill, 1864.

[3] I. (1888) II. 99 ss.   [4] I. II. 201 ss. 207. 108. 350. 465 ss.

[5] I. II. 10 ss. 34 ss.   [6] I. I. 326 ss.

[7] I. I. 235. — Allgemeine Ideen, sagt Taine, haben wir eigentlich nicht, sondern „wir empfinden nur, wenn wir eine Reihe von Objecten gesehen haben, welche mit einer gemeinsamen Eigenschaft ausgestattet sind, eine gewisse Tendenz, welche ausschließlich der gemeinsamen Eigenschaft entspricht. Und diese Tendenz ruft in uns den Namen wach. Wenn sie aufsteigt, so ist es der Name allein, den man sich vorstellt oder den man ausspricht." I. I. 42. — Taine merkt nicht, wie eclatant er hier sich selbst widerspricht. In demselben Satze, in welchem das Nichtvorhandensein allgemeiner Ideen begründet werden soll, spricht er zweimal von einer mehreren Objecten „gemeinsamen Eigenschaft" und bekundet damit evident, daß er sehr wohl eine Idee von einer solchen „gemeinsamen Eigenschaft", also eine „allgemeine Idee" in optima forma habe. Aehnliche Widersprüche könnte man Taine, wie Mill, zu Dutzenden nachweisen.

geschwächten „Bilder" und ihre Association, ihr Wiederauftauchen sind in der Structur und Thätigkeit des beständig arbeitenden und sich neubildenden Gehirnes begründet.

Aus der eben geschilderten Natur des Erkenntnißvorganges ergibt sich nach Taine, daß unser Erkennen der Außenwelt ein „innerer Traum ist, der sich mit den Dingen der Außenwelt im Einklang befindet", also eine — wahre, der Wirklichkeit entsprechende Hallucination[1]. Daß wir bei der Natur unserer Erkenntniß nicht das Opfer von Illusionen werden, bewirkt nur die beständige Rectification der in den Nervencentren unaufhörlich auftauchenden „Bilder", welche sonst, wie dies im Traum oder bei Geistesgestörten, Hypnotisirten und Visionären geschieht, solche Klarheit und Intensität annehmen würden, wie sie im normalen Zustand nur bei wirklichen Sinneseindrücken von außen zu Stande kommt[2].

Auf Grund dieser sensualistisch=idealistischen Theorie unternimmt es dann Taine, der Reihe nach alle unsere Vorstellungen von Geist, Körper, Materie, Kraft, ja selbst die Meinung, daß wir ein „Ich" haben, als Illusion darzustellen. Zur Begründung seiner Anschauung zieht Taine auch die gegenwärtig, namentlich in Frankreich, mit großer Vorliebe studirten pathologischen Phänomene (des Hypnotismus und Somnambulismus, der Verdoppelung der Persönlichkeit u. f. w.) in den Kreis seiner Besprechung[3].

Im Gegensatz zu J. St. Mill will Taine das Causalitätsprincip und neben dem inductiven auch das deductive Beweisverfahren anerkannt wissen[4].

121. Zur Kritik Taine's — möge eine recht zutreffende Persiflage hier Platz finden, welche der Publicist Dupont=White der Hallucinationen=Welt desselben zu theil werden läßt. Dupont=White schreibt:

„Wie viele Phantome enthält nicht der Kosmos Taine's! Die Körper Bewegungstendenzen; der Mensch eine Sensationsgruppe; überall nur Scheindinge, nichts als aufeinander folgende Scheinwesen. Die Substanz ist nirgends. Umbrarum hic locus est. Im Menschen alles im beständigen Wechsel; rings um ihn alles Trug. Nach Taine's Versicherung besteht die Welt nur aus Beziehungen; zwischen wem denn? — Einerseits zwischen Dingen, die nur in Tendenzen, Trugbildern existiren, andererseits zwischen Geistern, die im Zustande der Hallucination, welche nur Herde von Hallucinationen sind. Da stimmt in der That alles zusammen. Es läßt sich nicht läugnen, daß das Gleichgewicht und die Proportion in dieser Welt von Verschwommenheiten, zwischen diesen Schatten besteht. Wie sollten denn Trugbilder und Tendenzen etwas anderes hervorbringen, als Hallucinationen?

„Kant ist nichts im Vergleich mit diesem Zerstörer aller Wirklichkeit... Taine ist ein Samson unter den Philistern. Bei ihm bleibt nichts mehr vom Tempel stehen, in welchem so viele Generationen in Ehrfurcht knieten. Er streckt den menschlichen Geist zu Boden, tritt ihn mit Füßen, vernichtet ihn

---

[1] I. II. 10 ss.   [2] I. II. 34 ss.
[3] I. 88 s. 150 s. 247 s. etc.   [4] I. II. 322. 384; II. 391 ss.

ganz und gar, indem er dem Leben und der Hoffnung keinen Raum mehr läßt. Du willst also die Welt veröden? rufen ihm entsetzt die Mystiker und Spiritualisten zu. — Ich will, antwortet Taine mit philosophischer Ruhe, ich will nur die Wahrheit."[1]

b. Th. Ribot und die Société de psychologie physiologique. Hypnotische Schulen.

122. Th. Ribot ist gegenwärtig wohl der Hauptvertreter der empiristischen beziehungsweise experimentellen Psychologie in Frankreich. Derselbe steht Taine geistig nahe[2], ist aber in höherm Grade als dieser bestrebt, alle neueren Forschungen auf diesem Gebiete, namentlich auch die psycho-physischen, in den Kreis seiner Besprechung zu ziehen.

Den besten Ueberblick über die Art seiner philosophischen Thätigkeit gewähren die Titel seiner Werke[3], von denen die meisten mehrere Auflagen erlebten und in fremde Sprachen übersetzt wurden. Außerdem leitet Ribot mit anerkennenswerther Tüchtigkeit die von ihm 1876 ins Leben gerufene Revue philosophique de la France et de l'étranger (Paris, Alcan), welche unter allen philosophischen Zeitschriften, abgesehen natürlich vom Standpunkt derselben, am besten über die zeitgenössische philosophische Bewegung orientirt. In dieser Zeitschrift kommen auch Vertreter anderer philosophischen Richtungen zu Wort.

Besonders charakteristisch für Ribots philosophischen Standpunkt ist seine Lehre von der „Persönlichkeit". Die Einheit der Person im „Ich" geht nicht, wie Ribot sich ausdrückt, von oben nach unten, sondern von unten nach oben. Sie besteht in der Coordination einer gewissen Zahl von Bewußtseinszuständen, von denen die einen klar, die anderen nur unbestimmt sind. Diese Coordination oder Cohäsion beruht wieder auf dem Consensus des Organismus[4].

---

[1] Dupont-White, Mélanges philosophiques, Paris 1878, p. 367. 375. — Zur Charakteristik des Einflusses, welchen Taine übte, weisen wir noch auf das Geständniß des Verfassers der Bête humaine, Zola, hin, welcher versichert, seine realistische Methode der Romanschriftstellerei von Taine abgelernt zu haben. Vgl. Deutsche Rundschau LIV. S. 27.

[2] Vgl. Th. Ribot, Taine et sa psychologie, in Revue phil. 1877. II. 17 ss.

[3] L'hérédité, Paris 1873; La psychologie anglaise contemporaine (éc. expér.) ib. 1870; La psychologie allemande contemporaine (éc. expér.) ib. 1879; La psychologie de l'attention ib. 1889; La philosophie de Schopenhauer ib. 1874; Les maladies de la mémoire ib. 1881; Les maladies de la volonté ib. 1883; Les maladies de la personnalité ib. 1885.

[4] Revue phil. 1884. II. 445 s.

Th. Ribot steht in innigster Fühlung mit den Aerzte=Schulen in Paris an der Salpêtrière und in Nancy, welche seit Jahren emsig mit systematischer Erforschung psychischer Phänomene an Hysterischen, Hypnoti=sirten[1], Somnambulen u. s. w. beschäftigt sind. Diesen Forschungen wird in Frankreich die größte Tragweite für die gänzliche Verschmelzung von Physiologie und Psychologie zugeschrieben. Im Grand Dictionnaire Universel du XIX° siècle (2° suppl. tome 17°, p. 1708) heißt es darüber: „Infolge der anatomo=klinischen Methode ist die Physiologie heute ins Herz der Psychologie eingedrungen, so daß es thatsächlich keine eigentliche Psychologie mehr gibt, sondern nur mehr eine Psycho=Physiologie. Auf diesem Gebiete physiologischer Studien müssen wir besonders noch die glückliche Dazwischenkunft der neuen Theorien Browns und Séquards über Dynamogenie und Inhibition und den Hypnotismus erwähnen.“

Vor einigen Jahren hat Ribot in Gemeinschaft mit Aerzten und Physio=logen eine eigene Société de psychologie physiologique ins Leben gerufen, welche schon mehrere Congresse abhielt. Der letzte derselben tagte am 6. August 1889 in drei Sectionen unter Ribots Vorsitz in Paris[2]. Der nächste soll 1892 in England stattfinden. In welcher Weise hier der Philosoph Ribot

---

[1] Der Unterschied der Pariser Schule (Charcot, Richer, Féré, Binet, Gilles de la Tourette, Pierre Janet u. s. w.) und der Schule von Nancy (Liébault, Liégeois, Bernheim, Beaunis, Ch. Richet u. s. w.) hinsichtlich des Hypnotismus besteht darin, daß erstere nur den sogen. großen (hysterischen, pathologischen) Hypnotismus als solchen gelten lassen will, letztere aber vorwiegend den sogen. kleinen Hypno=tismus, wie er an sonst gesunden Personen hervorgerufen werden kann, als die eigent=liche Form des Hypnotismus zum Gegenstande ihrer Forschung macht. Die Pariser Schule läugnete, anfänglich wenigstens, die Möglichkeit, gesunde Personen in hyp=notischen Schlaf zu versetzen. In letzter Zeit, namentlich seit dem (im Texte er=wähnten) psycho=physiologischen Congreß (1889), hat die Anschauung der Nancy=Schule über Hypnotismus mehr und mehr die Oberhand gewonnen. Die Hauptsätze der Nancy=Schule sind: Der Hypnotismus ist in sich nicht eine pathologische, sondern eine physiologische Erscheinung, nicht somatischen (neuropathischen), sondern psy=chischen Ursprungs. Derselbe ist Folge von Suggestion, mag sich der Hypnotisirende seiner Einwirkung auf den Hypnotisirten bewußt sein oder nicht. Die hauptsächlichsten Werke beider Schulen sind: Liébault, Le sommeil provoqué et les états analogues, 1889; Alfr. Binet et Charles Féré, Le magnétisme animal, 1887; H. Beaunis, Recherches expérimentales sur les conditions de l'activité cérébrale et sur la physiologie des nerfs, 1886; Alfr. Binet, La psychologie du raisonnement, 1886; J. Liégeois, De la suggestion et du somnambulisme, 1889; Dr. Richer, Études cliniques sur l'hystéro-épilepsie ou Grande Hystérie, 1881. — In Deutschland erfährt diese jenseits des Rheines übliche Me=thode der Experimental=Psychologie seitens ernsterer wissenschaftlicher Kreise mit Recht eine scharfe Beurtheilung. Das Hypnotisiren, wie es heute meist betrieben wird, ist im Grunde ein mehr oder weniger frivoles Spiel mit der menschlichen Person. Die wissenschaftlichen oder sonstigen Vortheile, welche man sich von den hypnotischen Ex=perimenten verspricht, sind sicher nicht derart, daß sie die sittlichen Nachtheile derselben aufwiegen könnten.   [2] Revue phil. 1889. II. 539 ss.

und die Naturforscher zusammenwirken, drückt der Arzt Azam also aus: „Die Philosophie des Herrn Th. Ribot liefert das Fundament, die Salpêtrière und Nancy meißeln die Säulen, und wir Arbeiter der Gegenwart arbeiten alle an dem Bau mit."[1]

Andere französische Positivisten verwandter Richtung. — Im Anschluß an Th. Ribot müssen noch Alfr. Fouillée, J. M. Guyau, Ch. Richet und J. Luys kurz erwähnt werden.

123. **Alfred Fouillée** macht in etwas verschwommener Weise den Versuch, die Metaphysik in den Bereich positiven Wissens hereinzuziehen. Dies glaubt er durch seine idées-forces zu erreichen, d. h. durch die Macht, welche Ideen behufs ihrer eigenen Verwirklichung ausüben. Das immanente Ideal, sagt er, ist eine der Thatsachen und Kräfte des Bewußtseins und daher wenigstens subjectiv wirklich und wirksam und der objectiven Bewahrheitung fähig[2]. So streben z. B. die Rechtsideen Gerechtigkeit und Brüderlichkeit nach Verwirklichung[3]. „Die Metaphysik", so äußert er an einer andern Stelle, „ist nur chimärisch, wenn man die Realität ganz außerhalb des Bewußtseins und der Erfahrung, d. h. außerhalb des denkenden Subjects voraussetzt. Die Metaphysik läßt sich aber stufenweise verwirklichen, wenn man annimmt, daß die Realität theilweise in der Erfahrung selbst eingeschlossen ist... Sie muß sich auf der einzigen Realität, die wir kennen, auf der des Bewußtseins, aufbauen."[4]

124. **J. Maria Guyau** (gest. 1888), ein Freund Fouillée's, bekennt sich zum „monistischen Naturalismus" und bezeichnet als religiöses Ideal die „religiöse Anomie". Die Religionen und Dogmen seien sämmtlich in Auflösung begriffen[5]. Vornehmlich ist von Guyau zu erwähnen seine rein naturalistische Kunsttheorie[6].

125. **Charles Richet**, der langjährige Herausgeber der Revue scientifique, vertritt ungefähr dieselben Anschauungen, wie Th. Ribot. In seinem Werke L'homme et l'intelligence (1884) ist er bemüht, jeden Unterschied zwischen Mensch und Thier zu verwischen und der physiologischen Methode in der Psychologie Geltung zu verschaffen. Er erklärt das Gedächtniß als die psychische Grundfunction[7].

J. Luys, Arzt an der Salpêtrière, sucht in seinem auch ins Deutsche übertragenen Werke: „Das Gehirn, sein Bau und seine Functionen" (1877), alle psychischen Phänomene rein physiologisch zu erklären.

---

[1] Revue phil. 1889. I. 223.　　[2] Revue phil. 1880. I. 1 ss.

[3] Fouillée, Idée moderne du droit. 2e éd. 1885. Das Ideal ist aber doch nur Gegenstand des positiven Wissens, wenn sein objectiver Inhalt thatsächlich ist. Rein subjective Thatsächlichkeit reicht nicht hin, um mittelst der leitenden Ideen positive Wissenschaft zu begründen.

[4] L'avenir de la métaphysique fondé sur l'expérience. Paris, Alcan, 1890, p. 285. — Ebendaselbst erschien 1890: L'évolutionisme des idées-forces.

[5] L'irreligion de l'avenir, étude sociologique, 1887.

[6] Fouillée, La morale, l'art et la religion d'après Guyan, 1889.

[7] Revue phil. 1886. I. 561.

126. **Cl. Bernard** (1813—1878), der berühmte französische Physio=
loge, nimmt einen positivistischen Enthaltungsstandpunkt ein, welcher dem
Littré's nahe kommt. Er nennt die Seele „ein ewig müßiges Princip, . . .
ebenso müßig in der Physiologie, wie es das leitende Siderealprincip, welches
vor Newton angeblich die Gestirne in ihren regelmäßigen Bahnen lenkte, in
der Astronomie war"[1]. „Aber es wäre auch", so sagt Cl. Bernard an einer
andern Stelle[2], „absurd, formell die ganze Ordnung metaphysischer Concep=
tionen läugnen zu wollen." Dessenungeachtet nimmt er aber selbst eine force
vitale directrice an. Die Existenz dieser „Lebenskraft" sei aber, da sie der
metaphysischen Welt angehöre, nur eine „Nothwendigkeit des Geistes" (Denk=
nothwendigkeit?); daher dürfe man sich derselben nur subjectiv bedienen[3].
„En réalité," so faßt er seine etwas verschwommene Anschauung zusammen,
„on ne peut être spiritualiste et matérialiste, que par sentiment; on
est physiologiste par démonstration scientifique."[4]

c. [127] **E. de Roberty**

darf deshalb in unserer Darstellung ein besonderes Interesse beanspruchen,
weil seine eigene philosophische Entwicklung für die Wandlung, welche
der Positivismus selbst innerhalb eines Menschenalters durchgemacht hat,
höchst bezeichnend ist. De Roberty, ursprünglich eifriger Parteigänger
Littré's, in dessen Zeitschrift La phil. pos. er auch mehrere Artikel ver=
öffentlichte, entfernte sich später, obgleich er für Comte noch immer hohe
Bewunderung an den Tag legt, immer mehr von den Grundanschauungen
der positivistischen Schule, bis er schließlich selbst dazu gelangte, sie offen
zu bekämpfen.

In seinem letzten Werke: L'Inconnaissable, sa métaphysique,
sa psychologie (1889, Paris, Alcan)[5], bezeichnet er schon in der Ein=
leitung das Grundgesetz Comte's von den drei Stadien als völlig irr=
thümlich (S. 6). Im Werke selbst erkennt er dem Agnosticismus, auch
wie Comte ihn vertreten habe, nur ein relatives Verdienst zu (S. 29. 53).
In sich sei derselbe eine große Illusion (S. 18). Spencer, Littré und
Comte bleiben mit ihrem „Unzugänglichen", „Unermeßlichen", „Unerkenn=

---

[1] Cl. Bernard, Leçons sur les phénomènes de la vie communs aux
animaux et aux végétaux, 1878 und 1879. Vgl. Revue phil. 1879. I. 410.

[2] Vgl. Revue phil. ib. 442.

[3] Revue scient 1877. II. 513.

[4] Ib. 511; vgl. auch Revue des deux mondes. 1875. III. 326 ss.

[5] Die früheren Werke de Roberty's sind: La Sociologie, 1881, und L'ancienne
et la nouvelle philosophie. Essai sur les lois générales du développement de
la philosophie, 1887. — De Roberty will noch folgende Werke erscheinen lassen:
L'Hypothèse en philosophie; Les Sciences abstraites; Les Philosophies parti-
culières de la Science abstraite; La philosophie générale des sciences.

baren" in der Metaphysik stecken, welche sie glauben überwunden zu haben. Es handle sich nun darum, dieses letzte Bollwerk der Metaphysik zu zerstören, dieses fast einzig übrig gebliebene Phantom der theologischen Vergangenheit, das heute ein Hinderniß für den Fortschritt geworden sei (S. 53—56), zu exorciren. Dieß könne vom Standpunkt der psychologisch-sociologischen Wissenschaft geschehen, wenn diese hinlänglich fortgeschritten sei.

De Roberty selbst erblickt dann die richtige Lösung darin, daß man das Unerkennbare oder Gott als das Gebilde der menschlichen Vernunft betrachte. Nicht Gott habe den Menschen erschaffen, sondern der Mensch Gott, müsse man mit Vacherot[1] sagen (S. 153). Die Theologie und Metaphysik sei zeitweiliges intellectuelles und moralisches Bedürfniß gewesen, um die „gähnendsten Löcher menschlicher Unwissenheit auszufüllen" (S. 20). In der That sei das Unerkennbare auf das Erkennbare rückführbar (S. 155). Gott sei einfach der negative Begriff zu Welt (S. 36. 160). Gott und Welt seien nur verbale Distinctionen (S. 166). Dabei verficht de Roberty die merkwürdige Theorie, daß eine Negation niemals ein reines Nichts sei (S. 168).

3. Deutschland.

128. Vorbemerkungen. In Deutschland wurde für die neuere positivistische Richtung, die auch hier sich immer stärker geltend macht, namentlich von Kant und Herbart der Boden vorbereitet. Indirect trugen auch die vielfach grauenhaften Verirrungen der philosophischen Speculation in der nachkantischen Periode (Fichte, Schelling, Hegel) dadurch nicht wenig bei zum Erfolge des Positivismus, namentlich in nicht fachphilosophischen Kreisen, daß sie die Metaphysik überhaupt in Verruf brachten. Aus den Schulen aller dieser Philosophen heraus vollzog sich unter dem mächtigen Einfluß der empiristischen Zeitströmung ein allmählicher Uebergang zum Positivismus.

Kant, Herbart und Hegel bestimmten (oder beeinflußten) auch hauptsächlich die „Form" des deutschen Positivismus, während die englischen und französischen Positivisten, letztere hauptsächlich durch Vermittlung der ersteren, auf die Gestaltung des Inhalts, d. h. seiner Lehrmeinungen, einwirkten. Kants Einfluß ist es zuzuschreiben, daß der Positivismus in Deutschland vorwiegend erkenntnißkritischer Natur ist. Schon die Bezeichnung „kritische

---

[1] Vacherot soll in letzterer Zeit übrigens zu verständigeren Anschauungen zurückgekehrt sein.

Philosophie", unter welcher hier der Positivismus mit Vorliebe auftritt, ist dafür recht bezeichnend. Herbart hat mit seiner Schule dem deutschen Positivismus auf dem Gebiete der Psychologie vorwiegend sein Gepräge aufgedrückt. Wir erinnern nur an die Psycho=Physik und die Völkerpsychologie mit ihren Methoden, deren classischer Boden Deutschland ist. Aus Hegels Schule fand, hauptsächlich durch L. Feuerbach[1] und D. Fr. Strauß[2], eine Entwicklung zum Materialismus (Büchner, Vogt, Moleschott u. s. w.) hin statt, welcher wieder eine Vorstufe des Positivismus bildete. H. Czolbe ist z. B. einer derjenigen, welche vom Materialismus zum Positivismus übergingen. Besonders hat Hegel auf die Gestaltung der Geschichtsphilosophie in Deutschland eingewirkt.

Gleich Lewes in England, Fouillée in Frankreich und vielen italienischen Positivisten treten die philosophischen Vertreter des Positivismus in Deutschland zwar, zum Theil sogar sehr energisch, für die Berechtigung einer auf Erfahrung begründeten Metaphysik ein. Dabei lehnen sie jedoch die eigentlichen Gegenstände der Metaphysik (Gott, Geist, Seele, Substanz u. s. w.) nicht selten noch entschiedener ab, als selbst Comte, Mill und Spencer.

Die Hauptformen deutscher positivistischer Philosophie scheinen uns zu sein: 1. die „Wirklichkeitsphilosophie" Eugen Dührings; — 2. der neokantianische „Kriticismus" beziehungsweise „Positivismus" (A. Riehl, E. Laas, Fr. A. Lange, Hans Vaihinger, R. Avenarius); — 3. die empiristische Willensphilosophie W. Wundts.

Den hier Genannten können als Vertreter der positivistischen Philosophie beigefügt werden: E. Mach, H. Wolff, J. Petzoldt, Stabler, F. Paulsen, F. Schultze, K. Dietrich, Th. Lipps, R. von Schubert=Soldern, von Gizycki; ferner der Realist von Kirchmann und endlich die empiristischen Psychologen Fr. Brentano und Horwicz. Die zahlreichen deutschen Naturforscher, Physiologen und Anthropologen, welche einen dem englischen Positivismus verwandten Standpunkt einnehmen, übergehen wir.

a. Eugen Dühring, geb. 1838 (Wirklichkeitsphilosophie),

ist ohne Zweifel, trotzdem er sich in der Form gegen den Positivismus (Comte's) erklärt, die am meisten typische Erscheinung der positivistischen Bewegung Deutschlands. Namentlich ist die Art, wie er zu Comte und Kant Stellung nimmt, charakteristisch. Auffallen muß auch die frappante Aehnlichkeit in der mathematisch=realistischen Geistesart und in den Lebens=schicksalen, welche Dühring mit Comte verknüpft und welche auch die warmen Sympathien des erstern für den letztern erklärt. Der Haupt=

---

[1] Vgl. Feuerbach, Grundsätze der Philosophie der Zukunft, 1849, S. 81.
[2] Strauß, Der alte und der neue Glaube, 1872.

unterschied Dührings von Comte ist, daß er in seiner Gesinnung viel radikaler ist, als dieser[1]. Auch bebaute Dühring mit Vorliebe die National=ökonomie, deren Bearbeitung Comte als keiner wissenschaftlichen Behand=lung fähig verschmähte.

Dühring faßt seine „Wirklichkeitsphilosophie", auch hierin in Comte's Fußstapfen eintretend, so auf, daß dieselbe nicht bloß eine „Begriffs= und Weltschematik", sondern auch und zwar vor allem „Vertretung einer auf die edlere Menschlichkeit gerichteten Gesinnung"[2] und „Mittel zu einer streng wissenschaftlichen Lebensgestaltung"[3] sein sollte.

129. Biographisches[4]. — Dühring, seiner Geistesrichtung und frühesten Schulung nach Mathematiker, wandte sich anfänglich der juristischen Laufbahn zu, als sein Augenleiden, welches mit völliger Erblindung endete, ihn zwang, in einer andern Stellung sein Brod zu erwerben. 1863 ließ er sich als Privatdocent an der Universität in Berlin nieder und eröffnete zugleich in öffentlichen Vorträgen und Schriften für Ausbreitung seiner Anschauungen eine sehr rege Thätigkeit. Bei der Eigenthümlichkeit seiner überdies noch sowohl auf politischem wie auf religiösem Ge=biete sehr radikalen Anschauungen und bei der schroffen Art, in welcher er dieselben geltend machte, konnten ernste Conflicte nicht lange ausbleiben. Die Folge war, daß er, wie seinerzeit Comte, nicht nur die ersehnte Beförderung nicht erhielt, sondern schließlich sogar von der Universität removirt wurde. Professor Helmholtz wurde für ihn, was Arago für Comte war. Wie durch die Schriften Comte's, so zieht sich auch durch diejenigen Dührings der beständige Haber mit der officiellen „Professorenzunft".

Trotzdem Dühring aber äußerlich seinen Gegnern unterlag, war sein Einfluß in Philosophie und Wissenschaft kein geringer. G. von Gizycki, Professor an der Ber=liner Universität, nennt ihn sogar „den größten Philosophen der Gegenwart und einen der größten aller Zeiten"[5]. Das Werk, durch welches er auf dem Gebiete der Philo=sophie am meisten Einfluß gewann, ist seine „Natürliche Dialektik" (1865). Am voll=ständigsten zusammengefaßt hat er seine philosophischen Anschauungen in seinem „Cursus der Philosophie" (1875). An letzteres Werk werden wir daher unsere Darstellung seiner Lehre zumeist anschließen.

130. Stellung Dührings zu Kant und Comte. — An Kant setzt Dühring aus, daß seine Philosophie einem System mit zwei Schwerpunkten gleiche

---

[1] Die verschiedene Tonart des Positivismus bei Comte, Mill und Dühring er=klärt sich aus den verschiedenen religiösen, nationalen und socialen Verhältnissen, in welchen dieselben aufwuchsen und thätig waren. Comte stammte aus dem Süden Frankreichs und bildete seine Anschauungen in einer vorwiegend katholischen Atmo=sphäre, während Mill und Dühring, Söhne des kältern Nordens, ihre Systeme in der individualistischen, radikalen Atmosphäre des ungläubigen, gemüthsarmen Protestan=tismus ausarbeiteten.

[2] Dühring, Cursus der Philosophie als wissenschaftliche Weltanschauung und Lebensgestaltung, 1875, S. 4 f. 485. 546. [3] S. 12. 527.

[4] Nachstehende biographische Notizen sind entnommen Dührings Sache, Leben und Feinde, 1882. [5] Deutsche Rundschau LII. S. 305.

und darum sich selbst widerspreche [1]. Kant sei zu drei Vierteln Professor gewesen; nur das letzte kritische Viertel an ihm rage über den Professor hervor, und selbst dieses müsse man noch erheblich sichten [2]. Dühring seinerseits will nicht mit Kant „Kategorienstroh dreschen" [3] und „aus dem Käfig philosophiren", sondern den menschlichen Verstand hinsichtlich der Außenwelt zu seinem vollen Rechte kommen lassen [4].

An Comte tadelt Dühring, daß er gar „keine Begriffskritik besitze" [5], von einer „rationellen Bewußtseinslehre keine Ahnung" habe [6] und infolgedessen trotz „unleidlicher Verzichte auf eine endgiltige, das ganze Wesen der Dinge umfassende Erkenntniß" [7] später auf Abwege gekommen sei [8]. Im übrigen ist Dühring Comte sehr verwandt. Auch er nimmt die Mathematik zum Ausgangspunkt der Philosophie [9], betrachtet alle Wissensgebiete, die Gesellschaftswissenschaft mit eingeschlossen, als homogen, d. h. gleicherweise unabänderlichen Naturgesetzen unterworfen [10], und verwirft gegenüber dieser absoluten Gesetzmäßigkeit in allen Seinsordnungen jede Einführung „märchenhafter Willen" als kindisches Auskunftsmittel [11]. In der Socialpolitik weist Dühring gleich Comte dem „socialitären Momente" [12] eine beherrschende Stellung an, huldigt aber im einzelnen viel radikaleren Ansichten als Comte.

131. **Eigenthümliche Lehren Dührings.** — „**Welt- und Begriffs- schematik.**" — Das positivistische Haltmachen vor „erlogenen Grenzen des Erkennens" ist „Hochverrath an der Wissenschaft" und Majestätsverbrechen am souveränen Denken [13]. Aufgabe der Metaphysik ist es, „unbekümmert um begriffliche Erdichtungen alle allgemeinen Züge des wirklichen Daseins" zu entwerfen, ohne indes „in die Hauptverzweigungen selbst, nämlich Natur und Geschichte, überzugreifen". Die Bezeichnung „Metaphysik" würde besser durch „**Weltschematik**" ersetzt [14]. Die „**Begriffs- schematik**" (Logik und Mathematik) umfaßt die rein gedankliche Sphäre, pflegt das an sich maßgebende Denken in seiner Reinheit [15].

Kosmische Entwicklung. — „Materie und mechanische Kraft sind die beiden Fundamentalbegriffe, mit denen wir . . . in das Reich der constituirenden Eigenschaften eintreten." Materie ist der „Träger alles Wirklichen". Die Kraft ist ein Zustand der Materie, aber nicht selbst Bewegung, sondern Ursache der Veränderung. Materie und mechanische Kraft bleiben sich immer gleich. Sie ändern nur ihre Verhältnisse infolge verschiedener Theilung der Materie [16]. Es gibt in der Natur „radikale Veränderungen", die dem Sein selbst und nicht etwa erst einer herabzusetzenden Erscheinungssphäre angehören [17]. Das Leben ist Wirkung der kosmischen Causalität [18]. Empfindende

---

[1] Dühring, Kritische Geschichte der Philosophie, 1878, S. 399.

[2] S. 450. [3] S. 270. [4] S. 41. [5] S. 507. [6] S. 135.

[7] S. 42. [8] S. 486. [9] S. 63. 415. 491. 511. 529. 544.

[10] S. 39. 61. [11] S. 34 ff.

[12] Als echte Gesinnungsphilosophen bezeichnet Dühring zwei in unserm Jahrhundert, nämlich Feuerbach und Comte. Ersterer habe jedoch „die universitäre Ansteckung durch die Hegelseuche nur langsam und mühevoll aus seinem von Natur gesunden Blut wieder auszuscheiden vermocht"; letzterer habe vermöge einer Nachwirkung der St. Simon'schen Schulungseindrücke zuletzt der religiösen Sentimentalität noch einen „schlimmen Tribut entrichtet". S. 486. [13] S. 59.

[14] S. 11 f. 516. [15] S. 11. 514.

[16] S. 73. 82. S. 299. Merkwürdigerweise kommt der „Positivist" Dühring in seiner Auffassung der Veränderungen in der Welt dem scholastischen peripatetischen Systeme ziemlich nahe.

[17] S. 23 f. [18] S. 104.

Wesen können im mechanischen Ganzen der Natur nicht fehlen[1]. Empfindung muß sich „in wesentlich gleichartiger Weise da entwickelt finden und noch entwickeln, wo die Zurüstung der sonstigen Naturkräfte einen Schauplatz darbietet"[2]. Der Darwin'schen Entwicklungsformel gegenüber, welche er als „unwissenschaftliche Halbpoesie" bezeichnet[3], verdient die ältere Lamarck'sche Fassung des Entwicklungsgedankens bei weitem den Vorzug[4]. Das Universum ist „ein mechanisches System, in dessen Geschichte im letzten Fundament nur die mechanischen Zustände der Materie in Frage kommen"[5]. Der Antagonismus der mechanischen Kräfte, welcher eine Folge der Vertheilung der mechanischen Kräfte ist, bildet ein Grundschema des Universums[6]. Das universelle Entwicklungsprincip, welches indeß nach dem Stande der heutigen Wissenschaft noch nicht aufgestellt werden kann, müßte aller Wahrscheinlichkeit nach „den Mechanismus der Wärme als Grundgestalt" haben[7]. Nach dem „Gesetz der bestimmten Anzahl" (eine Erfindung Dühring's) muß „alles von der Art, wie wir es jetzt kennen", einen Anfang gehabt haben. Unendlichkeitsvorstellungen in Bezug auf die Vergangenheit oder Gegenwart sind nicht zulässig[8].

Vermittelst der Nerven gelangt die bewußtlose Mechanik der Welt zum Gefühl ihrer selbst[9]. Es ist eine innere Nothwendigkeit, daß im mechanischen Weltganzen die Sinnesschematik der Naturschematik entspreche[10]. Der Verstand, das Vermögen der rationellen Einsicht, bringt Einheit in die Vorstellungen und Triebe u. s. w. Die Einführung einer Seele in den Organismus gilt Dühring als ebenso großer Widersinn, wie die Gottes in den Kosmos[11].

Sitten= und Rechtslehre. — Die Moral wurzelt im Willen, insofern „dieser nur als ein Wollen verstanden wird, welches sich aus der Verbindung von Trieben, Leiden=schaften und Verstandeseinsichten mit Nothwendigkeit erzeugt"[12]. Die Vergangenheit hat durch die „Aechtung der Sinnlichkeit die Grundlagen der menschlichen Natur mit Füßen getreten"[13]. Die einzige Schranke für die Freiheit liegt in der Verbindlichkeit, sich von einer Verletzung der Freiheit, die man selbst beansprucht, an andern zu enthalten[14]. Verletzungen der berechtigten Willensfreiheit (des Rechts) rufen infolge der völligen Gleichheit aller naturgesetzlich im Verletzten eine Rückwirkung hervor, die sich in Rache und Vergeltung äußert[15]. Das Criminalrecht selbst ist nichts anderes, als die öffentliche Organisation der Rache[16].

Die Moral darf sich jedoch nicht auf die Einhaltung der nothdürftigsten Sitte und die Achtung des unerläßlichsten Rechts beschränken. Sie muß auch positiv die Veredelung der Menschennatur[17] anstreben. Dies hat vor allem durch rationelle Rege=lung der geschlechtlichen Gesellung zu geschehen. Denn die „Geschlechtsliebe und die sich daran knüpfende Liebe zu dem Erzeugniß" ist nach Dühring „der Grundtypus für alle Affectionen des aufrichtigen und sympathischen Wohlwollens"[18].

Reform der Gesellschaft. — Hinsichtlich der Umgestaltung der heutigen Gesellschaft, der „Unterdrückungsgesellschaft"[19], fordert Dühring unter anderm: Abschaffung aller Arten von Herrschaft und Autorität[20], Aufhebung der Zwangsehe, also freie Liebe[21], volle Gleichberechtigung des Weibes[22], Beseitigung jeden Cults und jeder Religion[23], Ersetzung der letztern durch Poesie[24] u. s. w.

---

[1] S. 77. [2] S. 137. [3] S. 118. [4] S. 112 ff.
[5] S. 86. [6] S. 81. [7] S. 99. 100. [8] S. 270; S. 83 ff.
[9] S. 147. [10] S. 150. 138 ff. [11] S. 133 ff. [12] S. 197.
[13] S. 167. [14] S. 200 f. [15] S. 224. [16] S. 226.
[17] S. 3. 248. 546. [15] S. 158. 243 ff. 247. [19] S. 266. 301.
[20] S. 205 ff. [21] S. 289. [22] S. 295. [13] S. 285. [24] S. 411.

Als Hauptmittel, die freie Gesellschaft der Zukunft einzuführen, empfiehlt Dühring Umgestaltung des ganzen Schulwesens nach Maßgabe seiner Wirklichkeitsphilosophie[1]. Denn wenn die Massenunwissenheit schwinde, werde der heutige Unterdrückungsstaat, welcher auf derselben ruht, von selbst der freien Gesellschaft der Zukunft Platz machen[2]. Ein Hauptziel des Unterrichts müsse sein, den Menschen aus sich selbst wissen zu lassen, daß er das sogen. Absolute unter den Füßen hat[3].

Die specifisch nationalökonomischen Ausführungen Dührings, worin sich dieser an den amerikanischen Nationalökonomen Carey anschließt, übergehen wir hier.

132. Kritische Bemerkungen zu Dührings „Wirklichkeitsphilosophie". — Anerkennung an Dühring verdient, daß derselbe den ungesunden Strömungen, welche in der neuern deutschen Philosophie so viel Unheil angerichtet haben, nämlich dem kritisch-idealistischen Phänomenalismus, den Hegel'schen „Verworrenheiten" und der Häckel'schen „Darwinismusspielerei", scharf zu Leibe geht. Und unter diesem Gesichtspunkt, den idealistischen Sophistereien, den metaphysischen und evolutionistischen „Ganz- oder Halbpoesien" gegenüber ist die Bezeichnung „Wirklichkeitsphilosophie", welche Dühring für seinen Standpunkt beansprucht, relativ berechtigt.

Bei Aufstellung seines eigenen Lehrsystems indes verfällt Dühring selbst in die Fehler, welche er mit so viel Recht an den von ihm bekämpften Richtungen rügt. In Anlehnung an den Ausdruck „Priester", welchen er so oft zur Beschimpfung seiner Gegner mißbraucht, könnte man nicht unzutreffend sagen, daß Dühring mehr nach Art eines Hierophanten als eines Philosophen die entscheidendsten Probleme der Philosophie „löst". Statt zu beweisen und zu widerlegen, ertheilt er im Namen seiner „Wirklichkeitsphilosophie" positive und negative Orakelsprüche. So z. B. erklärt er, ohne auch nur einen ernstlichen Ansatz zu einem Beweis zu machen, die Schöpfung und überhaupt jede Causalität des Geistes als innere Widersprüche, Gott und Seele als Fictionen u. s. w. — Ferner geräth Dühring dadurch, daß er einerseits die Ewigkeit der Welt behauptet, andererseits die Unendlichkeitsvorstellungen in Bezug auf ihren Anfang und ihr Ende ausschließt; sowie dadurch, daß er einerseits Zweckthätigkeit in der Natur zugibt, andererseits eine vernunftbegabte tiefere Ursache derselben läugnet, in offenen Widerspruch mit sich selbst.

---

[1] S. 326. 415 f.   [2] S. 336 f.
[3] S. 428. — Ganz ähnliche Anschauungen, wie sie hier Dühring ausspricht, hat Arzt Max Nordau in seinem sehr verbreiteten Buche „Die conventionellen Lügen der Culturmenschheit" in die weitesten Volkskreise getragen.

b. Positivistische Kriticisten und Neokantianer.

Unter den neokantianischen Positivisten oder Kriticisten kommt Dühring am nächsten A. Riehl, Professor an der Universität in Freiburg i. Br. Seine Hinneigung zu Dühring verräth Riehl schon durch die Art und Weise, wie er desselben in seinem Hauptwerke [1] Erwähnung thut.

133. A. Riehl — betrachtet das Bewußtsein als die ursprüngliche Erfahrungsthatsache, als den Ausgangspunkt all unserer Erkenntniß, als „die einzige Realität, die wir kennen" [2]. „Unmittelbar gegeben", sagt er, „ist uns weder die innere Erfahrung noch die äußere . . .", sondern nur „das Bewußtsein, welches innere und äußere Erfahrung in beständiger Wechselwirkung umfaßt" [3]. Demgemäß reducirt sich für Riehl die ganze wissenschaftliche Philosophie mit Ausschluß aller, auch der latenten, Metaphysik [4] auf „die Wissenschaft und Kritik der Erkenntniß" [5]. Sein System nennt Riehl „kritischen Monismus" [6]. Hinsichtlich der Objectivität der Erkenntniß bekennt sich Riehl zum „kritischen Realismus" [7].

Seinen „kritischen Monismus" — bezieht Riehl auf die Identität zwischen psychischen und physiologischen Aeußerungen, welche nach ihm nur die innere und äußere Seite eines und desselben realen Vorganges darstellen [8]. Das Bewußtsein ist ein „psycho-physischer" Proceß, der zwischen dem äußern Reiz und der auf denselben folgenden Reaction, „zwischen Reiz und Erfolg" eingeschaltet ist. Entsprechend der Ausbildung der Organe wird die Kette psychischer Vorgänge länger und verwickelter [9]. Empfindung ist das ursprünglichste Erfahrungselement [10], welches das Bewußtsein im Keime enthält [11]. Die Doppelgestalt von Subject und Object erhält das Bewußtsein erst in der Vorstellung [12]. Object und Subject sind in unserm Erkennen immer in Correlation, nie getrennt gegeben [13].

Seinen „kritischen Realismus" — erklärt Riehl dahin, daß zwar einerseits die Wahrnehmung die Existenz des wahrgenommenen Dinges ebenso voraussetzt, wie die des wahrnehmenden Subjectes, andererseits aber unsere Erkenntniß derselben nur die Erkenntniß der Erscheinungen ist,

---

[1] Der philosophische Kriticismus I. vi; II. 161. 183. 190; III. 20. 23. 42. 91. 93. 143. 191. 286. 300.

[2] R. III. 149.   [3] R. III. 147. 182.

[4] R. III. 87. 120. — Wenn die Metaphysik, sagt Riehl (R. III. 102), die Wirklichkeit ihrer Annahmen beweist, hört sie „damit auf, Metaphysik zu sein, und verwandelt sich in positive Forschung". Nach diesem Satz zu urtheilen, hat Riehl eine höchst merkwürdige Vorstellung von Metaphysik. Er scheint sie von vornherein mit Träumerei zu verwechseln.

[5] R. III. 15.   [6] R. III. 206.   [7] R. III. 33. 128 ff. 174. 181.
[8] R. III. 206 coll. III. 191 ff. 196.   [9] R. III. 201 ff.   [10] R. II. 27.
[11] R. III. 197.   [12] R. II. 65 ff.   [13] R. III. 30.

welche sie in uns bedingen[1]. Die Wahrnehmungen und Objecte der Erfahrung (in uns) sind nicht mit den Ursachen derselben (außer uns) zu verwechseln[2]. Realität gewinnt die Erfahrung nach Riehl „durch das, was
(an ihr) zur Empfindung und Wahrnehmung gehört"[3], Objectivität durch
das Bewußtsein ihrer Allgemeingiltigkeit für alle empfindenden Subjecte. Die
Erfahrung ist daher ein socialer, kein individual-psychologischer Begriff[4]. Die
Dinge erkennen wollen, wie sie in sich, außer aller Vorstellung sind, ist ein
chimärisches Unterfangen[5]. Das Sein ist nicht zu erkennen, sondern anzuerkennen[6]. „Dinge sind constante Gruppen von Empfindungen, zur Einheit
des Bewußtseins gebracht."[7]

Andere eigenthümliche Lehren Riehls. — Die Entwicklung
der Natur ist nicht von einem geistigen Sein ausgegangen, hat aber zu einem
solchen hingeführt[8]. Der Dualismus von Geist und Körper rührt nur daher,
daß wir aus unseren Abstractionen Substanzen machen[9]. Intellect ist ein
Product der Organisation[10]. Der Wille ist eine (von Bewußtsein begleitete)
cerebrale Innervation[11] und ebenfalls erworben[12]. Das empirische „Ich" ist
dieselbe Einheit, welche sich äußerlich als Organismus in der Wechselwirkung
seiner Theile und Functionen darstellt, innerlich erfaßt[13]. Dasselbe ist ein-
heitlich, aber nicht einfach[14]. Der eigentliche psychologische Grundproceß ist
die Apperception (Ordnung der Erfahrungselemente)[15] in Verbindung
mit Association[16]. Auch die äußere Natur hat neben der quantitativen, in
die äußeren Sinne fallenden, mechanischen Wirksamkeit eine verborgene qualitative. An letztere sind die psychischen Affectionen, Empfindung und Wille,
anzuknüpfen[17]. Die Willensfreiheit ist ein innerer Widerspruch, ihre Annahme
ein Verstoß gegen das Causalitätsgesetz[18]. Die Erscheinungswelt ist weder
infinit noch begrenzt, sondern indefinit[19]. Die Welt muß im Gegensatz zu
Dühring auch in ihrer zeitlichen Existenz ohne Anfang gedacht werden[20].

Seine ganze Lehre entwickelte Riehl in Form einer kritischen Sich-
tung von Kants Philosophie, gegen welche auch er den Vorwurf erhebt, daß sie ein „System mit zwei Schwerpunkten"[21] sei. Er wollte dieselbe,
wie er selbst sagt, im Sinne der „Wirklichkeitsphilosophie"[22] durch
Ausscheidung des Transcendenten, dieser unkritischen Zuthaten, weiterbilden.

134. Ernst Laas (1837—1885), — ursprünglich Gymnasial-
lehrer in Berlin, seit 1872 Philosophieprofessor an der Universität zu
Straßburg, vertritt in seinem dreibändigen Werke „Idealismus und
Positivismus" (1879—1884) einen erkenntnißkritischen „Positivismus",

---

[1] R. III. 30. 173 ff. 189. 291. 290.   [2] R. III. 318 ff.
[3] R. III. 69.   [4] R. III. 64 ff. 70. 151. 173.   [5] R. III. 26 ff.
[6] R. II. 106.   [7] R. II. 205.   [8] R. III. 298 ff. 358.
[9] R. III. 31.   [10] R. III. 204.   [11] R. III. 195.   [12] R. II. 209.
[13] R. III. 198; II. 26. 191. 272.   [14] R. III. 215 f.
[15] R. II. 122 Anm.   [16] R. II. 119 ff.
[17] R. III. 192 f.; II. 39. 55. 60.   [18] R. III. 235. 283.
[19] R. III. 295.   [20] R. III. 287. 309.   [21] R. I. iv.   [22] R. I. 10.

welcher dem „Kriticismus" Riehls verwandt, nur weit skeptischer ist als jener. Seinen philosophischen Standpunkt bezeichnet Laas selbst als „Subject=Objectivismus" oder „Correlativismus"[1].

Erkenntnißtheorie. — Die Urthatsache, von welcher alle Er=kenntniß ausgeht, ist das Bewußtsein[2], und zwar das Bewußtsein im augenblicklich gegebenen Momente[3]. Object und Subject sind im Bewußtsein gleich unmittelbar in unzertrennlicher Correlation gegeben (Subject=Objectivismus, nicht Subjectivismus)[4]. An=sich=Realitäten kommen dem Positivisten „wie Geistererscheinungen", innere Widersprüche vor[5], als „absolut unausdenkbare Vorstellungen"[6]. Alles außer dem einzig thatsächlich gegebenen jeweiligen „empfindungsbesetzten"[7] Individualbewußtsein[8] ist nur eine durch „treibendes Bedürfniß"[9] hervorgebrachte „Ausgeburt des immer wieder am Gegebenen sich ausspinnenden Denkens"[10]. Alle unsere Begriffe, Vorstellungen, Axiome[11] u. s. w., die ganze objective Welt, wie wir sie im Vulgärglauben auffassen, sind nur ein auf unserm „geistigen Webstuhl"[12] als „Idealwelt für ein Bewußtsein überhaupt"[13], für den geistigen Denkverkehr[14] herauspräparirtes Gebilde[15]. Diese Gebilde unseres Denkens haben lediglich den Werth von mehr oder minder brauchbaren Postulaten, Hypothesen, regu=lativen Maximen, heuristischen Principien[16] u. s. w. Sie mögen als Gegen=stände des „Glaubens"[17] passiren, sind aber nicht Gegenstand positiven Wissens. Sie sind der Zurücknahme ausgesetzt[18]. Die Wahrheit besteht nicht in der Uebereinstimmung der Erkenntniß mit dem Objecte an sich, sondern in der Uebereinstimmung mit der „objectiv giltigen" Normalauffassung, wie sie annähernd identisch wohlorganisirte Menschen sich bilden. „Die gewöhnlichen objectiven Urtheile der Werthschätzung folgen dem zeit= und landläufig Giltigen."[19]

Welt und Geist. — Die Welt ist dem Positivisten „nichts weiter, als ein Inbegriff von Empfindungs= und Wahrnehmungs=Wirklichkeiten und =Möglichkeiten, welcher Inbegriff für jedes empfindende Wesen so lange und so weit besteht, als es selbst"[20], — ein „Inbegriff von Relativitäten und Vorstel=lungen"[21]. „Das Ich ist keine transcendente Substanz, sondern ist und erhält sich nur durch die wirklichen und möglichen Verknüpfungen des hic et nunc Gegenwärtigen und später Erlebbaren."[22] Der Geist entsteht erst mit der Empfindung und im Gegensatz zu derselben[23]. Die materielle Substanz ist Fiction; die immaterielle, per negationem aus ihr gebildet, sozusagen eine

---

[1] Idealismus und Positivismus I. 182.
[2] J. III. 54. 82; I. 182 f.   [3] J. III. 47. 55. 137. 140 u. s. w.
[4] J. I. 179 ff. 212; II. 78; III. 45 ff. 685.   [5] J. III. 139; I. 183.
[6] J. III. 203.   [7] J. III. 54.   [8] J. III. 685.   [9] J. III. 130.
[10] J. III. 141.   [11] J. III. 162. 243. 262. 517.   [12] J. III. 509.
[13] J. III. 591. 673. 683.   [14] J. III. 137. 682.   [15] J. III. 457.
[16] J. III. 131. 289. 556. 570.   [17] J. III. 141 f. 250.   [18] J. III. 570.
[19] J. III. 25 ff. coll. I. 207 ff.   [20] J. III. 46. 262.
[21] J. III. 51 coll. III. 49.   [22] J. III. 47.   [23] J. III. 88. 441.

Fiction zweiter Ordnung[1]. Das Absolute oder Gott ist ein „frei nach Bedürfniß entworfenes Ideal"[2]. Alle Vorstellungen über übersinnliches, trans-
scendentes Sein sind Fictionen und Erdichtungen[3].

Kurz, die Ansicht Laas' „kennt kein Subject, außer im Gegensatz zur
Welt". Sie faßt die Welt nur als „gemeinsamen Beziehungsgegenstand aller"
auf und gibt derselben kein selbständiges Dasein, welches immer wieder die
unbeantwortete Frage hervorrufen würde, wie es in uns hineinspazieren möchte.
Sie heftet dieselbe von vornherein an den Grund des Bewußtseins. Beide,
Weltwahrnehmung und Subject, treten zugleich empor; beide jeweilig individuell modificirt, beide zu allgemeinen Gestaltungen zu läutern: jene zur „objectiven Natur", dieses zu einem „Bewußtsein überhaupt". Für eine wahrhaft
„kritische" Philosophie, welche, wie alle Wissenschaft, an der rechten Stelle die
ars nesciendi zu üben wünscht, ist weiteres zu wissen und zu sagen
nicht möglich[4].

Moral. — In der Moral huldigt Laas dem socialen Utilitarismus. Das höchste Gut für das Individuum ist nach ihm höchstmögliche
dauernde Befriedigung (Lustüberschuß)[5]. Das höchste objective Gut überhaupt
„besteht im höchsterreichbaren Ueberschuß von Lust über Unlust für die ganze
Menschheit oder gar für alle fühlenden Wesen (Thiere) zusammengenommen.
Mittel hierzu sind die Culturgüter"[6]. „Die Moral ist nicht theonom, sondern
anthroponom. Alle moralischen Anmuthungen sind Erzeugnisse des menschlichen Gemeinschaftslebens."[7] Die moralischen „Vorschriften sind vom Standpunkte der Gesellschaft autonom, vom Standpunkte des Individuums
heteronom"[8]. Auch für Beurtheilung der Natur und des Werthes der Tugenden ist der von ihnen „zu erwartende Ueberschuß der socialen Lust über
die Unlust maßgebend"[9].

Die Positivisten wollen „den Menschen erlösen, indem sie ihn vergotten
— ihn zum Gottmenschen machen[10] — oder die Natur und das Thier in
ihm humanisiren, was dasselbe ist"[11] — „eine unendliche Aufgabe"[12]. Die
Mittel und Kräfte, dieselbe zu verwirklichen, sind Sanction (äußerliche Einwirkung) und Erziehung (innerliche Einwirkung)[13]. Laas unterscheidet eine
natürliche, commercielle, politische, völkerrechtliche und sociale Sanction[14]. Die
religiöse Sanction lehnt Laas ab[15]. Behufs Ausbreitung der Elementarlehren
„der irdischen Lebenskunde" empfiehlt Laas die Abfassung eines „natürlichen (positivistischen) Volkskatechismus"[16]. „Die Schule ist" nach ihm
selbstverständlich „die Beauftragte des Staates"[17]. Am Schlusse seiner Ethik
spricht Laas gar, ähnlich wie Comte, von einer „Centralstelle", welche
gleichsam „Lebenscentrum der menschlichen Culturarbeit", ein „säcularisirtes
und modernisirtes Analogon des mittelalterlichen Papstthums" sein sollte,

---

[1] J. III. 110. 73.   [2] J. III. 143. 248.   [3] J. III. 251.
[4] J. III. 687.   [5] J. II. 219.   [6] J. II. 220; vgl. II. 210 f. 236.
[7] J. II. 222.   [8] J. II. 223.   [9] J. II. 275.   [10] J. II. 238 f.
[11] J. II. 239.   [12] J. II. 204.   [13] J. II. 295.   [14] J. II. 296 ff.
[15] J. II. 307.   [16] J. II. 368.   [17] J. II. 340.

beren Delegirten der Staat ohne Bedenken die Erziehung des Menschen in die Hand geben und der gegenüber er sich überhaupt auf die Rolle des Rechts= staates zurückziehen könnte [1].

Die Hauptanregung — zu seiner Philosophie erhielt Laas durch Mills Examination of Sir W. Hamilton's Philosophy [2]. Als Haupt= vertreter seiner Richtung bezeichnet er Protagoras [3], von welchem er haupt= sächlich den Grundsatz πάντων χρημάτων μέτρον ἄνθρωπος sowohl für die Er= kenntnißlehre als für die Moral [4] und den Satz vom „immerwährend fließenden Weltsein" [5] annahm. Als „werthvollen Bundesgenossen" [6] rühmt Laas auch Kant, welcher in der That wie kaum ein anderer dem Positivismus in die Hände arbeitete [7].

135. Urtheil über den kriticistischen Positivismus. — Der sub= jectivistische Positivismus krankt an denselben Widersprüchen des ideali= stischen Skepticismus, welche schon an Mill gerügt wurden. Es ist ein widerspruchsvolles, sophistisches, unphilosophisches Beginnen, die Voraus= setzungen des gesunden Menschenverstandes, auf welche sich auch der Philosoph bei jedem Schritte, welchen er in seiner Speculation thut, noth= wendigerweise stützen muß, wegdisputiren zu wollen. Wenn uns im Be= wußtseinszustand eine Correlation gegeben ist, dann ist es unsinnig, Cor= relata zu läugnen oder anzuzweifeln. Aus unseren Vorstellungen oder mittelst derselben erkennen wir wenigstens einigermaßen auch die Gegen= stände, durch welche dieselben hervorgerufen oder bedingt sind; wir er= kennen auch in etwa das erkennende Subject selbst.

Mit der Grundlage des subjectivistischen Positivismus fallen auch alle seine positivistischen, auf die Existenz Gottes, der Seele u. s. w. be= züglichen Negationen dahin.

136. A. Lange (1828—1875), — abwechselnd Gymnasiallehrer, Journalist und Philosophieprofessor, wird auf Grund seines zu inter= nationaler Berühmtheit gelangten Werkes „Geschichte des Materia= lismus" vielfach als Haupt der Neokantianer betrachtet. Um so charakteristischer ist für die Schwenkung, welche sich in der deutschen Philosophie in positivistischem Sinne vollzieht, der von ihm eingenommene philosophische Standpunkt. Trotzdem nämlich Lange vielleicht wirksamer und energischer als irgend ein anderer die Parole „Auf Kant zurück= gehen" [8] vertritt, erklärt er, daß es „keineswegs der orthodoxe Kantia=

---

[1] J. II. 896 ff. — Eine solche „Centralstelle" hätte man sich etwa als eine Art der Freimaurerei vorzustellen. [2] J. III. 667. [3] J. I. 183. 188. [4] J. III. 682. [5] J. III. 25; I. 177. [6] J. III. 270. [7] Vgl. J. III. 295. 521. [8] Geschichte des Materialismus, 3. Aufl., 1867, II. Bd., S. 1 ff. (Vgl. 1. Aufl S. IV ff. 233. 236. 240 u. f. w.)

nismus" sei, worauf man entscheidendes Gewicht zu legen habe. „Die ganze praktische Philosophie" sei „der wandelbare und vergängliche Theil der Kant'schen Philosophie". Die ganze Bedeutung der großen Reform, welche Kant angebahnt hat, sei „in seiner Kritik der theoretischen Vernunft [also im wesentlich positivistischen Theile der Philosophie Kants] zu suchen"[1]. Als ideales Ziel der philosophischen Forschung betrachtet er, „Kants reine Vernunft in Physiologie zu versetzen und dadurch anschaulicher zu machen"[2].

Anschauungen Lange's im einzelnen. — Ueber Erkenntnißtheorie. — Die „Wirklichkeit" ist nach Lange der „Inbegriff der nothwendigen, durch Sinneszwang gegebenen Erscheinungen"[3]. Wir wissen nicht, ob ein „Ding an sich" existirt. Der Gegensatz zwischen Ding an sich und Erscheinung ist von unserer Organisation bedingt, und wir wissen nicht, ob derselbe „außerhalb unserer Erfahrung irgend eine Bedeutung hat"[4]. Schon die Sinne sind „Abstractionsapparate", indem sie uns die „Wirkung einer Bewegungsform zeigen, die im Object an sich nicht einmal vorhanden ist"[5]. Auch unsere Begriffe und anscheinenden a priori-Erkenntnisse entstammen unserer „psycho-physischen Organisation"[6]. „Die Sinnenwelt ist ein Product unserer Organisation." Die Erscheinungswelt ist ein Product der Organisation und der Dinge, welche auf diese Organisation einwirken. Der transcendentale Grund beider bleibt uns unbekannt[7] u. s. w.

Ueber Ideen und Religion. — „Die Ideen der Seele, der Welt und Gottes sind nur der Ausdruck der in unserer vernünftigen Organisation liegenden Einheitsbestrebungen."[8] Was den Ideen Berechtigung gibt, ist „der volle, rückhaltlose Verzicht auf jede theoretische Geltung im Gebiete des auf die Außenwelt gerichteten Erkennens"[9]. Die Ideenwelt ist eine Welt berechtigter Dichtung, „der Quell alles Hohen und Heiligen und ein voll-giltiges Gegengewicht gegen den Pessimismus, der aus dem einseitigen Weilen in der Wirklichkeit entspringt"[10]. Die Idee ist so unentbehrlich, wie die Thatsache[11]. Der Mensch bedarf „einer Ergänzung der Wirklichkeit durch eine von ihm selbst geschaffene Idealwelt"[12]. Als solche ideale Erhebung über die Wirklichkeit ist die Religion berechtigt[13]. Zu verwerfen ist aber starrer Dogmatismus[14]. Man muß sich bewußt bleiben, daß die Ideen der Philosophie und Religion nur Bild und Symbol der Wahrheit sind[15]. Diese freien Thaten des Geistes dürfen nicht die „Truggestalt einer beweisenden Wissenschaft annehmen"[16]. Die Wurzeln ihrer Macht liegen vielmehr im Gemüth[17]. Geist, nicht Buchstabe![18]

---

[1] M. II., 3. Aufl., S. 2.   [2] M. II. 44.   [3] M. II. 49. 63. 165. 539 f.
[4] M. II. 49 f.   [5] M. II. 422.   [6] M. II. 30. 44.   [7] M. II. 423.
[8] M. II. 54.   [9] M. II. 55.   [10] M. II. 61.   [11] M. II. 178.
[12] M. II. 545.   [13] M. II. 545. 548.   [14] M. II. 555.   [15] M. II. 492. 496.
[16] M. II. 545.   [17] M. II. 554 ff.   [18] M. II. 500.

137. Hans Vaihinger. — Zu Lange's „Kriticismus" bekennt sich in seiner Schrift „Hartmann, Dühring und Lange" (1876) auch H. Vaihinger, den wir hauptsächlich wegen seiner Auffassung vom Kriticismus hier erwähnen, durch welche die Identität desselben mit dem Positivismus bestätigt wird. Wie nämlich die englischen und französischen Positivisten betonen, daß viel mehr die positive, streng wissenschaftliche „Methode", als bestimmte „Lehrpunkte", das Wesen des Positivismus ausmache, so erklärt Vaihinger hinsichtlich des Kriticismus: „Der Kriticismus, wenn er echt kritisch aufgefaßt wird, ist keineswegs ein streng geschlossenes System, sondern eine **streng wissenschaftliche Methode.** Daß einige Stürmer und Dränger voreilig Systeme aufbauen, kann daran nichts ändern." [1]

138. Richard Avenarius, — Philosophieprofessor in Zürich, Herausgeber der „Vierteljahrsschrift für wissenschaftliche Philosophie" [2], vertritt einen erkenntnißtheoretischen Positivismus eigener Art. Unsere Erfahrung, sagt er, bedeutet nicht eine Art, „wie die Außenwelt oder überhaupt das Seiende ist, sondern nur eine Art, wie es **gedacht wird**" [3]. Die Philosophie ist nicht ein „Erkennen", sondern nur ein „Denken der Welt". Die Norm des „richtigen" Denkens — von einem „wahren" kann nach Avenarius kaum die Rede sein, weil demselben kein wirkliches Object gegenübersteht, an welchem es gemessen werden könnte — bildet „das Princip des kleinsten Kraftmaßes". Denn die zweckmäßigste, praktisch brauchbarste Art des Denkens, welche möglichst ökonomische Verwendung intellectueller Kraft gestattet, ist auch die richtige [4].

In neuester Zeit machte Avenarius, in Weiterverfolgung dieser seiner Ideen, in seiner „Kritik der reinen Erfahrung" (2 Bde. Leipzig 1888 bis 1890) den Versuch, eine mathematische Grundlegung der Wissenschaft von den psychischen Processen im Verhältniß zu den Reizen der Außenwelt anzubahnen. Er bezieht zu diesem Zwecke nicht bloß die Reize und den Erfolg (endliche Reaction auf dieselben), sondern auch die Aenderungen im Centralorgan in seine Berechnungen ein und bringt sie in Formeln und Gleichungen. Charakteristisch an Avenarius ist, daß er, während sonst fast alle neueren Positivisten vom Bewußtsein als von der Urthatsache ausgehen, den pul-

---

[1] Vaihinger, Hartmann, Dühring und Lange, S. 235.

[2] Diese Zeitschrift erscheint seit 1877. Gegen die „Anmaßung" im Titel der Zeitschrift führte Ulrici in der Fichte'schen Zeitschrift für Philosophie LXXII. 103; LXXIV. 284; LXXV. 176 eine scharfe Polemik.

[3] Vierteljahrsschrift 1877. I. 480.

[4] Philosophie als Denken der Welt gemäß dem Princip des kleinsten Kraftmaßes, 1876.

gären, vorwissenschaftlichen Erkenntniß-Inhalt, wie er sich bei allen normalen Menschen vorfindet, zum Ausgangspunkt nimmt. Denn, sagt er, „das sogen. unmittelbare Gegebensein des Bewußtseins ist selbst schon Ausfluß einer ‚Theorie‘ ... Vom Bewußtsein ausgehen heißt ..., um nicht einen drastischern Ausdruck zu gebrauchen, beim Ende anfangen!" „Alle speciellen wissenschaftlichen Erkenntniß-Formen oder =Mittel sind nur Aus= bildungen vorwissenschaftlicher."[1]

c. Wilhelm Wundt (geb. 1832).

W. Wundt, von Fach Physiologe, erfreut sich von allen deutschen Vertretern empiristischer Philosophie augenblicklich sowohl in Deutschland als im Ausland des größten Ansehens. Auch Wundt vertritt eine Art erkenntnißtheoretischen Positivismus[2], welcher als eine Umarbeitung der Kant'schen Philosophie im positivistischen Sinne bezeichnet werden kann. Wir legen der nachstehenden Darlegung der Lehre Wundts sein neuestes Werk „System der Philosophie" (1889) zu Grunde, in welchem er seine philosophischen Anschauungen am prägnantesten zusammengefaßt hat.

139. Ausgangspunkt — der Philosophie, wie der Wissenschaft und des Erkennens überhaupt, ist nach Wundt die Vorstellung, die zugleich Object ist, oder das „Vorstellungsobject, welches die Eigenschaft, Vorstellung und Object zu sein, untrennbar in sich vereinigt"[3]. Dies ist die einzige

---

[1] Kritik der reinen Erfahrung I. S. VII f.

[2] Bei oberflächlicher Betrachtung könnte es vielleicht verwunderlich erscheinen, daß wir Wundts philosophisches System in unsere Darstellung der positivistischen Philosophie einbeziehen. Thatsächlich steht aber Wundt, trotzdem er der von den Positivisten in Acht erklärten Metaphysik eine centrale Stellung in der Philosophie einzuräumen erklärt, ganz auf positivistischem Boden und vertritt eine Phase der positivistischen Bewegung. Gleich den meisten anderen neueren englischen, deutschen, französischen und italienischen Positivisten führt auch er alles reelle „Wissen" auf die „Vorstellung" (Empfindung, Bewußtseinszustand) als die einzig ursprünglich gegebene Erfahrungsthatsache zurück. Die Verstandes= und Vernunfterkenntniß ist ihm, insofern sie über das in der Vorstellung Gegebene hinausgeht, nur Hypothese, Postulat, noth= wendige Voraussetzung, Ideal u. f. w. — Daher widerstreitet die „Metaphysik" Wundts im Grunde dem positivistischen Princip nicht mehr, als die Systeme aller anderen Posi= tivisten. Ja, Wundt bleibt trotz allen metaphysischen Scheins, mit dem er sein System umkleidet, noch mehr Positivist, als die meisten anderen Positivisten. Spencer z. B. ist thatsächlich sicher in weit höherem Grade Metaphysiker als Wundt. Denn wenn auch Wundt gleich Spencer zur absoluten Unendlichkeit als letztem Weltgrunde kommt, so ist er doch weit entfernt, diesem Weltgrund gleich Spencer objective Realität zu= zuschreiben. Er betrachtet vielmehr diese Idee, wie alle anderen über die Erfahrung hinausgehenden, in echt positivistischer Weise nur als eine der nothwendigen Thatsachen unseres Denkens.

[3] System der Philosophie, Leipzig 1889, S. 42. 92 ff. 101. 212. 220.

unserem Erkennen ursprünglich gegebene Erfahrungsthatsache. Alle unsere Erkenntnisse, Begriffe und Ideen leiten sich aus der Umformung bezw. logischen Verarbeitung derselben behufs widerspruchsloser Verknüpfung und Ergänzung der Erfahrung zu einer befriedigenden Weltanschauung her[1]. Die ganze Außenwelt existirt für uns nur in unseren Vorstellungen[2]. Daß uns eine Außenwelt gegeben ist, kann nur „aus metaphysischen Voraussetzungen ‚be= griffen‘ [also nicht erfahrungsgemäß wahrgenommen] werden"[3]. Doch kommt dem Merkmal der Objectivität, da dasselbe ursprünglich in der Vor= stellung gegeben und durch keinerlei Berichtigung des Vorstellungsinhalts auf= zuheben ist, „reale Bedeutung" zu[4].

140. Erkenntnißstufen. — Diejenigen Umformungen der ursprüng= lichen Vorstellungsobjecte, welche „innerhalb der gewöhnlichen Wahrnehmungs= processe, ohne die Hilfsmittel und Methoden wissenschaftlicher Begriffsbildung sich vollziehen", bilden das Gebiet der Wahrnehmungserkenntniß (1. Er= kenntnißstufe); die am Inhalt und Zusammenhang der Vorstellungen mittelst methodisch=logischer Analyse ausgeführten Verbesserungen und Ergänzungen gehören der Verstandeserkenntniß[5] (2. Erkenntnißstufe); die ideelle Fort= führung des in der Verstandeserkenntniß Gewonnenen über die Grenzen der Erfahrung hinaus behufs Bildung einer einheitlichen Weltanschauung gehört der Vernunfterkenntniß an[6] (3. Erkenntnißstufe).

Die Wahrnehmungserkenntniß ist die Erkenntniß des praktischen Lebens, die Verstandeserkenntniß die der Einzelwissenschaft; die Vernunfterkennt= niß (Metaphysik)[7] ist das eigentlichste Gebiet der Philosophie[8]. Demgemäß definirt Wundt die Philosophie als „die allgemeine Wissenschaft, welche die durch die Einzelwissenschaften vermittelten allgemeinen Erkenntnisse zu einem widerspruchslosen System zu vereinigen hat"[9].

Diese drei Erkenntnißstufen sind indes keineswegs als scharf geschiedene Erkenntnißformen aufzufassen; vielmehr ist eine und dieselbe Geistesthätigkeit in denselben wirksam und gehen die Arten derselben im einzelnen Falle stets ineinander über[10].

Wahrnehmungserkenntniß. — Auf Grund der „Bewegungs= anschauung" wird der Wahrnehmungsinhalt einerseits in verschiedene Gegen= stände getrennt, andererseits in den Wahrnehmungsstoff (Empfindung) und die Wahrnehmungsform (Raum und Zeit) zerlegt. Erstere Trennung voll= zieht sich bereits in der Vorstellung. Letztere ist nur begrifflich auszuführen[11]. Den ganzen Stoff der Empfindung sieht sich das erkennende Subject angesichts der Widersprüche, in welche verschiedene Wahrnehmungen zu einander treten, gezwungen, in sich selbst zurückzunehmen, während die räumlich=zeitliche Form der Empfindung einen nicht aufzuhebenden Bestand=

---

[1] H. S. 107 f.　　[2] H. S. 212.　　[3] H. S. 417.
[4] H. S. 184. 564.　　[5] H. S. 108. 181.　　[6] H. S. 108. 179 ff.
[7] H. S. V.　　[8] H. S. 107 f.　　[9] H. S. 21.　　[10] H. S. 108.
[11] H. S. 135. 136.

theil der Wahrnehmung bildet [1]. „Wahrnehmen" kann daher das erkennende Subject nur sich selbst; die objective Welt vermag es nur zu „begreifen", d. h. in Begriffen (nicht in Vorstellungen) festzuhalten [2].

141. Verstandeserkenntniß. — Der Verstand ist „die Eigenschaft, die Gegenstände und ihre Beziehungen durch Begriffe zu denken". Die Verstandesthätigkeit, das begriffliche Erfassen, erstreckt sich sowohl auf die Gegenstände der rein anschaulichen innern, — als auf die der rein begrifflichen äußern Erfahrung. Jedoch ist die begriffliche Bearbeitung beider Erfahrungen (die ursprünglich nicht geschieden sind) verschieden. Die Begriffe der innern Erfahrung sind Allgemeinbegriffe, die der äußern Einzelbegriffe [3]. Auf dem Standpunkt der Verstandeserkenntniß bleiben innere und äußere Erfahrung zwei getrennte Welten.

Die Denkgesetze sind zugleich anschaulich, weil sie „überall in Vorstellungen sich verwirklichen und der letzteren fortan zu ihrer Darstellung bedürfen" [das begriffliche Denken bedarf der Vorstellungen als Symbole, durch welche die Begriffe fixirt werden], und — begrifflich, weil „die unmittelbare Wahrnehmung sie niemals in völlig adäquaten Formen darzustellen" vermag [Abstraction und „willkürliche Gedankenbeziehungen zwischen Objecten, die in der Anschauung getrennt sind, müssen dabei helfend mitwirken"] [4]. Namentlich die Sprache liefert dem begrifflichen Denken die werthvollsten Symbole [5]. So sehr das begriffliche Denken sich abmüht, die Wirklichkeit erschöpfend zu erfassen, so bleibt es doch immer in den Umkreis des Möglichen gebannt. Aus diesem Grunde ist „die Hypothese [als annähernde Bestimmung eines gegebenen wirklichen Thatbestandes] ein unerläßliches ergänzendes Hilfsmittel aller Verstandeserkenntniß" [6].

Bei Gegenständen äußerer Erfahrung beginnt die Hypothesenbildung sofort bei den Einzelbegriffen [7]. Hypothesenbildung ist nur insofern gerechtfertigt, als die Widersprüche der unmittelbaren Wahrnehmungen hypothetische Voraussetzungen nöthig machen und die Forderung eines widerspruchslosen Zusammenhangs des gesammten Erfahrungsinhalts noch nicht erfüllt ist [8]. — Der empirische Dingbegriff entsteht aus „der Voraussetzung, daß alle Wahrnehmungen, die nach ihrer zeitlich-räumlichen Form in Verbindung stehen, auch mit Bezug auf ihren Inhalt miteinander verbunden sein müssen" [9]. — Das „Ding an sich", „dieser Begriff eines Objectes, welches niemals zur Vorstellung werden kann", ist eine „Fiction" [10], ein „monströser Begriff" [11].

Alle Denkfunctionen sind Bethätigungen zweier allgemeinen Denkgesetze, „nämlich des Gesetzes der Gliederung eines Ganzen (Vorstellungs-

---

[1] §. S. 150. 151. 160.   [2] §. S. 145.   [3] §. S. 153 ff.
[4] §. S. 157.   [5] §. S. 159.   [6] §. S. 161.   [7] §. S. 162. 165.
[8] §. S. 167.   [9] §. S. 170.   [10] §. S. 95. 97.
[11] §. S. 104. 183. 185 u. s. w.

inhalt, Wahrnehmungscomplexe u. s. w.) in seine Theile und des Gesetzes der Beziehung der so entstandenen Glieder in der Form der einseitigen oder wechselseitigen Abhängigkeit". Besonders aber kommt das letztere Gesetz, das des Grundes, bei der begrifflichen Verbindung der Wahrnehmungscomplexe in Anwendung [1]. — Die Mathematik als allgemeine Formwissenschaft, die Naturlehre als Realwissenschaft der objectiven Erfahrung, und die Psychologie als Realwissenschaft der subjectiven Erfahrung ergeben sich als die drei fundamentalen Disciplinen der Verstandeserkenntniß [2].

142. Die Vernunfterkenntniß — hat die Aufgabe, die Verstandeserkenntniß über die Grenzen der Erfahrung hinaus ideell zu einer das Einheitsbedürfniß der Vernunft befriedigenden einheitlichen (metaphysischen) Weltanschauung zu ergänzen und die Widersprüche zwischen Wahrnehmungs= und Verstandeserkenntniß zu heben [3]. Die Möglichkeit einer solchen Ergänzung liegt in der Allgemeingiltigkeit des Satzes von Grund und Folge [4]. Die transcendenten Probleme scheiden sich in das kosmologische, das psychologische und das ontologische. Die metaphysische Ergänzung vollzieht sich bei denselben in „zwei Arten des Fortschritts" über das Gegebene, die Erfahrung hinaus, nämlich einerseits „zur Idee einer unendlichen Totalität", andererseits „zur Idee einer letzten, absoluten [elementaren] Einheit" [5].

Nach dem Vorbilde der Mathematik kann man auch in der Metaphysik eine doppelte Transcendenz unterscheiden, die reale und die imaginäre [6]. In der realen Transcendenz behält der Fortschritt über die Erfahrung hinaus dieselbe Form bei, welche er in der Erfahrung hatte; in der imaginären führt er zu neuen, qualitativ verschiedenen Begriffsbildungen [7]. Die kosmologischen Ideen haben gemäß dieser Unterscheidung theils reale, theils imaginäre, die psychologischen und ontologischen Ideen ausschließlich imaginäre Transcendenz [8]. Die Vernunftideen, welche das Gebiet der Metaphysik ausmachen, können nicht bewiesen, sondern nur „als letzte Voraussetzungen aufgezeigt werden, zu denen unser Denken gelangt, wenn es den in der Erfahrung beginnenden Fortschritt von Folgen zu Gründen über jede ‚gegebene' Grenze hinaus fortsetzt" [9]. „Wenn irgendwo, so ist hier (in der Metaphysik) ein Gebiet bleibender Hypothesen anzuerkennen." [10] Es findet auf demselben eine Weiterführung der begrifflichen Hypothesen der Verstandeserkenntniß ins Imaginär=Transcendente statt durch Ergänzungen, die sich „jeder Controle durch die Erfahrung vorläufig oder für immer entziehen" [11].

143. Die hauptsächlichsten Ergebnisse der metaphysischen Untersuchungen Wundts. — Kosmologie. — Die kosmologischen Ideen zerfallen in die Idee des Real=Transcendenten, welche

---

[1] S. S. 174   [2] S. S. 178.   [3] S. S. 179 ff. 431.
[4] S. S. 179. 182. 188. 205.   [5] S. S. 206.   [6] S. S. 197 ff.
[7] S. S. 106.   [8] S. S. 207. 371. 391. 439. 444. 644.
[9] S. S. 439; vgl. S. 442.   [10] S. S. 200. 104.   [11] S. S. 361.

sich auf die quantitative Seite, die räumlich-zeitliche Form der Welt bezieht, und in die Idee des Imaginär-Transcendenten, welche die qualitative Bestimmung ihres Inhaltes (Sein und Geschehen, Materie und Causalität) zum Gegenstand hat [1]. Bei Raum und Zeit ist Regreß und Fortschritt in infinitum [2], bei Materie und Causalität hingegen in indefinitum [3]. Die Materie selbst hat nach Wundt, wie die Substanz, „lediglich die Bedeutung eines hypothetischen Hilfsbegriffs, welcher eine widerspruchslose Causalerklärung der in der äußern Erfahrung gegebenen Eigenschaften und Beziehungen der Objecte vermitteln soll" [4]. Die Causalität haftet nicht an Substanzen, sondern Ursache und Wirkung sind Ereignisse [5]. An Stelle der substanziellen Causalität tritt die „actuelle" [6].

Psychologie. — Auf psychologischem Gebiet führt der analysirende Regreß der Vernunfterkenntniß zu dem reinen, vorstellungsfreien Willen, der „reinen Apperception" als ideellem Ausgangspunkt aller geistigen (psychischen) Vorgänge, als „transcendentem Seelenbegriff" [7], — der Fortschritt zur Totalität zum Gesammtwillen, „welcher die gesammte Menschheit in der bewußten Vollbringung bestimmter Willenszwecke einigt", als ideellem Endpunkt [8]. Alle psychischen Vorgänge (Wollen, Fühlen, Vorstellen, Denken u. s. w.) sind wesentlich gleichartig [9]. Die spiritualistische Seelenhypothese (einfache Seelensubstanz) ist als durchaus nutzlos und verfehlt zu verwerfen [10]. An ihre Stelle tritt der empirische Seelenbegriff, wonach die Seele „die unmittelbare Einheit der Zustände eines Einzelbewußtseins" ist [11], als „hypothetischer Hilfsbegriff der Erfahrung" [12].

Ontologie. — Die höchste Synthese der kosmologischen und psychologischen Erkenntniß vermitteln die ontologischen Ideen. Die ontologische Betrachtung hebt die bloß begriffliche, nicht wirkliche Scheidung des Vorstellungsobjects in Subject und Object, Geist und Natur, innere und äußere Erfahrung wieder auf [13]. Und zwar sind wir, da die „einzige uns unmittelbar gegebene Thätigkeit" unser Wollen ist, genöthigt, unser eigenes Erleiden überall auf ein fremdes Wollen zurückzuführen, durch dessen Einwirkung unser eigenes Wollen zu vorstellendem Wollen wird [14]. Wir haben uns also „alle Realität als eine unendliche Totalität von Willenseinheiten zu denken" [15].

---

[1] H. S. 350 f.   [2] H. S. 352.   [3] H. S. 364 ff.
[4] H. S. 300 f. 358 458. 403.   [5] H. S. 311.   [6] H. S. 296 ff.
[7] H. S. 388. 416.   [8] H. S. 400.   [9] H. S. 42. 563. 579.
[10] H. S. 304 f. 374 f.   [11] H. S. 502.   [12] H. S. 389. 390.
[13] H. S. 340. 407 ff. 560.   [14] H. S. 415.   [15] H. S. 416.

Der kosmische Mechanismus erscheint demnach als „die äußere Hülle, hinter der sich ein geistiges (zum Theil unter der Schwelle des Bewußtseins stehendes) Wirken und Schaffen, ein Streben, Fühlen und Empfinden verbirgt, dem gleichend, das wir in uns selber erleben"[1]. Der ontologische Regreß zum unendlich Kleinen führt zu bloß ideellen, einfachen Willenseinheiten. Unser eigener Wille ist nur relativer Individualwille, in Wirklichkeit aber als Organismus von elementaren Willenseinheiten zu denken[2]. Eine fernere „Voraussetzung", zu der wir gelangen, ist, daß die „Natur Vorstufe des Geistes" und „Selbstentwicklung des Geistes" ist[3]. Der ontologische Fortschritt nach der Richtung der Totalität führt zu den Ideen „Gesammtgeist"[4], „Gesammtorganismus" im psychischen und physischen Sinne[5] und „Gesammtpersönlichkeit"[6].

Höchste sittliche Norm ist die Humanitätsidee, das Menschheitsideal[7]. Dies besteht in der „Herstellung einer alle menschliche Geistesarbeit zusammenfassenden, allen Zwiespalt der Zwecke ausschließenden Willenseinheit"[8]. Die „Forderung eines Grundes zu dem als letzte Folge aller menschlichen Entwicklung vorausgesetzten sittlichen Menschheitsideal" führt zur Gottesidee[9] (Idee der absoluten Unendlichkeit). Diese Idee des letzten Weltgrundes ist aber als reines Postulat (welches in keiner Weise aus der Erfahrung bestimmbar ist) schlechthin unbestimmbar, der Weltgrund ist schlechthin unbekannt[10]. Durchführbar ist die Gottesidee nur, „wenn Gott als Weltwille, die Weltentwicklung als Entfaltung des göttlichen Willens und Wirkens gedacht wird"[11].

Den positiven Religionen, welche das unbestimmbare Absolute bestimmen wollen, schließt Wundt, ist ein „philosophischer Werth" nicht zuzuerkennen[12]. Hingegen ist die „Vernunftreligion" als Ergänzung der Erfahrungserkenntnisse durch die in vorstehendem entwickelten Vernunftideen berechtigt[13]. Persönliche Unsterblichkeit ist natürlich bei solchen Anschauungen ebenso sehr ausgeschlossen, wie ein persönlicher Gott. Den allgemein giltigen Gehalt der Unsterblichkeitsidee läßt Wundt nur in dem Sinne zu, „daß, weil der Geist selbst nur als unablässiges Werden und Schaffen zu denken ist, jede geistige Kraft ihren unvergänglichen Werth im Werdeproceß des Geistes behauptet"[14].

---

[1] S. S. 432. 585.   [2] S. S. 422.   [3] S. S. 580 f.
[4] S. S. 591 f.   [5] S. S. 598 f.   [6] S. S. 607 f.
[7] S. S. 401. 432 ff. 636.   [8] S. S. 636.
[9] S. S. 403. 439.   [10] S. S. 430.   [11] S. S. 442.
[12] S. S. 644 f.   [13] S. S. 6 ff. 644.   [14] S. S. 653.

Bezüglich der objectiven Geltung der Vernunftideen — bemerkt Wundt noch: „Der Fortschritt der Vernunftideen ist überall nur geeignet, uns die (ideellen) absoluten Endpunkte der in der Erfahrung beginnenden Reihen aufzuzeigen, nicht die Erfahrung im einzelnen zu erklären"[1]. Die philosophische Untersuchung weist die Nothwendigkeit und die Allgemeingiltigkeit der Vernunftideen nach, welche in der allgemeinen Natur der Vernunft ihren Grund haben; sie „muß aber davon abstehen, außer jener Nothwendigkeit der Idee auch die Nothwendigkeit einer der Idee entsprechenden Realität aufzuzeigen. Die Philosophie kann die Nothwendigkeit des ‚Glaubens‘ [Annahme von Postulaten] beweisen; ihn aber in ‚Wissen‘ zu verwandeln, dazu reicht ihre Macht nicht aus"[2]. Unter Umständen kann jedoch „die dem Wirklichen hinzugefügte ideale Ergänzung im einzelnen Falle sich selbst in ein Wirkliches umwandeln"[3].

144. Urtheil über Wundts System. — Wundts System erhebt den Anspruch, die „widerspruchslose Verknüpfung des Gegebenen" zu sein. Außer Wundt selbst dürfte indeß kein selbständiger Denker der Ansicht sein, daß Wundts Philosophie vor dem von diesem selbst als höchste Norm bezeichneten Grundsatz der „widerspruchslosen Verknüpfung" bestehen könne. Schon die Grundidee der Wundt'schen Philosophie, daß die philosophische Erkenntniß wesentlich Berichtigung der Widersprüche der Erfahrungserkenntniß sei, verwickelt in unentwirrbare Widersprüche. Ist es nicht ein widerspruchsvolles Beginnen, dadurch einen widerspruchslosen Zusammenhang unserer Erkenntniß herstellen zu wollen, daß man schon in die ursprünglich gegebene Realität, welche der Ausgangspunkt der ganzen Philosophie sein soll, Widersprüche „hineinträgt"? Wenn schon die „einzig gegebene" Urthatsache Widersprüche enthält, wie soll man da überhaupt aus den Widersprüchen herauskommen?

Es konnte nicht anders sein, als daß eine Philosophie, welche auf einer so widerspruchsvollen Vorstellung von philosophischer Erkenntniß ruht, in die größten Willkürlichkeiten und in die abenteuerlichsten Phantastereien verfiel — Willkürlichkeiten und Phantastereien, welche sogar der Philosoph des Unbewußten, der doch selbst in diesem Zweige nicht Unbedeutendes leistete, zu rügen sich veranlaßt fand. Bleibt Wundt bei

---

[1] S. S. 423.   [2] S. S. 444.   [3] S. S. 189. 431.

seinem „System der Philosophie" stehen, schreibt E. von Hartmann [1], so verharrt er auf dem Boden von „lauter widerspruchsvollen Halb= heiten, die er nicht zu Ende gedacht hat".

4. Italien.

145. Vorbemerkungen. — In Italien wird augenblicklich die Propaganda für den Positivismus besonders schwunghaft betrieben, wie die zahlreichen positivistischen Zeitschriften und Werke bezeugen, welche seit etwa zwanzig Jahren dort erschienen sind. Der Ausbreitung positi= vistischer Anschauungen dienen hier auf dem Gebiete der Philosophie die zwei Zeitschriften: Rivista della filosofia (Milano) und La Rassegna Critica di opere filosofiche, scientifiche e litterarie (Napoli); — auf dem Gebiete der Pädagogik die Zeitschrift: Rivista pedagogica italiana (Torino-Roma); — auf dem der Psychologie, Gerichtsmedicin und des Strafrechts die zwei Zeitschriften: Rivista Sperimentale di Freniatria e Medicina legale und Archivio di Psichiatria, Scienze penali ed Antropologia criminale.

Die positivistische Propaganda in Italien steht ganz und gar im Dienste der kirchenfeindlichen Politik und erfreut sich der kräftigsten Unter= stützung seitens der revolutionären Loge, welche seit 1870 im öffentlichen Leben der appeninischen Halbinsel die beherrschende Stellung einnimmt [2]. Noch mehr als anderswo ist der Positivismus in Italien bestrebt, als nationale Philosophie aufzutreten. Originelle Gedanken von Bedeutung weist derselbe aber nicht auf. Hingegen entlehnt er sehr viel den von uns bereits behandelten Positivisten anderer Länder, besonders den eng= lischen und deutschen. Daher wollen wir eine specielle Kritik derselben uns ersparen.

Als Hauptvertreter positivistischer Philosophie in Italien können an= gesehen werden: Pietro Siciliani, Roberto Arbigò und Andrea Angiulli.

Diesen schließt sich ein ganzes Heer von Scribenten zweiter und dritter Ordnung an, unter welchen wir folgende nennen: S. F. de Dominicis, G. Sergi, G. Cesca, T. Vignoli, A. Mosso, E. Tanzi, G. Trezza, G. Boc= carbo, N. Marselli, E. Morselli, R. Schiatarella u. s. w.; ferner G. Buc= cola (Psycho=Physiker); Mantegazza, Al. Herzen (Physiologen). Von den

---

[1] Preußische Jahrbücher 1890 (August) S. 152.

[2] Vgl. darüber die verschiedenen Jahrgänge der Rivista della Massoneria Italiana (Roma), aus welcher eine Blütenlese in Rosens Werk L'ennemie sociale (1890) zusammengestellt ist.

zahlreichen Vertretern der positivistischen italienischen Rechtsschule werden wir später noch zu reden haben.

Frühere Positivisten in Italien übergehen wir, da dieselben noch in höherem Grade als die genannten bloß den ausländischen Positivismus, namentlich den französischen, copirten. Bemerken wollen wir nur, daß auch **Ausonio Franchi**, früher Freimaurer und einer der bedeutendsten und wohl der geistvollste Vertreter akatholischer Philosophie in Italien — kürzlich hat er seine Irrthümer abgeschworen und sich mit der Kirche völlig ausgesöhnt —, in seiner Jugend vorübergehend für den französischen Positivismus schwärmte [1].

a. Pietro Siciliani.

P. Siciliani hat seinen eigenthümlichen philosophischen Stand-punkt hauptsächlich in seinem Werke Sul rinovamento della filosofia in Italia (Firenze 1871) dargelegt, welches kurz nach der Einnahme Roms erschien und ausgesprochenermaßen den Zweck verfolgte, eine den neuen politischen und nationalen Bedürfnissen des geeinigten Italiens angepaßte Philosophie zu begründen [2]. Wir halten uns daher bei der nachfolgenden

---

[1] Ausonio **Franchi**, L' Ultima Critica, p. 12. — Ebendaselbst (p. 531 ss.) kommt A. Franchi zum Ergebniß, daß „der hl. Thomas der ganzen modernen Philosophie vorzuziehen sei" (à tutta la filosofia moderna è da preferire S. Tommaso). Der Loge und der kirchenfeindlichen Wissenschaft in Italien ist natürlich die Bekehrung Franchi's sehr ungelegen. S. F. de Dominicis schrieb daher in der Rivista della Massoneria Italiana 1890 (p. 129 ss. 164 ss. 193 ss. 232 ss. 283 ss.) gegen denselben heftige Artikel: La seconda apostasia di Ausonio Franchi.

[2] Siciliani beginnt gleich das Vorwort zu dem Werke mit folgenden Worten: „Bei der heilsamen politischen Erneuerung Italiens, die wir zitternd miterleben, muß ein Buch, welches auf die philosophische Erneuerung hinarbeitet, gelegen und erwünscht kommen. Denn wenn wir heute alle das treffende Wort Azeglio's wiederholen: ‚Fatto ormai l'Italia, bisogna far gl'Italiani', so müssen wir, scheint mir, vor allem bestrebt sein, uns im Innersten unseres Bewußtseins, in der Wurzel, in der Quelle jedes menschlichen und bürgerlichen Fortschritts zu erneuern. Und das ist der philosophische Gedanke. Dank einer glücklichen Verkettung von Ereignissen und unserm guten nationalen Rechte war es nicht schwer, nach Rom zu gehen, und wird es nicht schwer sein, dort zu bleiben. Aber wir werden nur materiell dort sein und bleiben, wenn Rom, das alte Rom, der katholische Gedanke nicht auch sich umgestaltet und verschwindet. Diesem Ziel wird uns zweifelsohne stufenweise die politische, bürgerliche und administrative Weisheit zuzuführen wissen. Aber es ist gut, niemals zu vergessen, daß das Mittel, welches wirksamer und sicherer als jedes andere uns dahin führt, in der Erneuerung des philosophischen Gedankens besteht." — Nebenbei bemerkt, erfreute sich Siciliani — er starb vor einigen Jahren — hoher Gunst seitens der italienischen Regierung, welche ihn wiederholt mit Abhaltung

Darlegung der Lehre Siciliani's an dieses Werk. Später wandte sich Siciliani mehr und mehr dem „reinen Positivismus", d. h. dem unter diesem Namen auftretenden philosophischen Nihilismus zu. Der Leser wird, auch ohne daß wir ihn im einzelnen darauf aufmerksam machen, gewahren, bis zu welchem Grade Siciliani's „positive Philosophie" an Verworrenheit, Verschrobenheit und metaphysischer Willkür krankt.

146. Standpunkt Siciliani's im allgemeinen. — Siciliani will die Einseitigkeiten sowohl des englischen als des französischen Positivismus vermeiden. Ersterer sei nur ein „logischer Formalismus", letzterer ein historischer Empirismus[1]. Die wahre Form des Positivismus sei von Galilei in den Naturwissenschaften begründet und von Vico in die moralischen Wissenschaften eingeführt worden[2]. Vico sei der eigentliche Urheber des neuen philosophischen Gedankens[3]. An sein Werk Scienza nuova müsse daher die philosophische Tradition anknüpfen[4].

Die Philosophie hat sich nach Siciliani enge an die Wissenschaften anzuschließen, ohne indes in denselben aufzugehen. Sie kann, so sehr auch die theologische Metaphysik zu verwerfen ist, einer auf die Erfahrungsmethode gegründeten Metaphysik nicht entbehren[5]. Außer dem deductiven und inductiven Verfahren gibt es nach Siciliani noch ein eductives (!), in welchem das deductive und inductive sich gegenseitig durchbringen und durch welches der Syllogismus erst vollkommen werde[6]. Die positive Philosophie ist positiv, nicht weil sie die Metaphysik, sondern weil sie einerseits die dogmatische, absolut aprioristische Metaphysik und andererseits den Positivismus selbst, welcher im Grunde nur metaphysischer Nihilismus (nullismo) ist, ausschließt[7].

147. Hauptlehrpunkte Siciliani's. — Das wahre Kriterium und allgemeine Princip aller Wissenschaft und Philosophie findet Siciliani in Vico's Formel Conversione del vero col fatto (Convertirung des Wahren mit dem Gemachten oder dem Thatsächlichen [?])[8]. Diese

---

von Lehrer- und Lehrerinnen-Conferenzen in verschiedenen Districten des Königreichs betraute. Auch in diesen Conferenzen trat er stets für positivistische Philosophie ein. Er stellte ferner den Satz auf, daß der Staat den religiösen Unterricht verbieten und verhindern müsse (Siciliani, Rivoluzione e Pedagogia, 1882, p. 239 ss. 340 ss.). Ein geläutertes, „evangelisches, rationelles" Christenthum solle gelehrt werden, welches die Dogmen nur als Symbole, nicht buchstäblich auffasse (ib. p. 204). An Stelle des religiösen Unterrichts solle der moralische treten (ib. p. 344). Als Muster eines Handbuchs für diesen Unterricht in der Laienmoral empfiehlt Siciliani (ib. p. 344) das Handbuch des französischen Positivisten Compayré: Éléments d'éducation civique et morale. Paris 1880.

[1] Sul Rinovamento p. 10 ss.   [2] R. 10. 24.   [3] R. 189.
[4] R. 209.   [5] R. 213. 219. 220. 232. 423 etc.
[6] R. 230. 246. 424.   [7] R. 255.
[8] R. 11. 239. 277. 424 Anm. 532. — „Conoscere", sagt Siciliani, „pel Vico non è vedere, non è patire, non è semplicemente apprendere. È vedere, patire, apprendere appunto perchè il pensiero è essenzialmente un conoscere.

Convertirung ist nach Siciliani der Kern des wahren Positivismus[1]. Die Termini der Convertirung (Verwandlung) müssen, damit wahre Wissenschaft möglich sei, „insofern sie identisch sind, verschieden, und insofern sie verschieden sind, identisch sein" (!!). Es muß eine wahre Verwandlung im Erkennen angenommen werden[2]. Dieses Vico'sche Princip bezeichnet den goldenen Mittel= weg (indirizzo medio, via regia) zwischen den Extremen in der Philosophie (Hegelianismus und gemeiner Positivismus)[3]. Die auf demselben aufgebaute Philosophie versöhnt und berichtigt alle Systeme, indem sie an denselben als wahr anerkennt, was sie behaupten, und nur verwirft, was sie läugnen (!!)[4].

Mit Zugrundelegung dieses Princips stellt die positive Metaphysik drei Ordnungen von Realitäten auf: 1. die Welt des Geistes und Gottes (idealer Proceß); 2. die Welt der Natur (Naturproceß); 3. die Welt der Nationen (historischer Proceß). Demgemäß zerfällt die Philosophie in drei Theile, von welchen der erste (Metaphysik und Logik) das actuelle Unendliche, der zweite (Naturphilosophie) das actuelle Endliche, der dritte endlich die Philosophie des Geistes in ihren drei Formen oder Processen, dem historischen, sociologischen und psychologischen, zum Gegenstande hat[5].

148. Lehre Siciliani's im einzelnen. — „Da der Geist in der Geschichte entsteht und dieselbe macht", muß man mit dem historischen Proceß beginnen, und „weil in diesem selbst wieder der psychologische Proceß die Grundlage bildet, muß zuerst die psychologische ‚Genesis' behandelt werden"[6]. Die wahre Methode in der Psychologie ist die genetische[7]. „Der Geist ist wesentlich Proceß, Erzeugung, aber nicht Umbildung" (trasforma= zione). Der psychologische Proceß tritt sofort mit allen Vermögen auf[8]. Das Vermögen als psychologische Function bildet sich selbst, insoweit es sein eigenthümliches Object formt[9].

Sinn und Kraft (senso e potere) sind die empirischen Grundvermögen. Der Sinn wird zur Einbildungskraft und zur Vernunft. Die natürliche Kraft entfaltet sich, vom physiologischen Instinct beginnend, erst zum psychologischen Instinct, dann stufenweise fortschreitend zum Verlangen oder zur Leidenschaft, zur Willkür (arbitrio), zum Willen und zur Freiheit[10]. Die Vernunft (theoretischer Proceß) erzeugt das „Wahre", — die Autorität des mensch= lichen Willens (operativer Proceß) das „Gewisse"[11]. Auch für die prak= tische Sphäre gilt das Kriterium der Conversione del vero col fatto. Letz= tere besteht hier in der Convertirung des Gesetzes mit dem Willen[12]. Die Vernunft verhält sich zur „Autorität" wie die Form zur Materie[13] u. s. w.

In una parola, se il vero non si conosce facendolo, non si conosce null'affatto, non s'intende . . . Il vero è l'Idea, ma l'idea innanzi che sia tale: è l'idea germe, l'idea potenza, lo stesso spirito in potenza, il pensiero non per anche attuatosi come tale; in una parola è il senso che si leva à dignità d'intelletto. Raccolta l'idea, fatta l'idea, cioè dispiegatasi la mente, eccoti il vero-fatto." R. 242.   [1] R. 251.   [2] R. 251 ss. 426.   [3] R. 26. 29. 31. 282. 359 ss.   [4] R. 255.   [5] R. 257 ss.   [6] R. 277 s.   [7] R. 313.   [8] R. 318.   [9] R. 319 ss.   [10] R. 320.   [11] R. 325 s.   [12] R. 334.   [13] R. 335.

Dies ist der „psychologische Organismus". Der Geist ist in seinem Grund-
act zugleich Subject, Object und Relation, — Denkendes, Gedachtes und
Gedanke [1]. Dies ist die psychologische Dreifaltigkeit. Als Gedanke schafft sich
der Geist selbst, er entsteht aus der Natur. Zwischen Verstand und Sinn ist
ein realer Abstand festzuhalten [2].

Das Absolute als Ausgangspunkt der positiven Metaphysik. — Wie
die Welt der Natur und des Geistes, so ist auch das Absolute nur Convertirung, Proceß [3]. Das Primum metaphysicum (das Absolute) ist eines und
dasselbe mit dem Primum logicum (ente ideale) und dem Primum psycho-
logicum (Nοῦς potenziale, in quanto è „luce metafisica") [4]. Es ist weder
absolut real noch absolut ideell, weder absolut objectiv noch absolut subjectiv,
sondern ein potentiales Unendliches, und als solches keine vollkommene
Convertirung. Daher ist es wesentlich ein Drang (conato). Es ist die
psychologische Dreifaltigkeit in ihrer Universalität betrachtet [5].

Die Vernunft ist, insofern sie die Ideen hervorbringt, causa sui (suitas) [6].
„Die Ideen selbst haben, als metaphysische Formen, auf das Absolute Bezug."
Dieses Absolute ist auch seinerseits causa sui (aseitas); andererseits aber auch,
insofern es Verstand (mente) ist, Ursache der Welt. Und die Wirkung dieser
Ursache ist der Geist (spirito), nicht als entwickelte Vernunft, „als Nοῦς",
sondern „als Potenz, Materie, Natur, Drang" [7]. Es ist daher wahr, „daß
der Mensch aus sich und mit seinem eigenen Verstand Gott
hervorbringt. Er bringt ihn zuerst mit dem Sinn hervor, dann mit der
Einbildungskraft und endlich mit der Vernunft" [8].

Die positive Metaphysik muß also vom Begriff der „psychologischen
Dreifaltigkeit" ausgehen, welche, „da sie zugleich Subject, Object und
Relation ist, das Gesetz der Identität und Verschiedenheit mit sich selbst und
mit der Natur und eine ursprüngliche Synthese, welche zugleich Einheit und
Zweiheit ist, in sich enthält" [9]. Das Wahre ist demnach das Sein. Als
Convertirung ist es „auch Wort, Gemachtes und Erzeugtes" [10]. „Daher ist
es der Denkende, der, ins Gedachte sich verwandelnd, Gedanke und folglich in
sich der Dreieinige ist." [11] Dies ist die wahre Lehre vom Absoluten und
die „rationelle und positive Auslegung der christlichen Dreiheit" (Ternario
cristiano, d. h. Dreifaltigkeit) [12]. Durch diese Erklärung wird der absolute
Idealismus vermieden, da nach derselben die Welt gerade deshalb Conversione del fatto nel vero (kosmologische Formel) ist, weil das Absolute Conversione del vero col generato e col fatto (metaphysische
Formel) ist [13].

Der kosmische Proceß — vollzieht sich in drei Stufen: im physischen
Proceß (Kraft), im organischen (Leben) und im historisch-psychologischen oder
menschlichen (Gedanke). Diese Processe laufen ideel ineinander über, sind
aber reell voneinander geschieden; der Uebergang von einem zum andern findet

---

[1] R. 353.　[2] R. 357.　[3] R. 365.　[4] R. 376.　[5] R. 378. 379.
[6] R. 426.　[7] R. 427.　[8] R. 428.　[9] R. 430.
[10] R. 438.　[11] R. 440.　[12] R. 445.　[13] R. 443.

durch eductio entis ad actum, durch Schöpfung statt [1]. „Die [eben mit=
getheilten Convertirungs=] Formeln Vico's sind die allgemeinen Gesetze, oder
besser, die beiden Bedingungen der schöpferischen Thätigkeit der Natur." [2] —
Das erste im allumfassenden [3] kosmischen Proceß ist der Drang (conato) [4].
Der Drang ist der wahre, überaus bewegliche Beweger des Universums [5].
Die Heterogenesis (durch conversione) ist, wenngleich durch Beobachtung nicht
erweisbar, für den Philosophen eine ausgemachte Wahrheit [6]. Schöpfung ist
nur Auslösung des gehemmten Dranges [7]. Leerer Raum ist ein Widerspruch.
Das Universum ist als Drang unendlich. Uebertragung von Bewegung ist
absurd [8]. Das ausgedehnte Metaphysische (Atom) ist Kraft und Materie in
actu [9]. Es ist die erste Realität, von welcher die Natur ausgeht [10] u. s. w.

Im Verhältniß zu Gott hat die Welt den Charakter des „Ge=
machten" oder Gethätigten (fatto), insofern das Absolute, d. h. das Wahre
„sich nach innen mit dem Erzeugten, nach außen mit dem Gemachten (fatto)
convertirt" [11]. „Als Gemachtes ist die Welt in Gott; als Gemachtes, das
sich bewahrheitet und sich mit sich selbst convertirt, ist sie außer Gott; als
Gemachtes endlich, das sich mit dem Wahren im Bereich der Geschichte und
der Psychologie convertirt, . . . ist Gott in ihr; er ist in ihr, insofern die
Welt Gedanke, Wissen, entfaltete Vernunft ist." [12]

Gegen den Darwinismus verhält sich Siciliani ablehnend [13]. Die positive
Philosophie fordere, daß man polygenistisch sei hinsichtlich des Ursprungs,
monogenistisch hingegen im teleologischen Sinne [14]. — Wie in der psycholo=
gischen Ordnung Autorität und Vernunft, so seien in der sociologischen und
historischen Freiheit und Scham (!!) die Grundprincipien, die „Principien
der Menschheit" [15]. Auch die Sociologie bestätige die kosmologische Formel
Vico's von der Convertirung [16].

Am Schlusse seines Buches theilt Siciliani die italienische Philosophie
in drei Perioden: 1. die scholastisch=theologische, 2. die scholastisch=philosophische,
3. die philosophisch=positive und kritische [17] ein. Die letztere, von ihm vertretene
charakterisirt er als diejenige, welche die Autorität auf die Vernunft
zurückführe. Diese Philosophie, der italienische philosophische Gedanke,
habe in der Einnahme Roms triumphirt und das „menschliche Zeitalter"
eröffnet [18].

b. Roberto Ardigò,

ein vom katholischen Glauben abgefallener Priester, ist wohl als der ein=
flußreichste Vertreter des Positivismus in Italien zu betrachten. Er ist
der maßgebendste Mitarbeiter an der positivistischen Rivista della filosofia
Italiana. Ihm wurde auch von der italienischen Regierung der wichtige

---

[1] R. 466 s.   [2] R. 467.   [3] R. 469.   [4] R. 473 coll. 491.   [5] R. 477.
[6] R. 483.   [7] R. 480.   [8] R. 479.   [9] R. 476.   [10] R. 477.
[11] R. 453.   [12] R. 454.   [13] R. 493 ss.   [14] R. 503.   [15] R. 506.
[16] R. 512.   [17] R. 521 ss.   [18] R. 533.

philosophische Lehrstuhl zu Pavia anvertraut. Arbigò vertritt eine Art psychologischen Positivismus, in dessen Darstellung wir uns um so kürzer fassen können, als die Ideen Arbigò's wenig Originelles haben.

149. **Erkenntnißlehre.** — Das einzige Reale und Wahre ist die Sinneswahrnehmung[1]. Das ursprünglich Gegebene sind die Vorstellungen in sich, nicht die Gegenstände, worauf sich dieselben beziehen[2]. Alle psychischen Acte, Willens- und Erkenntnißacte, sind Sensationen oder Erinnerungen an dieselben[3]. Die Sensationen sind selbst wieder aus einfachen (elementaren) ursprünglichen Sensationen zusammengesetzt[4]. Die Ideen sind Associationen von Sensationen[5]. — Den Sensationen wohnt Impulsivität (Antriebs- fähigkeit) bei[6]. Die Ideen haben als abgeschwächte Sensationen geringere Impulsivität als diese[7].

Seele und Materie, Natur und Geist. — Die **Seele** ist nur eine aus langer Erfahrung (durch wen?) gebildete Abstraction der „moralischen" Phänomene, wie die Materie die der physischen ist[8]. Das Bewußtsein ist nicht hervorbringende Ursache der psychischen Phänomene, sondern das Resultat derselben[9]. Die angeblichen Seelenvermögen sind nur verschiedene Combinationen derselben Sensations-Elemente[10]. Die Elementar-Sensationen sind die Factoren der Psyche. Aus denselben ent- stehen die lebendigen Gebilde des Gedankens[11].

Geist und Materie sind eine und dieselbe Natur oder „psycho-physische Substanz" in verschiedenartigen Formen ihrer Phänomene[12]. Die Natur selbst ist „eine unermeßliche, vielspaltige, durch zahllose Organe ausgearbeitete Kraft"[13]. Psychische und physische Phäno- mene sind in derselben unzertrennlich verbunden[14]. Der Verstand ist eine einfache Function des vollkommener gestalteten menschlichen Organismus[15]. Die Unterscheidung von Ich und Nicht-Ich ist nur begrifflich[16]. Jedes Element im großen Naturproceß ist gleichzeitig Substanz und Function. Als Substanz ist es Product des vorhergehenden Elements, als Function Erzeuger des nachfolgenden[17]. Daher liegt die Absurdität der Trennung von Natur und Intelligenz zu Tage. Dieselben sind nicht zwei ent- gegengesetzte Welten, sondern zwei sich naturgemäß ergänzende Elemente ein und derselben Welt[18].

---

[1] Roberto A r d i g ò, La Psicologia come scienza positiva. Mantova 1870, p. 374 s. 402. [2] P. 347. 400. [3] P. 265. [4] P. 406. 415. [5] P. 322. [6] P. 323; La Morale dei Positivisti. Padova 1885, p. 19. [7] M. 46 s. [8] P. 168. 254. [9] P. 191. [10] P. 253. [11] P. 74. [12] P. 398. 415. 438. [13] P. 307. [14] P. 282. [15] P. 431. [16] P. 281. [17] P. 430. [18] P. 431.

150. Moral. — In seiner Bescheidenheit ist Ardigò der Meinung, daß sein „Positivismus allein die Moral wissenschaftlich rette"[1]. Die Moral beruht nach ihm auf der Impulsivität der specifisch menschlichen oder socialen, „anti-egoistischen"[2] Ideen bezw. Idealitäten[3] (Idealità umane, sociali). Dadurch, daß eine dieser Idealität entsprechende Handlung dem socialen menschlichen Wesen Vergnügen verursacht, ist sie sittlich gut; dadurch, daß eine derselben widerstreitende Schmerz veranlaßt, ist sie sittlich schlecht[4].

Wie der ganze Mensch, so sind auch die „menschlichen Idealitäten" ein Erzeugniß des socialen Mittels[5] und daher mit diesem einem beständigen Wandel unterworfen[6]. Die Moral läßt sich nicht, wie man früher glaubte, a priori aus einigen Grundprincipien ableiten, sondern muß aus der Naturgeschichte des Menschen, auf dem Wege der Beobachtung ermittelt werden[7]. Der Grund, warum die menschlichen Idealitäten vorhanden sind, liegt, wie der Grund für alles, was existirt, darin, daß dafür ein Bedürfniß vorhanden ist[8]. Eine Freiheit im alten Sinn (Freiheit der Indifferenz) gibt es nicht. Auch die menschlichen Handlungen sind dem Causalitätsgesetz unterworfen. Die positivistische Freiheit will nichts anderes besagen, als menschliche Autonomie[9].

Diese positivistische Moral ist, so behauptet Ardigò, nur die unmittelbarste und evidenteste Folgerung aus dem Evangelium[10]. Sie ist viel vollkommener als die theologische[11]. Der Positivist findet das Unendliche, Absolute in sich schon vor, braucht es nicht außer sich zu suchen[12] u. s. w. u. s. w.

c. Andrea Angiulli (1837—1890),

Professor der Philosophie an der Universität Neapel und Hauptbegründer der Rassegna Critica, zugleich Activ-Mitglied der Loge[13], trägt einen evolutionistischen Positivismus vor, der sowohl von Spencers als von Darwins Lehre abweicht. Das Eigenthümliche seines Standpunktes tritt besonders darin hervor, daß er mit Zuhilfenahme der Evolutionslehre den Gegensatz von Erfahrung und Wirklichkeit, Erscheinung und Wesen, Erkennbarem und Unerkennbarem aufzuheben bestrebt ist.

---

[1] M. 13. 118.   [2] M. 8. 13. 227.   [3] M. 148 ss.   [4] M. 70.
[5] M. 322. 58. 234.   [6] M. 153.   [7] M. 154.   [8] M. 136.
[9] M. 123 s. 371.   [10] M. 134.   [11] M. 298 ss.   [12] M. 341.
[13] Rivista della Massoneria Ital. 1889, p. 313.

Angiulli legt größere Vertrautheit mit den einschlägigen wissenschaftlichen Arbeiten der Positivisten anderer Länder an den Tag, als man sie sonst bei Italienern zu treffen gewohnt ist. Mit Vorliebe lehnt er sich an Lewes, Romanes, Cl. Bernard, Ribot und Riehl an. Daneben beruft er sich aber auch auf W. Wundt, Horwicz, Avenarius, von Kirchmann, Paulsen, de Roberty, Dühring u. s. w. — Wir stützen uns bei nachfolgender Darlegung der Lehre Angiulli's auf sein neuestes Werk[1], welches seine Anschauungen am vollständigsten wiedergibt.

151. Angiulli's Standpunkt im allgemeinen. — Nachdem Angiulli für die Berechtigung einer „wissenschaftlichen, kritischen Philosophie"[2] eingetreten, bezeichnet er als ihren Gegenstand das logische, kosmische und ethische Problem[3]. Diese Probleme hat die kritische Philosophie aber mit „Methoden der positiven Forschung" zu lösen[4]. Die Lösungen, zu welchen Comte und Spencer gelangten, sind nicht haltbar, da sie „die Continuität des kosmischen Gewebes durch die Annahme unerkennbarer Entitäten zerreißen, eine wirklich wissenschaftliche Metaphysik unmöglich machen und thatsächlich eine vernunftwidrige, widerspruchsvolle Metaphysik einführen". Nur auf metaphysischem, universalem, „kosmischem" Grunde kann wahre Philosophie und Wissenschaft und selbst Religion und Ethik bestehen[5].

152. Erfahrung und Entwicklung. — „Die Erfahrung erweist sich als eine Umbildung der kosmischen Gesetze. Die Metaphysik der Erkenntniß verbindet sich mit der kosmischen Metaphysik zu einer einzigen monistischen Vorstellung auf Grund der Entwicklungslehre."[6] In unserer Erfahrung faßt sich der Proceß der Entwicklung selbst zusammen[7]. Darin liegt nach Angiulli der wahre Grund der nothwendigen Uebereinstimmung zwischen Erfahrung und Wirklichkeit[8].

Der Vorgang in den Nerven und der geistige Vorgang, führt Angiulli weiter aus, sind nur zwei Seiten ein und desselben Processes[9]. Das Gesetz der Erfahrung im weitesten Sinne (Erfahrung schließt bei Angiulli nicht bloß Erkennen, sondern auch Fühlen und Wollen, kurz alle psychischen Erwerbungen ein[10]) ist nur die geistige Seite des Gesetzes der Vererbung und Anpassung[11]. Die Erfahrung setzt nicht den Geist als Träger voraus, sondern der Geist ist vielmehr mit allen psychischen Vermögen ein Product der Erfahrung[12]. Sie umfaßt in ihrer Gesammtheit die Entwicklung der Gewebe, Organe und Functionen. Die Sensibilität ist nur eine Art der physiologischen Irritabilität[13]. Die erste Vorbedingung der Erfahrung ist die Reaction gegen die Einwirkung des Mittels[14], die zweite die Einregistrirung der sensitiven und bewegenden Reaction in der organischen Structur[15]. Diese Factoren in Verbindung mit der Vererbung bestimmen die Bildung des Nerven- und Muskelsystems[16].

---

[1] La Filosofia e la scuola. Napoli 1889.　　[2] F. 10.　　[3] F. 17 s.
[4] F. 12. 13. 239. 244.　　[5] F. 81.　　[6] F. 123. 177 s.
[7] F. 284.　　[8] F. 226 s.　　[9] F. 135. 149.　　[10] F. 160.
[11] F. 138.　　[12] F. 130.　　[13] F. 140.　　[14] F. 141.　　[15] F. 142.
[16] F. 143. — Angiulli nimmt mit Cl. Bernard außer dem kosmischen Mittel noch ein immanentes psychisches Mittel zur Erklärung des Lebens an. F. 151 s.

Die höhere Complication der Structur hat auch eine höhere Complication der Functionen zur Folge[1]. Die Vermögen werden von der Aggregation der Rückstände der Erfahrung gebildet[2]. Das psychologische Princip der Association schließt sich an die fortschreitende Verknüpfung der Nervenstructur an[3]. Das Gehirn ist nach Guyau als eine Art unendlich vervollkommneten Phonographen anzusehen[4]. Der letzte Erklärungsgrund aller Formen und Eigenschaften der lebenden Wesen liegt in chemischen Veränderungen[5]. Die Monera Häckels, der Bathybius Huxley's und der Protobathybius Bessels zeigen, daß eine chemische Substanz (ohne Organisation) alle Erscheinungen des Lebens aufweisen kann (!!)[6]. Die vitalen Phänomene sind nur verwickeltere Specialisirungen der physischen[7].

Die innere und äußere Erfahrung sind nur zwei Seiten ein und derselben Erfahrung, „welche aus dem untheilbaren Proceß der Action und Reaction zwischen Organismus und umgebendem Mittel entsteht"[8]. Die Sinne sind durch die Einwirkung äußerer Reize hervorgebrachte Umformungen des allgemeinen Tastsinnes der thierischen Oberfläche[9]. Der Dualismus von Phänomen und Ding an sich fällt damit[10]. Die Sensation ist nicht Symbol des wahrgenommenen Gegenstandes, sondern dieser selbst in seiner Beziehung zum Organismus[11].

Das „Noumenon" ist nur ein Mythus der Abstraction, ein letzter metaphysischer Fetisch, ein müßiges Mysterium[12]. Das Phänomen ist wirklicher als das Ding an sich, es ist das Wesen des Wirklichen. Alle unsere Vorstellungen haben ihre erste Wurzel in den Daten der Sinneswahrnehmung[13]. Auch die Unterscheidung zwischen erster und zweiter Ursache, Wesen und Erscheinung, Sinnlichem und Uebersinnlichem ist ein Product der Einbildung, sie widerspricht dem Causalitätsprincip, welches mit der Umbildung und Fortdauer der Kraft identisch ist[14].

„Das Reale mit Rücksicht auf uns ist das, was uns erscheint, da es im Grunde das ist, was sich selbst offenbart."[15] „Das Princip der Relativität zwingt uns, ein Ding an sich außerhalb seiner Relationen als caput mortuum der Einbildungskraft abzuweisen; es zwingt uns, in der Erkenntniß des Phänomens die Erkenntniß dessen anzunehmen, was die eigentliche specifische Natur des Gegenstandes ausmacht, die Erkenntniß des Wesens[16].

Der Kant'sche Apriorismus ist dahin zu berichtigen, daß unser psychischer a priori-Besitz ererbte Rassenerfahrung ist[17]. Die individuelle Erfahrung ist die Fortsetzung der Rassenerfahrung[18].

Die Frage vom Anfang und Ende ist auf die ganze kosmische Entwicklung nicht anwendbar. Substanz und kosmische Entwicklung bilden eine un-

---

[1] F. 160.   [2] F. 132. 139. 168. 220   [3] F. 163.   [4] F. 293.
[5] F. 297.   [6] F. 293.   [7] F. 276. 281.   [8] F. 212.
[9] F. 219.   [10] F. 211.   [11] F. 226.   [12] F. 227.   [13] F. 228.
[14] F. 233.   [15] F. 234.   [16] F. 235.
[17] F. 119. 189. 193.   [18] F. 156.

zertrennliche Einheit. Entwicklung und Auflösung sind im immerwährenden Kreislauf des Wirklichen ein Ganzes[1]. Hinsichtlich der Entwicklung selbst bemerkt Angiulli mit Lewes, daß die Wahl nicht, wie Darwin es darstellt, „Ursache“, sondern „Aeußerung“ der Abänderung sei[2].

153. Sociologie, Moral und Religion. — Die menschliche Gesellschaft denkt sich Angiulli aus der Thiergesellschaft hervorgegangen[3].

Die wahre Moral muß nach Angiulli, wie die Erkenntniß, auf Erfahrung begründet und in beständigem Fortschritt begriffen sein[4]. In der Ethik, welche die Spitze der wissenschaftlichen Encyclopädie bildet, treffen die Beziehungen der historischen, socialen, biologischen und kosmologischen Existenz zusammen[5].

Auch die Religion muß, auf die Entwicklungslehre sich stützend, fortschrittlich sein; sie muß, um vollendet zu sein, die kosmologische, moralische und ästhetische Seite umfassen und alle Thätigkeiten des Menschen entfalten helfen[6]. Das Gesetz der Ethik und Religion ist der „Meliorismus“, d. h. die fortschreitende Vervollkommnung des Lebens in all seinen Beziehungen[7]. Die Hypothese einer unsterblichen Seele oder einer überkosmischen Existenz beeinträchtigt die Reinheit der (evolutionistischen) Moral[8]. Die ganze menschliche Religion geht in der moralischen Erziehung auf[9].

Wissenschaftliche Erziehung ist der Haupthebel des Fortschritts[10]. Der Culturkampf ist im Grunde ein Kampf der Philosophie[11]. Besondere Sorge ist darauf zu verwenden, daß auch die Frauen für die neue Philosophie gewonnen werden[12]. Der ganze Unterricht ist hiernach einzurichten. Der Katechismus ist schon aus den Elementarschulen zu verbannen[13] u. s. w. Die Philosophie ist, wie Dühring sagt, Wissenschaft und Gesinnung. Sie muß den Menschen besser machen und so die Religion der Zukunft begründen[14].

5. Der freiere Positivismus in anderen Ländern.

a. Rußland.

Im Czarenreich hatte Comte's Philosophie, nachdem sein Cours de philosophie merkwürdigerweise die russische Censur passirt hatte, ebenso früh Eingang gefunden, als in England, und sich sogar in kurzem eine despotische Herrschaft über die Geister errungen[15]. Hegel und Feuerbach namentlich hatten Comte in Rußland die Wege gebahnt. Der erste, welcher Comte's Philosophie in Rußland zur Geltung brachte, war der leichtfertig über alles absprechende Pissareff. Neben Comte behaupteten sich indes an der Newa auch die deutschen Philosophen. „Es ziemt sich

---

[1] F. 265.   [2] F. 304.   [3] F. 325. 340.   [4] F. 362.   [5] F. 351.
[6] F. 360.   [7] F. 367. 372.   [8] F. 372.   [9] F. 381.   [10] F. 382.
[11] F. 388.   [12] F. 390.   [13] F. 391 ss   [14] F. 408.
[15] Vgl. Revue phil. 1877. II. 83, und 1879. I. 342.

nicht," sagt Vitry, „daß wir mit unseren erbärmlichen Gehirnen über die olympischen Schädel Deutschlands zu Gericht sitzen." So vollzog sich in Rußland durch den Einfluß der deutschen Philosophie bald der Uebergang vom realistischen Positivismus Comte's zum „kritischen" der Neokantianer.

154. Lessewitsch. — Als typischer Vertreter dieses Uebergangs kann Lessewitsch gelten. Derselbe verehrt zwar Comte als Genie und nimmt auch dessen Gesetz von den drei Stadien gegen Spencer in Schutz, weicht aber sonst in fast allen Punkten von der Lehre Comte's ab [1]. Später [2] bekannte er sich sogar offen zum „deutschen kritischen Realismus", wie er von den Neokantianern Lange, Avenarius, Riehl, Göring in der „Vierteljahrsschrift für wissenschaftliche Philosophie" vertreten werde. Die wissenschaftliche Philosophie, sagt Lessewitsch, wolle die Speculation auf kritischem Wege begründen, die positivistische (Comte, Littré) hingegen glaube das Problem einfach durch „Amputation" gewisser wichtiger Fragen, deren Behandlung sie kurzweg untersage, lösen zu können. Littré und Wyrouboff kommen gleich den russischen Positivisten bei Lessewitsch sehr übel weg. Bei alledem handhabt indeß Lessewitsch die Polizei gegen alle metaphysischen Ideen thatsächlich noch strenger als Comte. Sein Kriticismus unterscheidet sich, wie die Revue phil. [3] bemerkt, vom Positivismus mehr der Form, als dem Geiste nach.

155. N. Grot. — Eine andere charakteristische Erscheinung des russischen Positivismus ist N. Grot. Derselbe that, als ihn Erzbischof Nikanor, Verfasser eines großen Werkes über den „Positivismus unserer Zeit", wegen seiner Bekehrung zu spiritualistischen Anschauungen beglück-wünscht hatte, den bezeichnenden Ausspruch, er habe nie seinen frühern comtisch-positivistischen Standpunkt aufgegeben, sondern sei immer gerades-wegs fortgeschritten. Wenn er hierbei, dem Wanderer gleich, welcher um die Erde geht, sein eigener Antipode geworden, so sei dies eben eine Eigenheit der philosophischen Forschung [4].

156. Ein Urtheil über die russische philosophische Literatur im allgemeinen. — Wir verzichten darauf, noch andere russische Positivisten

---

[1] Lessewitsch, Opuit Crititcheskago Izslledovania Osnovonatchal Positivnoi Philosophii (Versuch einer kritischen Darlegung der Grundprincipien der positiven Philosophie). St. Petersburg 1877. Stassulewitsch.

[2] Pisma o Nautchnoi Philosophii (Briefe über kritische Philosophie). St. Petersburg 1878.   [3] Revue phil. 1879. I. 342.

[4] N. Grot, Charakter und Ziel meiner Philosophie. Moskau 1886. Vgl. Revue phil. 1887. II. 666.

hier zu nennen, und wollen nur noch ein paar Stellen aus einem, wie uns dünkt, sehr zutreffenden Urtheil der Revue phil. über die russische Wissenschaft und Literatur im allgemeinen hierhersetzen. Die genannte Zeitschrift schreibt:

„Zwei Worte drücken recht gut den allgemeinen Eindruck aus, welchen man bei Lesung der russischen philosophischen Schriften, populärer sowohl als wissenschaftlicher, empfängt: Unreife (insuffisance) und Radikalismus... Die Unreife verräth sich hauptsächlich durch den Abgang ernster Vorstudien, der sich mit einem Mangel an intellectueller Schulung oder logischer Schärfe paart. Diese Unreife bringt den ganzen Reiz (naturwüchsigen) bäuerischen Wesens, aber auch alle Nachtheile desselben mit sich. Der Radikalismus ist vielleicht besserer Art. Der slavische Geist verschmäht nebensächliche Vorfragen oder kümmert sich nicht darum, ... so inhaltschwer sie auch sein mögen. Er umgeht die Schwierigkeiten lieber, als daß er sie überwindet. Mit naivem Feuereifer geht er auf den Kern der Dinge los, und mit byzantinischer Fein= heit verbirgt er oft sogar sich selbst seine zahlreichen unvermeidlichen Ent= täuschungen. .. Kurz, man hat nach Lesung der Specialwerke des Abend= landes den Eindruck, ... daß man in der Menge Bücher, welche täglich in Deutschland, England, Frankreich und Italien erscheinen, leicht die logischen Schnitzer, Widersprüche und Trugschlüsse wiederfinden kann, welche die gang= bare Philosophie Rußlands verunzieren."[1]

b. Nordamerika.

In der Neuen Welt steckt die Philosophie nach dem Zeugnisse G. Stanley Halls noch in den Kinderschuhen. Philosophen sind dort ebenso selten, als in Norwegen die Schlangen. Beim wissenschaftlichen Unterricht dienen in den Vereinigten Staaten Spencer, Lewes, Darwin, Huxley und Häckel als Leitsterne[2]. Indes macht man auch bei den freidenkerischen Amerikanern die Erfahrung, daß sie, gleich den Freimaurern und Socialdemokraten bei uns zu Lande, mit um so größerer Zuversicht im Namen der Wissenschaft über religiöse Wahrheit absprechen, je weniger wahre Wissenschaft sie besitzen.

157. Atheistische Aeußerungen amerikanischer Positi= visten. — So verkündete beispielsweise Ludeking als Vertreter zahlreicher amerikanischer Freidenkervereine schon auf dem berüchtigten freidenkerischen Anti= concil von Neapel (1870) ungefähr in denselben Phrasen, wie es 1889 bei der Bruno=Feier geschah: „Der Cult des Glaubens müsse durch die Cultur der Wissenschaft ersetzt" werden, die Wissenschaft müsse „die Basis unserer Civilisation" bilden[3].

---

[1] Revue phil. 1888. II. 514 s.   [2] Revue phil. 1879. I. 582.
[3] Zeitschrift La Philosophie positive VI. 309 s.

J. D. Bell, Professor in New-York, legte im Modern thinker um dieselbe Zeit ein Glaubensbekenntniß ab, das mit dem Comte's völlig über- einstimmt. Das wahre höchste Wesen sei die Menschheit. Alle Götter seien nur Idealisirungen des Menschen. Die Menschheit sei das einzige reine Metall in allen Legirungen der Gottheit. Die wahre Religion sei die auf die Natur- gesetze gegründete, auf bewiesene Thatsachen gestützte. Die Priester der Ver- gangenheit appellirten an das Unerkennbare, die der Zukunft wollten nur Er- klärer des Erkennbaren sein. Die wahre Religion gehe darin auf, daß alle menschlichen Kräfte sich vereinten, um diese Erde in den Himmel der alten Sage umzuschaffen [1].

In ähnlichem Sinne wirkten auch Croly, der Herausgeber des New York Herald, und der Liberal Club in New-York [2].

158. Die „Moralischen Gesellschaften". — Später bildeten sich in Nordamerika eigene „Moralische Gesellschaften" zur Aus- übung der rein natürlichen Religion.

Felix Adler stiftete die erste derartige Gesellschaft in New-York. W. M. Salter, Schüler Adlers, gründete eine solche in Chicago. Zweck dieser Gesellschaften ist es, mit Ausschluß von „anthropomorphistischen Gottes- begriffen, religiösen Fabeln und Gebeten" sich auf Grundlage der wissenschaft- lichen Weltauffassung der moralischen und socialen Reform (Altruismus) zu widmen. Als das bedeutendste Buch, welches von Anhängern dieser Richtung veröffentlicht wurde, kann Salters „Religion der Moral" (Berlin, Friedrich; übersetzt von Gizycki) betrachtet werden. Ungefähr in demselben Sinne sind in Amerika thätig: Stanton Coit in Philadelphia und Paul Carus in Chicago. Carus ist jetzt Herausgeber des positivistischen Open Court. In seinem Buch The idea of God (1888) bekennt er sich zum „Entheismus". Nach ihm ist Gott das moralische Leben in der Natur, ein Ideal; nicht ein außerweltliches persönliches Wesen. Dieser immanente Gott, dieses Ideal, ist nicht durch Cult und idololatrisches Gebet, sondern im Geist und in der Wahrheit zu verehren. In seinen zuletzt erschienenen Fun- damental problems (1889) findet sich nichts Bemerkenswerthes.

159. Der Souv∴ Großcommandeur Albert Pike als Gegner des Positivismus und Agnosticismus.

Da wir mehrfach Zeugnisse einregistrirten, welche beweisen, daß die Freimaurerei im allgemeinen dem atheistischen Positivismus die eifrigste Förderung angedeihen lasse, so wollen wir, um nicht unbillig zu erscheinen, hier auch der anscheinend durchaus verschiedenen Haltung erwähnen, welche der jüngst verstorbene General Albert Pike, 33∴ im Or∴ von Washington (433 Third Street N. W.), der Senior und zugleich der unter Brrn∴ geachtetste Philosoph der Hochgrad-Freimaurerei der ganzen Welt, einnimmt.

Pike verurtheilt, allerdings in „Worten", aufs entschiedenste die atheistischen

---

[1] Phil. pos. VII. 489 ss.   [2] Phil. pos. VII. 168.

und agnostischen Tendenzen im Schoße der Freimaurerei. Er tritt für einen „per=
sönlichen Gott" ein, welcher Religion und Cult möglich mache[1].

In der That ist indes Pike's Gottesbegriff womöglich noch nichtssagender, phan=
tastischer, ungeheuerlicher und unwürdiger als selbst der Spencers oder der deutschen
Positivisten. Für Pike, welcher die Kabbala als Born aller philosophischen Weisheit
preist, ist die Gottheit sowohl in ihrem Selbst, als in ihren Attributen bis zu dem
Grade „unerkennbar", daß wir nicht einmal berechtigt sind, ihr „Existenz" in
dem Sinne zuzuschreiben, in welchem wir Existenz kennen[2]. Gott und die Welt
sind Eines; „und in dem einen Allgemeinen, als seinem Typus oder seiner Quelle,
war das Mannigfaltige und alles Einzelne enthalten und eingeschlossen; aus dem=
selben entwickelte es sich und trat es hervor. Um den Proceß der Schöpfung zu be=
ginnen, mußte Gott vor allem einen leeren Raum in sich hervor=
bringen [!]. Zu diesem Zweck zieht sich die Gottheit, deren Natur annähernd als
formloses, umrißloses, den ganzen Raum erfüllendes Licht beschrieben werden kann,
auf allen Seiten von einem Punkte aus in sich selbst zusammen und bildet so einen
quasi=leeren Raum... Und in diesen runden oder sphärischen Raum setzt sie ihre
Emanationen (sephiroth), welche Theile ihres Lichtes und ihrer Natur sind [!]."[3]

Als geeignetstes Symbol für die Gottheit bezeichnet Pike in cynischer Weise die
aus den altheidnischen Mysterien bekannten Sinnbilder männlicher und weiblicher
Fruchtbarkeit[4], die näher zu bezeichnen wir uns aus Rücksicht auf das Schamgefühl
der Leser enthalten.

A veritate quidem auditum avertent, ad fabulas autem convertentur! —
Es ist bezeichnend, daß solch blühender Unsinn, solcher Hohn auf allen guten Ge=
schmack sich im Zeitalter der Aufklärung nicht bloß ans Tageslicht wagen darf, son=
dern sogar die lebhafteste Bewunderung derjenigen finden konnte, welche sich als
die „Bannerträger des Fortschritts" (avant-garde du progrès) betrachten. Das
Bulletin der Hochgradloge in Belgien[5] nennt Pike's Bücher eine „reiche Fund=
grube gesunder Lehren über Philosophie und Moral". Matthew Cool 33∴ in
London weist dem Buche Morals and dogma nach der Bibel und dem Common
Prayer-Book die erste Stelle an[6].

---

[1] Vgl. Official Bulletin of the Supreme Council of the 33ᵈ degree for
the Southern Jurisdiction of the U. S. — Gr∴ Or∴ of Charleston, 1878,
p. 432 ss. 445 ss.; 1887, p. 186 ss.; Morals and dogma etc. p. 227. 240.

[2] Alb. Pike, Sephar H'Debarim. The book of the words. A∴ M∴
5638 (1878). — Diese Geheimschrift wurde nur in 150 Exemplaren gedruckt und
ausschließlich nur „by express" an Mitglieder des 32. und 33. Grades des Supreme
Council der Südlichen Jurisdiction der Vereinigten Staaten abgegeben (vgl. Official Bulletin 1885, p. 502).

[3] Alb. Pike, Morals and dogma of the ancient and accepted Scottish
Rite of Freemasonry prepared for the Supreme Council of the thirty third
degree of the Southern Jurisdiction of the U. S. and published by its autho-
rity. Charleston. A∴ M∴ 5641 (1881) p. 765.

[4] Sephar H'Debarim p. 30; Morals and dogma p. 771; First and Second
Lecture on Masonic Symbolism. Electrotyped. 100 copies only printed and
plates melted down. Last researches of the Ven∴ Gr∴ Commandeur A∴ M∴
5641 (1884). Sent by express only and only to 33ᵈⁿ and 32ᵈⁿ of the Southern
Jurisdiction.   [5] Bulletin du Suprême Conseil de Belgique, 1888, p. 228.

[6] Official Bulletin, 1884, p. 33 s.

c. Andere Länder.

160. Ueber die Ausbreitung des freiern Positivismus in anderen slavischen Ländern, in Belgien, Dänemark, Holland, Skandinavien, in Spanien und Portugal und im Bereiche der ehemaligen spanisch-portugiesischen Kolonien war es uns nicht möglich, aus den uns zugänglichen Quellen ein klares Bild zu erhalten. Indes gewannen wir die Ueberzeugung, daß auch in allen diesen Ländern der Positivismus einen zum Theil beträchtlichen Anhang hat. Dies wird schon von vornherein durch die Thatsache sehr wahrscheinlich, daß die Studirenden dieser Länder vielfach französische bezw. sonstige vom Positivismus angesteckte Universitäten besuchen oder sonst mittelbar oder unmittelbar aus den großen Culturländern ihre geistige Nahrung beziehen. Nicht zu übersehen ist ferner, daß der Freimaurerbund die freimaurerischen Bestrebungen der großen Culturländer in alle Länder trägt, über welche sich das Netz seiner Logen erstreckt.

Wir führen nur einige Thatsachen an. Die Madrider Rivista contemporanea ergriff bereits 1876 in einem Artikel: El Positivismo y la Civilisazion für den Positivismus Partei. Oct. Lois legte 1886 in einem eigenen Werke: Lo Accessibile y lo Inaccessibile (Madrid) den Positivismus dar. — In Porto begann 1879 eine zweimonatliche Revue zu erscheinen: O Positivismo, dirig. por Th. Braga et Julio de Mattos. Texeira Bastos gab ferner Principios de philosophia extrahidos do Curso de philosophia positiva do A. Comte (1883) und Comte o Positivismo (1881) heraus. — In Chile trat der gewesene Minister des Innern, Professor Lastarria, für den Positivismus in der Politik ein. — In Habana veröffentlichte Enrique José Varona, Professor an der dortigen Universität (1879—1888), eine ganze Reihe von philosophischen Werken positivistischer Richtung. — In Rumänien ist der Rechtsprofessor B. Conta an der Universität Jassy, ein begeisterter Bewunderer Comte's, seit 1875 für den Positivismus thätig.

An der Universität Kopenhagen ist Harald Höffding eifriger Positivist. — In Holland gewann mit Opzoomer und seinen Schülern van der Wijck, Allard Pierson und Huet die positivistische Strömung (Spencer-Bain) über die deutsch-idealistische die Oberhand. — Der Anatom Kooster und der Physiologe Donders bekennen sich zu einem Positivismus nach Art Wundts[1]. — In Belgien bekämpft die Schule Tiberghiens den Positivismus mit einem Eifer, der auf starke Verbreitung desselben in Naturforscher- und medicinischen Kreisen schließen läßt. — An der Universität Christiania sah sich Monrad schon 1874 veranlaßt, gegen den Positivismus aufzutreten.

Der Merkwürdigkeit halber wollen wir noch erwähnen, daß selbst auf der Universität zu Tokio, der Hauptstadt Japans, bereits Positivismus in englischer Legirung vorgetragen wird.

---

[1] Revue phil. 1889. I. 97.

B. Der freiere Positivismus auf nicht specifisch philosophischen Gebieten.

Da es uns zu weit führen würde, den Einfluß des Positivismus auf allen Gebieten zu verfolgen, auf welchen sich derselbe geltend macht, beschränken wir uns darauf, die positivistische Strömung auf den praktisch wichtigsten Gebieten kurz zu kennzeichnen. Als solche können bezeichnet werden: die Rechtswissenschaft, die Religion und die Erziehung.

1. Der Positivismus in der Rechtswissenschaft.

161. Cesare Lombroso und die italienische „positive" Rechtsschule. — In die Rechtswissenschaft wurde der Positivismus namentlich vom Irrenarzt Cesare Lombroso, welcher durch sein Werk L' uomo delinquente (2 vol., 1889) der Begründer der italienischen „positivistischen Strafrechtsschule" wurde, eingeführt. Lombroso schreibt hierüber selbst in der Vorrede zur vierten Auflage des ersten Bandes des genannten Werkes:

„Das Buch hat einer neuen Schule das Dasein gegeben, welche dank den Arbeiten der Herren Liszt, Kräpelin, Biliakow, Troiski, Körnfeld, Knecht, Holtzendorff, Sommer, Kirchenheim, Mendel, Pulido, Echeverria, Zanches, Drill, Kowalewski, Likaceff, Minzloff, Kolokoff, Espinas, Letourneau, Tonnini, Reinach, Soury, Corre, Motet, Orchanski, Manouvrier, Fioretti, le Bon, Borbier, Bournet, Roussel, Ribot, Heger, Albrecht, Warnott, Lehossek, Tamburini, Frigerio, Laschi, Majno, Benelli, Fulci, Pavia, Aguglia, Sergi, Tanzi, Compili, Barzilai, Pugliese, Morelli, Lessona, Cosenza, Lestingi, Colucci, Turati, Marro, Venezian und besonders Lacassagne, Flesch, Benedikt, Beltrami-Scalca, Virg. Morselli, Garofalo, Puglia und Ferri bie zu zahlreichen Lücken des Buches ausgefüllt hat."

Die neue Strafrechtsschule, welche die Freiheit läugnet und den Menschen nur als höher entwickeltes Thier ansieht, studirt das Verbrechen lediglich als anthropologisches bezw. biologisches, psychologisches und sociales Phänomen, „um vermittelst der thatsächlichen Daten die gewöhnlichen syllogistischen Deductionen über das Verbrechen als juristisches Phänomen zu erhärten, zu berichtigen und zu vervollkommnen"[1]. Die

---

[1] Archivio giuridico diretto da Fil. Serafini. Pisa 1890. Vol. XLIV, p. 509: Revue scientifique 1889. II. 684 ss. — „Secondo la scuola criminale positiva il reato criminale non è un ente giuridico, ma un ente di fatto; non è una infrazione, ma una azione, che deve essere studiato come un fenomeno naturale nelle sue condizioni fisiche, psicologiche e sociali: atto umano che viene qualificato come delitto secondo il movente che lo determina. È un delitto se il movente è antigiuridico, illegitimo, anti-sociale; non è tale se il movente è giuridico, legitimo, sociale." So charakterisirt Colajanni (Rivista della filosofia scientifica 1889. Febbrajo, p. 108) nach E. Ferri den Standpunkt der positivistischen Rechtsschule.

Anhänger dieser Schule betrachten die That des Verbrechers als das nothwendige Product seiner Organisation oder der socialen Verhältnisse, in denen
er lebt.   Nach ihnen hat die Strafe nicht den Charakter der gerechten Vergeltung oder der Sanction, sondern den des Heilverfahrens oder des Schutzes
der Gesellschaft einem moralisch Irren bezw. Mißbildeten gegenüber.

Lombroso selbst vertritt einen sehr einseitigen und zugleich widerspruchsvollen Standpunkt.   Er will einen „physischen Verbrechertypus" entdeckt haben. Die Verbrecherzunft wäre also nach ihm eine eigene Menschen-
rasse, die Verbrechereigenschaft eine Rasseneigenthümlichkeit bezw. ein
„atavistischer Rückfall" in frühere Stufen menschlicher Entwicklung.
Daneben stellt er wieder die damit eigentlich im Widerspruch stehende
Behauptung auf, daß die Verbrechernatur moralische „Verrücktheit" sei
und daß alle Verbrecher mehr oder weniger versteckte „Epileptiker" seien.

Bezeichnend für Lombroso's Art ist die Stellung, welche er in seiner
anthropologischen Classification einerseits den Politikern und andererseits
den genialen Männern zuweist.   Die Politiker sind nach ihm „latente
Verbrecher", welche nur scheinbar oder zufällig ehrenhaft sind[1].   Die
genialen Männer sind die nächsten Verwandten der Narren[2].

G. Tarde, der bekannte positivistische Criminalist Frankreichs, bemerkt
zu Lombroso's Studien über den Verbrecher: „Dieses Standbild des Verbrechers,
welches sich nun seit Jahren auf seiner Staffelei befindet, ist immer fertig und
immer wieder von vorne zu beginnen. Vorgestern war es die Silhouette eines
Neu-Wilden, gestern die eines Verrückten, heute ist es die eines Epileptikers.
Oder, besser gesagt, diese Hypothesen lagern sich übereinander, ohne sich völlig
zu decken. Die letzte will sich zwar mit den beiden ersten zu einem Ganzen
verschmelzen. Sie ist aber nur ein anthropologisches Palimpsest. . . Es ist
kaum glaubhaft, wie ein Gelehrter von solchem Range sich durch übereilte
Urtheile den Geistesblick so sehr trüben konnte."[3]

Lombroso fiel denn auch, nachdem er auf dem ersten Congreß für Criminal-
Anthropologie zu Rom (1885) fast allein das große Wort geführt hatte,
bereits auf dem zweiten Congreß in Paris (1889) mit seinen Anschauungen
glänzend durch. Nur Juristen (Garofalo, Pugliese, Alimena) traten hier noch
für den „Verbrechertypus" ein. Die Biologen, Anthropologen und Aerzte
aber wiesen denselben entschieden zurück. G. Tarde bemerkt hierzu, indem er
die Stichwörter seines Gegners gegen diesen selbst kehrt, Lombroso habe erfahren können, daß „vom Capitol zum tarpeischen Felsen, vom Genie zur
Narrheit der Weg nicht weit sei, und daß neue Ideen gewöhnlich einen Kern
von Narrheit enthalten"[4]. Auf diesem zweiten Congreß kam die Ueberzeu-

---

[1] Revue phil. 1889. II. 464.

[2] L'uomo di genio. Torino 1888. 5ᵃ ed.

[3] Revue phil. 1889. II. 450.   [4] Revue scientif. 1889. II. 686.

gung zum Durchbruch, daß die Verbrechereigenschaft nicht „Rassentypus" sei, sondern vielmehr im Gegentheil „Atypie", d. h. „eine vitale und sociale Abweichung vom Typus"[1].

Auf dem letzten Strafrechtscongreß in Petersburg (1890) traten Lombroso's Ansichten so sehr in den Hintergrund, daß ihrer beinahe nur noch in abfälliger Weise Erwähnung geschah. Der Russe Spasowicz äußerte darüber im Namen der Petersburger Gesellschaft der Jurisprudenz: „Der Radikalismus der Grundsätze der anthropologischen Schule ist ein Hinderniß für die unmittelbare praktische Verwirklichung ihrer Anschauungen. Dieselben scheinen auf die Bestimmungen des neuen italienischen Strafgesetzbuches keinerlei Einfluß ausgeübt zu haben."[2] Auch der bekannte Professor Benedikt in Wien erklärte sich, obwohl er die allgemeinen Principien der positiven Criminal-Anthropologie annimmt, gegen Lombroso's atavistische Verbrechertheorie[3]. Ebenso F. v. Liszt[4].

Bei alledem fährt die italienische positivistische Rechtsschule fort, weit über ihre wahre Bedeutung hinaus auf dem wissenschaftlichen Markte für ihre Lehre Reclame zu machen. Eine eigene, seit 1880 erscheinende Zeitschrift[5] steht in ihrem Dienste. Unter der prunkenden Firma Biblioteca Antropologico-giurldica (Torino, Bocca) betreibt ein Consortium, an welchem außer Lombroso R. Garofalo, Marro, Balestrini, Cerelli, Laschi, Tonnini, d'Aguanno, F. Puglia, Enrico Ferri, Ag. Setti, Pietro Cogliolo, Giul. Fioretti, Compili, Alongi, Carnevali, L. Drago die hauptsächlichsten Betheiligten sind, die Bücher-Fabrikation in großem Maßstabe.

162. Zur Charakteristik des Geistes und der „Wissenschaftlichkeit" der Forschungen dieser psychiatrisch-criminalistischen Schule — wollen wir folgendes beispielsweise erwähnen. E. Ferri, ein Hauptvertreter der Schule, ein Schüler Ardigò's, Professor in Bologna, mißt dem Studium des Verbrechens in der Thierwelt die höchste Bedeutung für die gedeihliche Entwicklung der Strafrechtswissenschaft bei. Er behauptet in seinem Werke Le uccisioni criminose tra gli animali die völlige Identität der Verbrecher-Motive bei Mensch und Thier. — Der Selbstmord und das Duell, so führt er in einer andern Schrift (Omicidio — suicidio, 1884) aus, sind nur dann unerlaubt, wenn denselben ein antisociales Motiv zu Grunde liegt. Die jüdische Logik (der Bibel), welche jeden als Mörder verfolge, der tödte, ohne nach dem Beweggrunde zu forschen, sei absurd u. s. w.

Giuseppe Sergi, eine andere Koryphäe der Schule, erklärt in seinem einleitenden Vortrage Psicosi epidemica zum „Freien Curs der Criminal-Anthropologie", welchen er am 16. November 1888 an der Universität Rom hielt, die Pilgerfahrten zum Apostolischen Stuhle anläßlich des Priesterjubiläums Papst Leo's XIII. und die „sflavische Unterwerfung unter den Heiligen Vater" als eine epibemische Psychose unserer Zeit, wie die Kreuzzüge eine solche des Mittelalters gewesen seien. „Die Propheten St. Paulus und Mohammed," fährt er dann fort, „der Mahdi, Lazzaretti sind lebendige Beispiele derselben Art. Ebenso die Mormonen und

---

[1] Revue scientif. 1889. II. 687.

[2] Archives de l'Anthropologie criminelle 1890 V. 517 s.

[3] Benedikt, Aus der Pariser Congreßzeit. Wien 1889.

[4] Vgl. Centralblatt für Rechtswissenschaft 1890 (Jan.) S. 156.

[5] Archivio di Psichiatria, Scienze penali ed Antropologia criminale.

Skopzen und überhaupt jede menschliche Verirrung, welche leicht jenen psychischen Schwindel erzeugt, der langsam oder schnell im wundersüchtigen Volke um sich greift und dasselbe zum Umsturz der socialen Ordnung hintreibt." [1] — Selbst Ausfälle auf Papst, Syllabus, Mönche und Jesuiten gehören in den „wissenschaftlichen" Schriften italienischer Positivisten nicht zum Ungewöhnlichen.

Besonders gern pflegen sich die positivistischen Criminologen Italiens ihrer zahlreichen Anhängerschaft in russischen Gelehrtenkreisen zu rühmen [2]. Ernsthaftere Studien über russische Rechtswissenschaft [3] haben jedoch ergeben, daß die italienischen „Psychiater" auch in dieser Hinsicht das Opfer der Täuschung („Psychose") wurden. Noch klarer trat dieselbe Thatsache auf dem bereits erwähnten Petersburger Congreß hervor [4]. Bezeichnend für die gedrückte Stimmung, in welcher sich Lombroso selbst wegen all dieser Mißerfolge befindet, ist ein von ihm neulich an Zola gerichteter Brief [5]. In demselben versichert der Verfasser des Uomo di genio den der Bête humaine, der mit ihm das Schicksal aller großen Männer, verkannt zu werden, theile, seiner wärmsten Sympathien.

Trotzdem aber Lombroso's eigenthümliche Ideen außerhalb Italiens wenig Anklang fanden, ist doch nicht zu läugnen, daß die positivistische Strömung im allgemeinen, und zwar nicht zum geringsten Theile durch die Bemühungen der positivistischen Rechtsschule in Italien, weite juristische Kreise ergriffen hat. Die besonneneren positivistischen Criminologen, welche die übertriebene Betonung des pathologischen und atavistischen Momentes in der Verbrechertheorie tadeln, weisen bei der Erklärung des Verbrecherthums den psychologischen und socialen Factoren die Hauptrolle zu. Sie können demgemäß als „Social=Criminologen" bezeichnet werden. Von diesen finden einige, wie der Socialist Napoleone Colajanni, ein begeisterter Anhänger Crispi's, wieder die Hauptursache des Verbrechens in der socialen Ungleichheit. Nach den anderen, als deren hervorragendster Vertreter G. Tarde [6] betrachtet werden kann, ist das Verbrechen das Resultat der verschiedenartigsten socialen Verhältnisse und Mißverhältnisse zusammengenommen.

[1] Rivista della filosofia scientifica 1889. p. 169 s. — Um vollständig zu sein, hätte Sergi bei seiner Aufzählung der „Psychosen" auch des Garibaldi=Mazzini= Cultes, der Satanshymnen Carducci's, der Giordano=Bruno=Feier und so mancher anderen Erscheinungen in der officiellen Welt Italiens Erwähnung thun müssen.

[2] Garofalo, Di una nuova scuola penale in Russia, im Archivio di Psichiatria. Vol. V. (1884) p. 328 ss.

[3] Dr. Alfred Frassati, Die neue positive Schule des Strafrechts in Rußland, in der Zeitschrift für die gesammte Strafrechtswissenschaft. Berlin 1890. Bd. V. S. 607 ff.

[4] Archives d'Anthropologie criminelle 1890, V. p. 314 ss.

[5] Mitgetheilt in Archives d'Anthropologie criminelle 1890, V. p. 583.

[6] Vgl. G. Tarde, Les lois de l'imitation. Paris, Alcan, 1890. — „La société est l'imitation, et l'imitation c'est une espèce de somnambulisme", sagt Tarde in der Revue phil. 1884. II. 509. Der Leser sieht, daß selbst die Hypothesen aus dem Gebiete des Hypnotismus bereits in die Rechtswissenschaft hineingetragen werden.

2. Der Positivismus in der Gesellschafts= und Religionswissenschaft.

Als einer der Hauptpunkte, wenn nicht geradezu als der wesentlichste Lehrpunkt des Comte'schen Positivismus muß der Satz bezeichnet werden, daß auch die socialen Phänomene und darunter vor allem das haupt= sächlichste derselben, das religiöse, festen Naturgesetzen unterworfen seien und daß dieselben im allgemeinen menschheitlichen Entwicklungsproceß sammt und sonders nur eine relative Berechtigung haben.

Seit Comte's Auftreten ist eine ganze Flut von gesellschaftswissen= schaftlichen, völkerpsychologischen, ethnologischen Schriften erschienen, welche mehr oder minder den von ihm ausgesprochenen Standpunkt vertreten. Abgesehen von zahlreichen Franzosen und Engländern, bekennt sich selbst der vielgenannte deutsche Ethnolog Professor Bastian zu Berlin zu ähnlichen Anschauungen [1]. Auch Schäffle, der bekannte Socialpolitiker, bewegt sich in seinem „Bau und Leben des socialen Körpers" in einem Ideenkreise, welcher mit dem Comte's und Spencers mannigfache Be= rührungspunkte hat. U. s. w. u. s. w.

163. Die ersten Lehrstühle der vergleichenden Reli= gionswissenschaft. — Besonderer Pflege erfreut sich gegenwärtig im kirchenfeindlichen Lager die vergleichende Religionswissen= schaft. Bereits 1879 wurde am Collège de France auf Antrag der positivistischen Brr.·. P. Bert und J. Ferry ein Lehrstuhl für vergleichende Religionswissenschaft gegründet, denen bald ähnliche Lehrstühle in Brüssel (1884), in Rom (1886), in Ungarn, Griechenland und an den vier Universitäten Hollands (1887) folgten.

„Es gibt", so schreibt darüber Emmanuel Cosquin [2], „in allen Dingen Moden, im Unglauben, wie in allem andern. Heute ist die ‚Geschichte der Religionen', die ‚Religionswissenschaft' in der Mode, ein Kampfwerkzeug, welches unter dem Vorwande, die verschiedenen historisch bekannten Religionen mit= einander zu vergleichen und in ihre Elemente zu zerlegen, bestrebt ist, den Glauben an die Existenz oder vielmehr an die Möglichkeit einer geoffenbarten Religion zu untergraben."

[1] Derselbe schreibt in seinen „Allg. Grundzügen der Ethnologie, Prolegomena zur Begründung einer naturwissenschaftlichen Psychologie auf dem Material des Völker= gedankens", 1884, S. 130: „Mit Hilfe der auf den Ergebnissen der Anthropologie und der Linguistik fußenden Ethnologie dürfte es möglich sein, die Geschichte in den Kreis der Naturwissenschaften einzuführen und die geschichtlichen Vorgänge ebenso als gesetzmäßige verstehen zu lernen, wie man bereits den größten Theil der im Bereiche der physischen Natur sich abspielenden Vorgänge in ihrer strengen Gesetz= mäßigkeit erkannt hat."

[2] Moniteur universel. 7 Sept. 1889.

12*

Die katholische Revue des religions sagt mit Recht: „Man täusche sich nicht darüber, die Strömung, welche diese Lehrstühle der Religionsgeschichte errichtet hat, ist dieselbe, welche die theologischen Facultäten unterdrückt und den Religionsunterricht in den Volksschulen verboten hat. Der Religionsunterricht soll künftig wissenschaftlich, außerhalb alles Dogma's und aller Confession ertheilt werden. Man hat in diesem Sinne bereits Programme für die drei Stufen des Unterrichts, Primär-, Mittel- und Hochschulen, ausgearbeitet."[1]

164. Hauptsächlichste offenbarungsfeindliche Vertreter der vergleichenden Religionswissenschaft. — Im offenbarungsfeindlichen Sinne wird die neue Wissenschaft namentlich vertreten von M. Müller in Oxford, A. Réville, Maurice Vernes, E. Renan in Paris, C. P. Tiele in Leiden und B. Labanca in Rom. Ihrem Standpunkt nach sind die drei an erster Stelle Genannten Rationalisten und nur die zuletzt Genannten mehr oder weniger Evolutionisten und Positivisten. Indes behandeln alle das Problem in wesentlich positivistischer Weise. Sie stellen die christliche Religion in eine Reihe mit den heidnischen Religionen und betrachten dieselbe nur als eine der vielen Phasen menschlicher Entwicklung, welche angeblich, wie alle übrigen, nur „relative" Berechtigung habe.

Der „Rationalist" Réville z. B. eignet sich gleich vielen anderen im wesentlichen Comte's sociologisches Gesetz (von den drei Stadien) an, wenn er dasselbe auch corrigiren zu müssen glaubt. Nach ihm betrachtet der Mensch im ersten Stadium die Welt als unter dem Einfluß arbiträrer Willen stehend, welche er sich günstig stimmen muß — naturistischer, animistischer Standpunkt; im zweiten erkennt er die Existenz normaler Gesetze, aber mit einem höchsten Willen darüber, der die Gesetze zu Gunsten des Menschen beugen kann — Monotheismus; im dritten anerkennt der Mensch die unabänderlichen Naturgesetze als gleichwesentlich mit der Gottheit, als „Irradiationen des allmächtigen, unendlichen Gedankens in Zeit und Raum" — monistischer Naturalismus[2].

Labanca, welcher allgemein als Positivist bezeichnet wird, legt den „neuen Standpunkt", zu welchem auch er sich bekennt, mit den Worten dar: Der „a superiori-Methode der Supranaturalisten" und der „a priori-Methode der Rationalisten" sei in der Religionswissenschaft die „a posteriori-Methode der methodischen, kritischen Erforschung der Thatsachen und ursprünglichen

---

[1] Revue des religions. Paris. Rue du Bac. No. 1, Mars 1880.

[2] A. Réville, Les religions des peuples non civilisés. Paris 1883. 2 vols. Vgl. das zustimmende Referat hierüber von M. Vernes in der Revue phil. 1884. I. 305—318. — M. Vernes mißbilligt es zwar, daß man die vergleichende Religionswissenschaft tendenziös zum Sturmbock gegen die Kirche macht, huldigt aber im übrigen gleichfalls der oben bezeichneten, wesentlich positivistischen Anschauung über den Gegenstand (vgl. M. Vernes, Histoire des religions. Paris, Leroux, 1887).

Documente" gefolgt [1]. Daß er sachlich völlig mit Comte übereinstimmt, beweist folgender Ausspruch von ihm: „Heute ist es infolge der Forschungen der wissenschaftlichen Philosophie nicht mehr Gott, der den Menschen nach seinem Ebenbilde schafft; sondern es ist der Mensch, der Gott nach dem seinigen schafft. Heute ist es nicht mehr das göttliche Bewußtsein, welches das menschliche Bewußtsein fix und fertig in die Seele eingießt, sondern das menschliche Bewußtsein, welches allmählich sich selbst und hierauf das göttliche Bewußtsein oder, was dasselbe ist, die Gottheit bildet." [2]

Nach Guyau, der sich zum „monistischen Naturalismus" bekennt, müssen alle Religionen verschwinden und besteht das religiöse Ideal in der „religiösen Anomie", d. h. in der Unterdrückung aller Dogmen, in der völligen Befreiung des Individuums. Als das einzige, was von der Religion bleibe und in derselben achtungswürdig und ewig sei, bezeichnet er „das Verlangen, zu wissen, das Gefühl vom Unerkannten und Unerkennbaren, das Bedürfniß nach einem Ideal" [3].

Ueber Renan, welcher in „nicht wissenschaftlichen" Kreisen von den ungläubigen Vertretern der vergleichenden Religionswissenschaft bei weitem den größten Einfluß ausgeübt hat, bemerken wir nur, daß seine „Wissenschaftlichkeit" selbst in besonneneren gleichgesinnten Kreisen nicht im besten Rufe steht. M. Vernes bezeugt z. B.: Renan „stützt sich (in seiner Histoire du peuple d'Israel, 1887) auf eine gebrechliche Grundlage, die vor einer ernsten Prüfung nicht bestehen kann" [4]. David Castelli sagt über dasselbe Werk Renans: „Renan bildet sich mit seiner ausschweifenden Künstlerphantasie selbst seine Geschichte des israelitischen Volkes." [5]

3. Der Positivismus auf dem Gebiete der Erziehung und des Unterrichts.

Da die Erziehung der Jugend das bei weitem wirksamste Mittel ist, umgestaltend auf die Anschauungen und Sitten der Menschheit einzuwirken, so ist es nicht zu verwundern, daß die mächtige positivistische Strömung unserer Tage sich auch auf diesem Gebiete laut geltend macht.

165. Positivistische pädagogische Literatur. — Aus der positivistischen Literatur über diesen Gegenstand erwähnen wir hier nur folgende Schriften: H. Spencer, Education: Intellectual, moral and

---

[1] B. Labanca, Il Cristianesimo primitivo. Studio storico-critico. Torino 1886. Vgl. das Referat darüber von M. Vernes in Revue phil. 1886. I. 495.

[2] Rivista della filos. scientifica 1889 (Apr.) p. 323.

[3] J. M. Guyau, L'irréligion de l'avenir. Étude de sociologie. Paris, Alcan, 1886, p. 332.

[4] Maurice Vernes, Précis d'histoire juive. Paris, Hachette, 1889, p. 7.

[5] „Il Renan rifà con la sua artistica e vaga immaginazione la storia del popolo d'Israel." Dav. Castelli, Storia degli Israeliti dalle origini fino alla monarchia secondo le fonti bibliche criticamente esposte. Milano 1887. II. 342.

physical (war 1890 in mehr als 20000 Exemplaren verbreitet und gilt in positivistischen Kreisen als die maßgebendste Schrift über den Gegenstand). — A. Bain, Education as a science (1885, 5th ed.). — Gabr. Compayré, Cours de pédagogie théorique et pratique (1886); Éléments d'instruction civique et morale (letzteres Schulbuch erlebte mehr als 100 Auflagen) u. s. w. — Ch. Robin, L'instruction et l'éducation (1878). — B. Perez, L'éducation dès le berceau, 1880. — S. F. de Dominicis, La pedagogia ed il Darwinismo (1879). — A. Angiulli, La pedagogia, lo stato e la famiglia (1876). — P. Siciliani, La scienza dell' educazione (1879); Sul insegnamento ai bambini (1881). — A. Berra, Appuntes para un curso de pedagogia. Montevideo 1883, etc. etc.

166. **Positivistische pädagogische Bestrebungen im öffentlichen Leben.** — Die im öffentlichen Leben auf dem Gebiete des Schul= und Unterrichtswesens namentlich in Belgien, Frankreich, Italien und Deutschland hervorgetretenen und hervortretenden, mit der positivistischen Strömung des Zeitalters im engsten Zusammenhang stehenden Bestrebungen sind zu bekannt, als daß sie hier eines besondern Nachweises bedürften. Diese Bestrebungen sind vor allem darauf hingerichtet, die christliche Kirche ihres Einflusses auf die Schule zu berauben, den „Dogmenglauben" zu untergraben, mit Ausmerzung des Uebernatürlichen, Göttlichen das „Reinmenschliche", „edle Menschlichkeit", wie man es nennt, das maur.·. Humanitätsprincip zur Herrschaft zu bringen. Dies strebt man durch Verbot und Hinderung des christlichen Religionsunterrichts oder, wo die Verhältnisse es räthlicher erscheinen lassen, durch die confessionslose Schule an. Um den Einfluß der Kirche auf die Schule zu verhindern, vertreten die Gegner der christlichen Weltanschauung, so sehr das im übrigen ihren Grundsätzen widerspricht, das staatliche „Monopol" auf dem Gebiete des Schulwesens.

Eine andere Aeußerung der positivistischen Strömung auf dem Gebiete des Unterrichts ist die übertriebene Bevorzugung der sogen. „Realien"[1]. Diese Bevorzugung ist der praktische Ausdruck für die positivistische Anschauung, daß das Glück und die Größe des Menschen von der möglichst vollkommenen Kenntniß der Naturgesetze abhängt.

---

[1] „L'umanismo a fatto il suo tempo", ruft G. Sergi (Rivista della filos. scientifica 1889, p. 262) triumphirend aus, und das wiederholen heute unzählige in allen Ländern.

167. **In Italien.** — Am unverhülltesten treten diese Bestrebungen gegenwärtig in Italien auf, wo die Freimaurerei seit der Einnahme Roms das Ruder völlig in der Hand hat. Die italienische Freimaurerei fühlt sich seit diesem Augenblick als die Bannerträgerin der Freimaurerei der ganzen Welt im Kampfe gegen die christliche Weltanschauung und gegen den Vatican, als Hort derselben, wie es namentlich anläßlich der Bruno-Feier offen hervortrat [1].

So verlangt Siciliani, wohl der maßgebendste Schriftsteller über Pädagogik in Jung-Italien, aufs entschiedenste Ausschluß alles religiösen (christlichen) Unterrichts aus allen Schulen. Er fordert, daß der Staat selbst gegen den Willen der Familie das Verbot allen Religionsunterrichts durchführe [2].

Labriola, Professor der Philosophie und Pädagogik an der römischen Universität, führte in einem öffentlichen Vortrage [3], den er im Namen der Società degli Insegnanti von Rom am 22. Januar 1888 hielt, aus: Da das Problem der Volksschule „der Anfang und die Vollendung jeder socialen Politik" sei, habe sich dasselbe dem geeinigten Italien von selbst aufgedrängt [4]. Man sei nach Rom gekommen, nicht bloß um die Ansprüche des Papstthums auf weltliche Herrschaft zu bekämpfen, sondern vor allem, „um durch den ‚Gedanken‘ die Ränke und die unheilvollen Wirkungen der geistlichen Gewalt auszutilgen". (Rauschender Beifall.) [5] Daher müsse der Staat, als „Repräsentant des [freim∴] Laienthums, als das gesetzliche Organ der modernen Ideen der Civilisation, als der Widerpart jeder vorgeblichen Kirche", mit Ausschluß der Kirche die Leitung der Schule besorgen [6], mit großer Strenge die Privatschulen beschränken [7] und den „so heuchlerischen und lügenhaften" Katechismusunterricht völlig unterdrücken [8]. Das Princip und die Grundlage der Schule müsse [wie im deutschen Culturkampf] ganz im Begriff der Cultur gesucht werden [9], — der Cultur, welche durch Verallgemeinerung des menschlichen Gefühls der Brüderlichkeit die particularistische Verbindung der Kirche überflüssig mache [10].

G. Cesca, ein anderes großes positivistisches Licht, an der Universität Padua, redet in seiner Schrift La religione della filosofia scientifica (1889)

---

[1] „Ben sentono le nazioni qui venute, che come il 313 in Milano fù fissata, con decreto imperiale, la data della religione cristiana, così in questo 9 giugno in Roma si ferma per consenso di genti libere la data della religione del pensiero", so sprach am 9. Juni 1889 der Festredner Br∴ Giovanni Bovio. Vgl. Rivista della Masson. Ital. 1889, p. 133. — Wer weitere Beweise wünscht, kann solche bei Rosen, L'ennemie sociale, Paris 1890, p. 340 ss., finden.

[2] In der Vorrede zur vierten Auflage seiner Schrift Sul insegnamento religioso ai bambini secondo i dettami della filosofia scientifica. Agli educatori perchè sappiano quale arduo e delicatissimo problema sono chiamati à risolvere nella Nuova Italia, im Sammelwerke Rivoluzione e pedagogia moderna, 1882, p. 254 ss.

[3] Della Scuola popolare. Roma, Centenari, 1888.   [4] S. 18.

[5] S. 43.   [6] S. 28.   [7] S. 33.   [8] S. 42. 43.   [9] S. 43.   [10] S. 44.

sogar ganz im Sinne Comte's einer „Religion ohne übernatürliche Elemente" das Wort. Die Feste dieser Religion gelten, so führt er aus, den großen Männern und Ereignissen. Zweck der religiösen Versammlungen ist die Pflege des moralischen Ideals und die Förderung gemeinsamen Denkens und Handelns auf Grundlage der Sympathie.

Die Gründung dieser Religion ist eines der dringendsten Bedürfnisse unserer Zeit. Ihre Aufgabe ist es, alle Menschen in Einer Kirche zu ver=einigen, sie für den Cult des Ideals zu begeistern, die Schranken zwischen Nationen und Rassen niederzulegen, die Maximen der Solidarität, welche seit Jahrhunderten den süßesten Traum der Menschheit bildet, der Gleichheit und Menschlichkeit zu verwirklichen. Dieses Ideal, schließt er, kann aber nur ver=mittelst der Einrichtung einer wissenschaftlichen Erziehung für alle Fleisch und Blut annehmen[1]. Das ist völlig das bekannte Freimaurerideal des „Reinmenschlichen".

[1] Vgl. Revue phil. 1889. II. 335.

Schluß.

———

Sollen wir am Schlusse unseres Ueberblickes unser Urtheil über den Positivismus auf den kürzesten Ausdruck bringen, so müßten wir denselben nicht treffender zu charakterisiren, als indem wir ihn eine große, auf die Eitelkeit und Oberflächlichkeit der Halb- und Scheinbildung unserer Zeit berechnete Mystification nennen.

Der Positivismus erhebt den Anspruch, die einzig „wissenschaftliche" „Philosophie" zu sein, da er nichts behaupte, was nicht durch „Thatsachen" der Erfahrung erweisbar sei. — In der That ist er aber seinem innersten Wesen nach nur eine höchst unwissenschaftliche Läugnung aller Philosophie. Seine eigenthümlichen Behauptungen sind sammt und sonders nicht bloß durch keine Erfahrung erweisbar, sondern stehen mit der Erfahrung in offenem Widerspruch.

Der Positivismus rechnet es sich zum Ruhme an, mit den „metaphysischen Dichtungen" und willkürlichen Systemen der Theologen und a priori-Philosophen aufgeräumt zu haben und völlig auf dem Boden der „Wirklichkeit" zu stehen. — Thatsächlich sind aber alle ihm eigenthümlichen Sätze willkürliche metaphysische „Dichtung", welche mit der Wirklichkeit in beständigem Widerstreite liegt.

Der Positivismus gibt endlich vor, da er die einzig streng wissenschaftliche, auf die Wirklichkeit gegründete, die ganze Wirklichkeit umfassende Philosophie sei, auch der einzige Rettungsanker in der Krisis zu sein, welche heute den Bestand der Gesellschaft bedroht. Der Positivismus allein ist nach den lauten Versicherungen seiner Anhänger im Stande, der Moral, welche das Glück der Menschheit bedingt, feste und sichere Grundlagen zu gewähren und die goldene Aera allseitiger menschlicher Wohlfahrt, den Himmel auf Erden, im „reinmenschlichen Zeitalter", zu begründen.

Thatsächlich hat aber der Positivismus die Krisis, in welcher die moderne Gesellschaft schwebt, nicht nur nicht beendigt, sondern erst recht

verschärft; er hat mehr als irgend eine frühere revolutionäre Philosophie
dazu beigetragen, die Grundlagen der Moral zu untergraben, alle sittlichen und rechtlichen Begriffe ins Schwanken zu bringen[1]. Er kann sich
ein Hauptverdienst daran beimessen, daß die Staats- und Gesellschaftsordnung heute vor dem Abgrund der allgemeinen socialen, der radikalsten
und gefährlichsten aller Revolutionen steht[2].

---

[1] Selbst der positivistische Fr. Paulhan gesteht: „Die Anwendung der wissenschaftlichen Methoden (auf die Moral) hat noch keinen sonderlichen Erfolg gehabt,
sei es nun, daß die alten Theorien auf diesem Gebiete mehr Macht bewahrt haben,
sei es, daß der Versuch, eine „wissenschaftliche" Moral zu begründen, in sich unmöglich ist oder auf verkehrte Weise unternommen wurde." Revue phil. 1886. I. 643.
— Der wahre Grund, warum alle Versuche, eine positivistische Moral zu begründen,
fehlschlagen müssen, liegt darin, daß die specifisch „moralischen" Begriffe „Pflicht",
„Recht", „sittlich gut" und „schlecht", „zurechnungsfähig", „verantwortlich" u. s. w.
ohne Annahme eines höhern Willens, dem die Menschen unterworfen sind, und einer
geistigen Seele im Menschen selbst einfachhin bedeutungs- und sinnlos werden. Der
Positivismus macht daher schon durch seine ersten „Voraussetzungen" alle Moral im
wahren Sinne des Wortes unmöglich. Was er als „positivistische Moral" an die
Stelle setzt, ist nur eine, noch obendrein infolge der Läugnung des Absoluten und der
Aufstellung des Princips der Relativität in allen Punkten schwankende, unsichere
Nützlichkeitstheorie. Schon das Menschheitsideal, die oberste Norm der positivistischen
Moral, ist der verschiedensten Auffassungen fähig. Man denke nur an das social-
demokratische Menschheitsideal.

[2] Bereits 1877 bemerkte der Agnostiker R. Virchow auf der deutschen Natur-
forscher-Versammlung dem Evolutionsfanatiker E. Häckel gegenüber, der ungestüm
die Einführung der Entwicklungslehre in den gesammten Unterricht verlangte: „Halb-
wissen ist gefahrvoll, wenn man sich seiner Unwissenheit nicht bewußt bleibt.
Was kann nicht aus der Entwicklungslehre im Kopfe eines Socialdemokraten werden? Man darf auf Hypothesen nicht den Namen ‚Wissenschaft' anwenden, dieselben nicht in den Unterricht einführen. . . Der Versuch namentlich, die Kirche zu verdrängen und ihr Dogma ohne weiteres durch eine Religion der
Abstammung zu ersetzen, ist verurtheilt, zu mißglücken, und dieser Mißerfolg kann
die größten Gefahren für die Stellung der Wissenschaft im allgemeinen nach sich ziehen." Revue scientif. 1877. II. 534 ss. — Virchows
Warnung ist durch die seitherige Entwicklung der socialistischen Bewegung vollkommen
gerechtfertigt worden. Die Socialdemokraten haben wirklich die Entwicklungslehre zu
ihrem Evangelium genommen und wetteifern mit unseren deutschen Universitäts-
professoren darin, im Namen der „Wissenschaft" über alle anderen Anschauungen,
auch die wohlbegründetsten, ehrwürdigsten und heiligsten, abzusprechen, um ihre Utopien
an deren Stelle zu setzen. Empfindlicher konnte der Dünkel der ungläubigen Vertreter der modernen Wissenschaft nicht gezüchtigt werden, als durch die erdrückende
Concurrenz, welche ihnen jetzt seitens der „Aufgeklärten in der Blouse" erwachsen ist. —
Spencer selbst gibt (Essays III. 306) zu, daß „unselige politische und sociale
Veränderungen die Folge einer verfehlten Philosophie sein können". — Es wäre zu wünschen, daß alle diejenigen, welche entweder vom Katheder herab oder durch wissenschaftliche Werke oder sonst in der Presse und Literatur die christliche Religion untergraben, der

Alles am Positivismus ist demnach Mystification. Mystification ist selbst sein Name. Nicht Positivismus, sondern (religiöser, philosophischer, ästhetischer, politischer und socialer) Nihilismus sollte die Richtung heißen, welche heute als die positivistische so anspruchsvoll auf allen Gebieten sich in den Vordergrund drängt.

Der wahre Positivismus ist gerade das, was der falsche zu verdrängen und zu ersetzen sucht: der Theismus, das Christenthum, der Katholicismus. Das sind die großen „That= sachen", welche sich jedem unbefangenen, vorurtheilsfreien Weltbetrachter mit unwiderstehlicher Gewalt aufdrängen.

Das Größte wie das Kleinste im Weltall — der Sternenhimmel, welcher sich über unseren Häuptern wölbt, wie das Würmchen, das sich im Staube krümmt; jedes Atom und jede Bewegung, alle aus so ein= fachen Elementen so wunderbar zusammengesetzten Wesen und Erscheinungen aller Ordnungen des Universums, das Pflanzen= und Thierreich in seinen unzähligen Formen, die Welt der Phänomene in ihrer harmonischen Pracht und Mannigfaltigkeit — legt in allgemeinem Consens Ein großes, mil= lionen= und milliardenfaches Zeugniß für einen persönlichen Gott als die erste Ursache und das letzte Endziel alles Seienden ab.

Denn wenn der Mensch für alles einen hinreichenden Grund ver= langt, so ist dies nicht etwa bloß eine „metaphysische" Laune, es ist vielmehr im innersten Wesen der Vernunft begründet. Die Allgemeingiltigkeit des Satzes vom hinreichenden Grund bezweifeln heißt aller Vernunfterkenntniß und damit der Vernunft selbst den Todesstoß versetzen. Nicht nur die nächstliegenden Erscheinungen und Vorgänge müssen ihren Grund und ihr Endziel haben, sondern auch die ganze Reihe aller Erscheinungen. Ebenso= wenig, als das einzelne Glied in der Kette der geschöpflichen Ursachen und Wirkungen, kann die ganze Kette derselben in der Luft schweben. Es muß daher einen letzten Urgrund alles Seins geben, der den Grund des Seins in sich selbst hat. Dieses Wirklichste in allem Wirklichen, dieses einfachhin „ab= solute" Sein, ohne welches kein relatives sich denken läßt, kann aber nur als persönlicher Gott, als unendlicher Geist aufgefaßt werden, da alle anderen Auffassungen der Idee des „absoluten" Urgrundes widersprechen würden.

Aehnlich wie Gott, die oberste und bestbezeugte „Thatsache", sich der philosophischen, Ursache und Wirkung verknüpfenden Erkenntniß aufdrängt,

---

Verantwortung sich jederzeit bewußt blieben, die sie auf sich laden, wenn sie, um ihre Eitel= keit zu befriedigen und Eintagsmeinungen zur Geltung zu bringen, die ehrwürdigen Tra= ditionen zerstören, auf welchen thatsächlich die ganze Gesellschafts= und Staatsordnung ruht.

so auch die Existenz einer vom Körper wesentlich verschiebenen, geistigen Seele. Denn mag es auch noch so sehr feststehen, daß jede Empfindung im Menschen, ja selbst jeder seiner Gedanken und Willensacte von materiellen Vorgängen im Körper und im Nervensysteme, von elektrischen und chemischen Processen begleitet ist, so ist und bleibt es doch einleuchtend, daß kein mechanischer oder physiologischer Vorgang, so verwickelte und eigenartige Bewegungszustände und Structurveränderungen er auch mit sich bringen mag, sich selbst je zur Empfindung, zum Gedanken oder Willensentschluß potenziren könne.

Jedermann, wofern er nur von Empfindung und sonstigen psychischen Vorgängen einerseits und von stofflichen Veränderungen andererseits einen Begriff hat, muß sofort einsehen, daß zwischen beiden eine unüberbrückbare Kluft liegt[1]. Wo aber eine wesentlich verschiedene Thätigkeit auftritt, da muß auch ein wesentlich anderes Sein angenommen werden. Denn eine neue Thätigkeit ohne einen neuen entsprechenden Träger der-

---

[1] Die Positivisten selbst geben gemeiniglich wenigstens die Unmöglichkeit zu, die psychischen Vorgänge aus mechanischen oder irgend welcher Combination derselben zu begreifen, zu und erblicken in dem Umstande, daß der Materialismus den wesentlichen Unterschied zwischen Psychischem und Mechanischem verwischt, die Achillesferse dieses Systems. — Laas schreibt z. B.: „Es gehört auch wirklich kein hoher Grad von Besinnung dazu, um einzusehen, daß weder das Bewußtsein im allgemeinen noch Wahrnehmungen, Gefühle, Erinnerungen und Denkacte sich aus der Materie und ihren Bewegungen ableiten lassen.“ Idealismus und Posit. III. 107 Anm. — „Der Positivist stimmt mit dem Physiologen (du Bois-Reymond) in der Ansicht von der Unentbehrlichkeit der atomistisch-mechanischen Vorstellungen für die Naturwissenschaft völlig überein. Er constatirt aber daneben — wie nunmehr auch jener (du Bois-Reymond, Ueber die Grenzen des Naturerkennens, 1872, S. 16 ff) — die Unvergleichbarkeit des bewußten Lebens und der mechanischen Bewegung. Er findet eine ‚Erklärung‘, die an Einer Stelle einen so ungeheuerlichen Sprung macht, ungenügend.“ Ebend. S. 136. — Lange äußert in seiner Geschichte des Materialismus (3. Aufl. II. 2): „Das Bewußtsein läßt sich aus stofflichen Bewegungen nicht erklären. Wie bündig auch dargethan wird, daß es von stofflichen Vorgängen durchaus abhängig ist, das Verhältniß der äußern Bewegung zur Empfindung bleibt unfaßbar und enthüllt einen um so grellern Widerspruch [sollte heißen: Gegensatz], je näher man es beleuchtet.“ — Wundt bemerkt (im System der Philosophie S. 583): „Wenn uns der Mechanismus der Gehirnprocesse, an den ein individuelles Seelenleben gebunden erscheint, in allen seinen Bestandtheilen noch so klar vor Augen gelegt wäre, so würde damit nur ein höchst verwickelter Zusammenhang von Molekularbewegungen gegeben sein. Darüber, was diese Vorgänge psychisch bedeuten, würden wir nicht das Geringste erfahren.“ — Die Anerkennung der Unvergleichbarkeit oder „Heterogeneität“ psychischer und mechanischer Processe kann sogar als die eigentliche Unterscheidungslehre des Positivismus dem gemeinen Materialismus gegenüber betrachtet werden.

selben ist nicht denkbar. Es existirt also ein Princip des Empfindungs=
lebens, eine Seele.

Wie ferner zwischen mechanischen und psychischen Processen, so besteht
auch zwischen den sinnlichen des Thieres und den geistigen des Menschen
eine Kluft, welche durch keinerlei evolutionistische Seiltänzerstücke über=
brückt werden kann. Die Fähigkeit, in dem Wechsel der Erscheinungen
das bleibende Gesetz zu entdecken, die ursächliche Verkettung der Dinge zu
begreifen, aus der Vergangenheit und Gegenwart die Zukunft zu erschließen
und in immer allgemeineren Formeln den ganzen Zusammenhang der
Weltordnung zu überschauen, das Bewußtsein der Pflicht und Ver=
antwortlichkeit, sämmtliche rechtliche und sittliche Begriffe, — kurz die
Vernunft und das sittliche Gefühl werfen eine unübersteigliche
Schranke zwischen Mensch und Thier auf. Gemäß dem wesentlich höhern,
geistigen und moralischen Leben, welches sich im Menschen offenbart, muß
aber auch das Lebensprincip des Menschen wesentlich höherer Natur sein,
als das des Thieres. Geistige Thätigkeit setzt ein geistiges Sein voraus. So
zwingt die Logik der Thatsachen auch zur Annahme einer geistigen Seele.

Steht aber einmal das Dasein Gottes und einer „geistigen" Seele
fest, so sind auch die Haupteinwürfe gegen die Annahme der christlichen
Offenbarung schon beseitigt.

Vor allem ist unter der genannten Voraussetzung nicht abzusehen,
was der Möglichkeit einer Offenbarung Gottes überhaupt im Wege
stehen sollte. Von seiten Gottes nichts — denn warum sollte das
höchste Wesen, das dem Menschen das Sein selbst mitgetheilt hat, das
sich ihm mittelbar in so mannigfacher Weise in der Schöpfung offenbart,
sich nicht auch in unmittelbarer Weise mit ihm in Beziehung setzen und
sich ihm offenbaren können? Von seiten des Menschen nichts — dem
Menschen muß im Gegentheile ein solcher unmittelbarer Verkehr mit Gott,
welchem er sein Dasein verdankt, welchem er in allem unterworfen ist,
von welchem sein Geschick für Zeit und Ewigkeit abhängt, höchst wünschens=
werth erscheinen. Wenn der Mensch schon in wichtigeren, dunkleren An=
gelegenheiten den Rath seiner Mitmenschen einholt, wie sehr muß ihm für
die ernstesten und wichtigsten Lebensfragen, von deren richtiger Beant=
wortung sein Heil in der Zeit und in der Ewigkeit abhängt, nicht das
untrügliche höhere Licht der göttlichen Offenbarung willkommen sein?

Ebenso klar, wie die Möglichkeit der Offenbarung, ist unter der
Voraussetzung des Daseins Gottes, des höchsten Herrn, die Pflicht des
Menschen, die Offenbarung, falls eine solche für alle Menschen gegeben

wurde, anzunehmen und, wenn ihm eine Religion mit hinlänglichen An=
zeichen göttlicher Beglaubigung entgegentritt, dieselbe mit dem festen Ent=
schluß, der erkannten Wahrheit um jeden Preis zu folgen, gemäß der
hohen Wichtigkeit des Gegenstandes ernstlich und aufrichtig zu prüfen.

Demjenigen, welcher also aufrichtig forscht, wird es nicht schwer
fallen, sich zunächst von der Wahrheit der christlichen Religion zu
überzeugen. Denn so sehr auch eine trügerische „vergleichende Religions=
wissenschaft" bemüht ist, jeden Unterschied zwischen der christlichen und
anderen Religionen zu verwischen, so wird er gerade durch die vorurtheils=
freie Vergleichung, je eingehender er sie vornimmt, desto mehr zu der
immer höher sich steigernden Gewißheit gelangen, daß die christliche Re=
ligion sich nicht bloß in unwesentlicher Weise von den übrigen unterscheidet,
sondern sowohl hinsichtlich der Reinheit und Bestimmtheit ihrer Lehre, als
hinsichtlich der Beglaubigung durch übernatürliche Thatsachen und der von
ihr hervorgebrachten Früchte denselben einfach wie die Wahrheit dem Irr=
thum, das göttliche Werk dämonischer oder menschlicher Nachbildung
gegenübersteht.

Die Voraussetzung, daß das Christenthum auf eitlem Wahn und
Trug beruhe, würde in die ganze Weltgeschichte unentwirrbare Wider=
sprüche tragen, so daß sie völlig unverständlich, ja widersinnig würde.
Denn unter dieser Voraussetzung wäre das Christenthum auch der thörich=
teste Wahn, der gröbste Betrug, dem je ein Mensch zum Opfer gefallen
wäre. Seinen Gläubigen würde unter Strafe ewiger Verdammniß vor=
geschrieben, Irrthümer zu glauben, für eitle, nichtige Hoffnungen sich die
schwersten Opfer aufzuerlegen. Da das Christenthum andererseits un=
bestreitbar alle anderen Religionen und auch alle Philosophien durch seine
culturhistorische Befähigung unermeßlich übertraf und übertrifft, so würde
folgen, daß der grauenvollste Irrthum, der schamloseste Betrug, der wahn=
witzigste Aberglaube die Menschheit zur höchsten Stufe der Vollkommen=
heit auf allen Gebieten emporgeführt und die unstreitig höchste Civilisation
begründet hätte, welche jemals erreicht wurde.

„An ihren Früchten werdet ihr sie erkennen", sagte schon der Stifter
der christlichen Religion. Und er bezeichnete mit diesem Satz ein untrüg=
liches Merkmal, um Irrthum von Wahrheit zu unterscheiden. Denn die
Wahrheit allein kann sich im Leben, in der „Wirklichkeit" bewähren. Der
Irrthum aber muß mit innerer Nothwendigkeit an der Wirklichkeit zu
Schanden werden. Wenn also das Christenthum sich bereits 1800 Jahre
auf allen Gebieten glänzend bewährt hat, der Positivismus aber, trotzdem

er erst seit etwa 50 Jahren wirksam ist, bereits in jeder Beziehung Fiasco gemacht hat, so kann es nicht zweifelhaft sein, auf welcher Seite die Wahrheit ist.

Auch die Unterwerfung des Verstandes und des Willens, welche die christliche Religion im Glauben an ihre Geheimnisse und in der Unterwerfung unter ihr Sittengesetz fordert, kann für einen „positiven“ Geist kein Grund sein, die Wahrheit derselben zu bezweifeln. Der Mann der positiven Wissenschaft weiß, daß schon die Natur auf allen ihren Gebieten und in allen ihren Vorgängen, selbst den alltäglichsten, für unser Erkennen voller Geheimnisse ist. Schon im Naturerkennen könnte kein unwissenschaftlicheres, unpositiveres Verfahren gedacht werden, als wenn man die Unbegreiflichkeit von etwas als Grund aufstellen wollte, dessen Dasein zu läugnen. Wenn der positive Forscher aber schon in der sinnenfälligen Welt, die unserem Erkennen zunächst liegt, allenthalben Geheimnisse anerkennen muß, wie kann er dann vernünftigerweise voraussetzen, daß es in der geistigen oder gar in der göttlichen Sphäre keine Geheimnisse geben könne? Die Geheimnisse der christlichen Religion sind so wenig ein vernünftiger Grund, an der Göttlichkeit derselben zu zweifeln, daß vielmehr der Abgang von solchen als Beweis gegen die Göttlichkeit derselben geltend gemacht werden könnte.

Noch viel weniger können die Schranken, welche das christliche Gesetz der menschlichen Freiheit setzt, für einen „positiven“ Geist einen gerechten Grund des Anstoßes bilden. Denn unter der Voraussetzung, daß das christliche Gesetz göttlichen Ursprungs ist, kann dasselbe der naturgemäßen Entfaltung des Menschen in keiner Hinsicht hinderlich sein. Es beeinträchtigt die wahre menschliche Freiheit nicht nur nicht, sondern verklärt sie und führt sie zur höchsten Vollendung in einer höhern, vollkommenern Ebenbildlichkeit mit Gott, dem freiesten, vollkommensten Wesen. Libertas sine gratia non est libertas, sed contumacia, sagt der hl. Augustin sehr treffend[1]. Die wahren Hindernisse der menschlichen Freiheit bei Hoch und Niedrig sind die Leidenschaften. Diese beseitigt das christliche Gesetz, wenn es befolgt wird. Es erlöst den Menschen aus der Botmäßigkeit des Thierischen in ihm und erhebt ihn, indem es ihn vergöttlicht. — Daß gewisse Schranken der Freiheit bestehen müssen, damit die Freiheit selbst möglich sei, darin kommen alle überein. Das Christenthum, das Gesetz der Liebe, welches einerseits zur vollkommensten, andererseits zur freudigsten,

---

[1] S. Augustini Epistola 157, No. 16 (ed. Maur.).

freiwilligsten Erfüllung aller Pflichten anleitet, die der Mensch gegen sich und andere hat, ist auch die vollkommenste Versöhnung zwischen Gesetz und Freiheit und der Hort der wahren menschlichen Freiheit selbst.

Kann so vermittelst der positiven, vergleichenden, historischen Methode selbst, auf welche der Positivismus sich stützt, die Wahrheit und damit auch die Göttlichkeit der christlichen Religion unwiderleglich dargethan werden, so vermag auch der letzte Schritt zur vollen Wahrheit, die An= erkennung der katholischen Kirche, als der einzig wahren Verkörpe= rung des Christenthums, keine ernste Schwierigkeit mehr zu bereiten.

Daß die katholische Kirche die alleinige rechtmäßige Vertreterin des Christenthums sei, ist eine historisch so offenkundige Thatsache, daß durch= dringende Geister auch außerhalb der Kirche, wenn sie sich nur ein un= abhängiges Urtheil wahrten, dies zuzugestehen sich gezwungen sahen. Wir verweisen beispielsweise auf die diesbezüglichen Aeußerungen A. Comte's [1], E. von Hartmanns [2] und W. H. Mallocks [3], — von den Cardinälen Newman und Manning und so vielen anderen durch geistige und sittliche Eigenschaften hervorragenden Protestanten nicht zu reden, welche eben infolge dieser Erkenntniß meist unter großen, oft unter heroischen Opfern zur katholischen Kirche übertraten.

Die katholische Kirche, die Fortsetzung und Erfüllung der alttesta= mentlichen Offenbarung, mittelst welcher sie ihre Wurzeln durch die Jahr= tausende zurück bis auf die Uroffenbarung an der Wiege der Menschheit hinabsenkt, vorherverkündet im Buche der Bücher, erwartet durch die Sehnsucht der Völker, vorgebildet in der tausendjährigen, den Stempel des Göttlichen an der Stirne tragenden Geschichte des israelitischen Volkes, der weitaus merkwürdigsten des Alterthums; — die katholische Kirche, geboren am Fuße des Kreuzes im Tode ihres Stifters, aufgewachsen in= mitten der schonungslosesten Unterdrückung, zu welcher sich alle Gewalten verschworen hatten; ausgebreitet durch ungebildete, unansehnliche Fischer, durch die Predigt des Gekreuzigten; siegreich im Kampfe mit dem mäch= tigsten Reiche des Alterthums, welches dem ganzen damals bekannten Erdkreis sein Joch auferlegte, ohne andere Waffen, als das Tugendbeispiel und den Glaubensmuth ihrer Anhänger; — die katholische Kirche, die bewunderungswürdige Erzieherin des christlichen Abendlandes, die mäch= tigste Schutzwehr gegen alle Mächte des Umsturzes, die eifrigste Pflegerin

---

[1] Auguste Comte, Cours de phil. pos. V. 208 (2e éd. 212) ss. 543 (381) ss.

[2] E. v. Hartmann, Selbstzersetzung des Christenthums, 1874, S. X.

[3] W. H. Mallock, Is life worth living? ch. XI.

und Förderin aller edlen menschlichen Bestrebungen, die machtvolle Be-
zähmerin wilder Völkerschaften, die Mutter der wahrhaft großen Männer
und Institutionen, — jener Leuchten der christlichen Weisheit, jener Helden
glühender Nächstenliebe, jener hehren Genossenschaften, welche durch ihre
Lehre und ihr Beispiel, durch ihr Opferleben und ihre Thätigkeit so erfolg-
reich an dem Aufbau der christlichen Civilisation arbeiteten, in alle Wunden
der leidenden Menschheit lindernden Balsam gossen, allen Uebeln wirksame Heilmittel entgegenstellten und überall, wo ein Bedürfniß sich zeigte,
für die Wohlfahrt ihrer Brüder sich selbst in die Schanze schlugen; —
diese in Einem Glauben alle Zeiten und Länder umspannende, Hunderte
von Millionen sie begeistert liebender Kinder aller Stände, Alter, Rassen
und Bildungsstufen in ihre mütterlichen Arme schließende Weltkirche,
welche schon so viele Stürme triumphirend überlebte, den Sturz so vieler
übermüthigen Gegner und Dynastien sah, die mit ihr den Kampf auf-
nahmen; — diese Kirche, welche auch heute noch, im Zeitalter der Er-
findungen und der Naturwissenschaften, trotz ihres bald zweitausendjährigen
Bestehens in ewiger Jugendfrische strahlend, alle anderen Institutionen
unermeßlich an Lebenskraft und Fruchtbarkeit in Schöpfungen zum Heile
der Menschheit überragt und als die achtunggebietendste sociale und moralische Macht aller Blicke auf sich lenkt und ihren gegen sie mit stiller und
offener Verfolgung wüthenden Feinden und Verächtern selbst wider deren
Willen das schon vor Jahrtausenden in den heiligen Büchern vorhergesagte
Zeugniß für ihre Größe und Göttlichkeit abzwingt: — diese Kirche ist
fürwahr die leuchtendste „Thatsache" der Weltgeschichte. Sie ist
die Stadt auf dem Berge, die jeder sehen muß, der nicht vorsätzlich seine
Augen verschließt. Sie mit anderen Erscheinungen, anderen Religions-
bekenntnissen verwechseln kann nur der, welcher nicht nach der Wirklichkeit, sondern nach vorgefaßten Meinungen sein Urtheil bildet [1].

---

[1] Einen thatsächlichen Beleg für unsere Behauptung liefert das Zeugniß, welches
W. H. Mallock, seiner Geburt nach Protestant, seinem Standpunkt nach Ungläu-
biger, für die katholische Kirche ablegt. Er schreibt: „Betrachten wir die katholische
Kirche von streng logischem Standpunkte, so ist es, wenn wir überhaupt noch angesichts der modernen Entdeckungen, welche, soweit dieselben gehen, uns das Leben nur
als große Maschinerie [!] erscheinen lassen, an freien Willen und an Moralität glauben,
schwer einzusehen, wie wir die Kirche von Rom für irgendwie logisch verwundet oder
beschädigt oder für weniger lebenskräftig ansehen können, als sie es in den Tagen
ihrer unbestrittenen Größe war... Nach meiner Ansicht fehlt dazu, daß die römische
Kirche einen mächtigern Aufschwung als je nehme, nur Eines: das Verlangen der
Menschen nach der Gewißheit, der Führung und dem Troste, welche sie allein
ihnen darbietet." Contemporary Review 1878 (March) p. 726.

In der katholischen Kirche ist daher der volle wahre „Positivis mus" verkörpert. Die göttliche Offenbarung, als deren Trägerin sie vor uns steht, ist das wahrhaft „Reale"; denn sie bildet einfachhin den Mittelpunkt aller Wirklichkeit, die uns in der Weltordnung gegenübertritt; — sie ist das wahrhaft „Sichere": die ganze Geschichte bildet eine große, alle andere „Thatsächlichkeit" an Gewißheit überstrahlende Be glaubigung derselben; — sie ist das wahrhaft „Präcise": sie weist der Menschheit inmitten des Babels der sich bekämpfenden menschlichen Meinungen mit göttlicher Klarheit und Bestimmtheit den Weg, der sie zu ihrem Wohle führt; — sie ist das wahrhaft „Organische": sie allein hat die Macht, die Schranken, welche die Menschheit trennen, die Gegen sätze, welche sie spalten, den Klassen=, Rassen= und Nationalitätenhaß zu überwinden und die ganze Menschheit in Einer großen Gottesfamilie zu sammeln; sie allein hat die Fähigkeit, aufzubauen, lebenskräftige Schöpfungen zum Heile des Einzelnen und der Völker zu begründen; — sie ist das wahrhaft „Nützliche": sie allein besitzt in ihrer göttlichen Sendung, als die wahre Kirche Christi, das Geheimniß, dem Menschen auf allen Gebieten die Erlösung zuzuwenden, ihn zu einer gewissen Ver göttlichung in wahrer Größe, Freiheit und Vollkommenheit emporzuheben und dadurch für Zeit und Ewigkeit zu beseligen.

Die tiefste Wurzel aber, das innerste Wesen alles wahren Positivis mus ist — das verbürgt uns Vernunft und Offenbarung gleicherweise — nicht das „Relative", sondern das „Absolute".

August Comte,

der Begründer des Positivismus.

Sein Leben und seine Lehre.

(Ergänzungshefte zu den „Stimmen aus Maria-Laach". — 45.)

gr. 8⁰. (VII u. 144 S.) *M*. 2.

Aus den Urtheilen der Presse:

La *Revue Occidentale*, Organe du Positivisme. Nr. 1. 1ᵉʳ Janv. 1890. Directeur: P. Laffitte:

„Une appréciation de la vie et de l'œuvre de Comte, publiée en Allemagne par un membre de la Société de Jésus, ce n'est certes pas là un événement littéraire banal.

Nous avions pourtant ouvert ce volume avec indifférence, presqu'avec ennui. Que pouvait-il contenir? Nous croyions le deviner: une de ces réfutations ad usum stupidorum, établie sur des sources de seconde ou même de troisième main, avec, en guise de renseignements biographiques, quelques vieilles calomnies passées à l'état de clichés, bref ce que les représentants de la pure doctrine spiritualiste en France et quelques prédicateurs catholiques ont l'habitude de servir à leur public spécial.

Quelle n'a pas été notre surprise en reconnaissant, dès les premières pages, au lieu de ce que nous attendions, une étude sérieuse, faite sur les documents originaux, disposée avec goût et intelligence, écrite d'un style mesuré et digne, montrant constamment la préoccupation de présenter une exposition parfaitement impartiale.

De page en page, jusqu'à la fin du livre, notre étonnement a été grandissant, notre impression se confirmant. Nous avions bien sous les yeux un *exposé très complet et remarquablement exécuté* de la vie et de l'œuvre de Comte. *Partout une érudition puisée aux meilleures sources, un tact qui reconnaît avec sûreté le point principal, l'idée maîtresse à mettre en lumière, une conscience irréprochable qui expose sans défigurer jamais.*"

(Nachdem der Kritiker, P. Boell, dann auf Grund der hohen Unparteilichkeit seines Gegners der allerdings nicht begründeten Vermuthung Ausdruck gegeben, als ob derselbe selbst von der Lehre des Positivismus, während er dieselbe bekämpfte, eingenommen worden sei, schließt er:)

„Quoiqu'il en soit, il (M. Gruber) a écrit le meilleur résumé qui existe jusqu'à présent de la doctrine positiviste, un résumé qui fera beaucoup, nous l'espérons, pour faire connaître le Positivisme en Allemagne, et qui, traduit, pourrait rendre de grands services en France.

Nous ne savons, si la Société de Jésus compte beaucoup de membres de la valeur intellectuelle de M. Gruber. Si cela était, la considération toute particulière que Comte professait pour l'ordre des *Ignaciens*, se trouverait justifiée. Il est curieux, en tout cas, que la première appréciation sérieuse du Positivisme, émanée du milieu catholique, soit due à la plume d'un jésuite."

Im ersten Leitartikel „Jésuitisme et Positivisme" des Januarheftes der Revue Occidentale 1891 kommt P. Laffitte, der Hauptschüler und Nachfolger August Comte's, selbst nochmal auf die Schrift zurück. Er schreibt u. a. darüber auf S. 25:

„Il a paru, en 1889, un travail complet sur Aug. Comte, dû à un Père de la Société de Jésus. Cet ouvrage est *véritablement remarquable par l'étendue des recherches, la sûreté habituelle des informations et la haute impartialité dont l'honorable auteur donne toujours l'exemple.* Quand je parle d'impartialité, je n'entends pas dire — hier berichtigt Laffitte seinen Mitarbeiter Boell — que l'auteur soit positiviste. Évidemment, il y a pour nous beaucoup à redire dans les appréciations de l'historien. Mais quelles que soient les appréciations, il est certain que l'auteur s'est entouré de tous les renseignements possibles; qu'il n'a pas jugé par ouï dire, et qu'il *n'a employé aucune de ces réticences par lesquelles on déguise la véritable opinion d'un auteur* et on ne fournit pas au lecteur les faits dans leur véritable intégrité. L'ouvrage fait certainement honneur au talent comme à la probité de celui qui l'a accompli; toutes réserves faites, bien entendu, sur son appréciation finale du positivisme.

Le P. H. Gruber s'est complètement dégagé des formules banales que répètent nos littérateurs d'après Littré, sur le partage de la vie d'Aug. Comte en deux parties contradictoires. Il a bien compris qu'il y a au fond homogénéité dans la vie du philosophe; il a montré que la seconde partie de son existence, celle qui est caractérisée par la publication du *Système de politique*, est une continuation de celle qui est caractérisée par le *Cours de philosophie positive*. . . .„

Die geachtete englische philosophische Fachzeitschrift Mind 1890, Heft 1, S. 143 äußert:

"Father Gruber interweaves with a remarkably comprehensive biographie a careful abstract of Comte's two chief works made upon the originals. When it is mentioned that, for the biographical details, he not only takes full account of the extraordinary volume, the Testament, put into print in 1884, but has consulted the positivist Revue Occidentale with all its curious supplementary information from the Comtist disciples down to the middle of the present year (1889), the interest of this narrative may be imagined. Except that he does not seem to know of the disclosures in Comte's letters to his youthful friend Valat, there seems nothing that he has overlooked; and the *result of his conscientious inquiries on all hands is a more fair and faithful account of the philosopher's life than any other single writer has yet given* . . . Finally it should be added that his incidental *judgments* on Comte's philosophical ideas are *all marked by superior intelligence*; while the general epilogue contains an interesting vindication of Catholic doctrine against positivism of whatever hue."

Zarncke's „Literarisches Centralblatt" (1891. Nr. 12. S. 372) schreibt:

„Wer mit leichter Mühe sich über das Leben und die Lehre Comte's unterrichten will, dem kann man rathen, vorliegende Schrift in die Hand zu nehmen, da wir ihm keine bessere in deutscher Sprache geschriebene zu empfehlen wüßten. (Nachdem dies Urtheil begründet und die Richtigkeit der Skizzirung von Comte's Hauptwerk hervorgehoben wurde, schließt die Recension:) „Zollen wir Grubers Darstellung der positivistischen Lehre alle Anerkennung, so können wir auch seiner Beurtheilung derselben, die allerdings wesentlich zurücktritt, im ganzen beistimmen, da sich der streng katholische, beziehentlich noch engere Standpunkt des Verfassers nur selten geltend macht. Manche einzelne Bemerkung können wir dagegen nicht unterschreiben, so auch nicht das Urtheil über die Geschichte der Philosophie von Lewes.

Andere ausführliche, nicht minder beifällige Recensionen und Referate widmen der Schrift Professor Morgott in Eichstätt (Literar. Handweiser 1890. Nr. 499); Prof. R. Kaufmann in Luzern (Katholische Schweizer-Blätter 1890. 2. Heft); Prof. Dr. J. D. Schmitt in Julba (Philosophisches Jahrbuch 1890. 1. Heft); Dr. Joseph Dippel (Oesterreichisches literarisches Centralblatt 1889. Nr. 20/21). Letzterer sagt am Schlusse seines überaus anerkennenden Referates:

„Wir wollen nicht mehr näher in Einzelheiten eingehen, sondern den Leser auf die äußerst interessante Schrift Grubers verweisen, die als ein wahres Meisterstück einer wissenschaftlichen Monographie bezeichnet werden darf. Kein wissenschaftlich Gebildeter wird das Buch ohne großes Interesse lesen, und keiner wird es aus der Hand legen, ohne sich zu gestehen, daß er sich eine gründliche Kenntniß der so hoch gepriesenen positivistischen Philosophie verschafft habe."

———